자살, 청소년 문제, 목회자 이중직,
부교역자의 처우개선,
한국교회 신뢰도, 가나안 성도

한국 교회를 그리다

조성돈 지음

기독교문서선교회

기독교문서선교회(Christian Literature Center: 약칭 CLC)는 1941년 영국 콜체스터에서 켄 아담스에 의해 시작되었으며 국제 본부는 영국의 쉐필드에 있습니다.

국제 CLC는 59개 나라에서 180개의 본부를 두고, 약 650여 명의 선교사들이 이동도서차량 40대를 이용하여 문서 보급에 힘쓰고 있으며 이메일 주문을 통해 130여 국으로 책을 공급하고 있습니다.

한국 CLC는 청교도적 복음주의 신학과 신앙서적을 출판하는 문서선교 기관으로서, 한 영혼이라도 구원되길 소망하면서 주님이 오시는 그날까지 최선을 다할 것입니다.

Drawing a New Picture for Korean Church!

Written by
Prof. Dr. theol. Seong Don Cho

Korean Edition
Copyright © 2016 by Christian Literature Center
Seoul, Korea

목차

머리말   6

제1부 | 일반 성도의 종교적 실태

제1장   가나안 성도를 통해 본 현대인의 영성   12
제2장   자살-인터뷰   27
제3장   2009 한국교회의 사회적 신뢰도 조사 결과에 대하여   37
제4장   청소년, 그들의 신앙과 세계   54
제5장   한국 대학생들의 의식과 생활(종교 부분)   118

제2부 | 목회자들의 종교적 실태

제6장   목회자의 이중직 어떻게 생각하십니까?   152
제7장   한국교회 부교역자의 사역 현황에 대한 설문조사 결과 분석   177
제8장   한국교회의 회중성 조사 및 가능성   202
제9장   대한예수장로회 통합 총회 2015 총대인식 조사   227
제10장   기독신문 창사 50주년 기념 목회자(예장 합동) 인식조사   234

머리말

조성돈 박사
실천신학대학원대학교 교수

목회자들을 만나서 이야기를 나누어보면 가끔 놀라는 경우들이 있다. 자신들은 사람들에 대해서, 그리고 이 사회에 대해서 잘 알고 있다고 하는데 상당히 왜곡된 경우들이 있기 때문이다. 교인들은 설교 중에 그런 이야기를 들으면 전후의 모든 이야기들을 불신하게 된다. 어쩌면 그 잘못된 정보 하나가 걸림돌이 되어서 설교의 모든 부분들을 못 넘기는 것일 수 있다.

필자가 교수로 사역하고 있는 실천신학대학원대학교에서는 첫 학기에 학생들에게 두 가지 과제를 준다. 먼저는 지역사회에 나가서 자신의 교회와 한국교회에 대한 설문조사를 해 오라는 것이고, 그 다음에 자신의 교인들을 대상으로 교회와 자신의 목회에 대해서 설문조사와 인터뷰 조사를 해 오라는 것이다. 이러한 조사가 무슨 대단한 조사는 아니다. 그 대상도 그렇게 많을 수 없다. 지역조사 같은 경우는 대부분 몇십 명 수준이기 때문에 통계라는 의미는 가질 수 없다. 그런데 설문조사를 해 보면 교회에 대해 사람들이 가지고 있는 반감을 직접 경험하게 된다. 설문조사를 하다가 교회와 관련된 내용이라는 것을 알고는 그 자리에서 설문지를 버리거나 일어나 가버리는 경우들을 만나게 되는 것이다. 그러면 현재 한국교회가, 그리고 자신의 교회가 처한 상황을 보게 되는 것이다. 또 교인조사를 통해서도 목회자들은 많이 당황하게 된다. 대부분 목회자에 대한 만족도나 설교에 대한 만족도가 80%를 조금 넘는 수준이다. 그런데 자신은 그렇게 생각을 안 한 것이다. 교인들이 목회자를 전적으로 신뢰할 줄 알고, 자신의 설교에 만족할 것이라는 생각을 하는 것이다. 어느 목사는 이 조사를 하고서는 내게 전화를 했다. 자신이 그 동안 속았다는 것이다. 모든 교인이 자신의 설교에 만족해서 교회에 나오는 줄 알았는데 90%도 안 나왔다는 것이다. 다른 사람에 비해서 높게 나왔지만 자신은 그 결과에 만족하지 못한 것이다.

어디 자신의 교회와 지역사회에 관한 것뿐이겠는가?

목회자들뿐만 아니라 믿음이 좋다는 교인들 역시 자신에 대한 것, 그리고 교회가 가지고 있는 이 사회에 대한 것에 대해서 막연한 추측과 인식을 가지고 있다. 그리고 자신의 편견에 따라 교회를 이야기하고 사회를 이야기한다.

그래서 설문조사와 심층인터뷰는 한국교회에 중요한 자료가 될 것이다. 한국교회를 명확하게 살펴보는 것과 함께 이 사회를 보는 것 역시 중요하기 때문이다. 더군다나 이 사회가 교회를 어떻게 바라보고 있는가를 살펴보는 것은 더욱 중요하다.

또 한 가지 이러한 실증연구가 필요한 이유가 있다. 한국교회는 구조상 대표하는 이가 없다. 다른 종교들은 수직적 구조로 그 교회를 대표하는 경우들이 있다. 그래서 그 종교단체의 의견을 정리할 수 있고, 외부적으로도 그 의견을 통일할 수 있다. 그러나 한국교회는 대표할 수 있는 기구들이 다양하다 보니 누가 한국교회를 대표한다고 할 수가 없다. 그래서 무슨 일이 있으면 대형교회의 목회자들을 주목하게 된다. 그들의 인터뷰가 언론에 나오면 깜짝 놀라게 된다. 이들의 인식이 일반 사회나 교인들과 너무 동떨어져 있기 때문이다. 더군다나 충격발언을 해서 물의를 일으키기도 한다. 그러나 이들의 발언은 한국교회의 의견이 되어서 사회로 퍼져나가고 많은 사람들의 공감이 아니라 공분을 사기도 한다. 그래서 이런 설문조사와 심층인터뷰 등의 실증연구가 절실히 필요하다. 정말 한국교회가 가지고 있는 의견은 어떤 것인지, 한국교회는 무슨 생각을 하는지를 확인할 필요가 있기 때문이다.

그럼에도 불구하고 이러한 조사가 어려운 부분이 있다. 그것은 재정적인 문제이다. 전문리서치 회사의 도움을 받아 설문조사를 실시하면 적어도 1천만원은 생각을 해야 한다. 심층인터뷰의 경우는 그래도 비용이 적게 들지만 인터뷰를 진행하기 위해서 많은 시간이 필요하고, 그 인터뷰 내용을 글로 옮기는 작업인 녹취록 작성에도 많은 비용이 든다. 그러다 보니 이러한 조사가 자주 있지 못하다.

필자는 목회사회학연구소를 운영하면서 이러한 연구에 자주 참여했다. 사회적으로나 교회에 영향을 끼칠 수 있는 조사에 직접, 또는 자문으로, 또 연합하여 연구에 참여하게 된 것이다. 그러다 보니 점점 데이터들이 쌓여가게 되었다. 그러면서 이러한 조사들이 서로 엮이게 되고, 데이터의 의미들이 점점 풍성하게 되는 것을 경험한다. 대표적인 예가 기독교윤리실천운동(이하 '기윤실')의 '한국교회 사회적 신뢰도 조사'라고 할 수 있다. 3년간 조사를 하고, 이후 3년에 한 번씩 조사를 이어가게 되면서 연속적인 비교가 되고 있다. 또는 2년 전에 「목회와 신학」과 함께 진행했던 '목회자의 이중직'에 대한 조사였다. 이 조사 이후 큰 반향이 일어났고, 몇 교단에서는 눈에 띄는 변화가 일어나기도 했다. 그러면서 다양한 목회자 조사에서 이 항목을 넣어 교단별로, 또 다양한 목회자 그룹별로 이 문제에 대한 인식을 비교해 볼 수 있었다. 또는 대학생의식조사와 청소년의식조사를 연속적으로 진행하며 이의 비교가 가능했던 것도 연구자의 입장에서는 큰 수확이었다. 이런 의미 때문에 설문조사가 있다고 하면 꼭 참여하려고 한다. 때로 그러한 것이 부담도 된다. 특히 심층인터뷰를 진행해야 한다면 많은 시간과 노력을 요하기도 한다. 그럼에도 불구하고 쉽지 않은 기회를 잃지 않기 위해서 참여하게 되는 것이다. 이것이 바로 한국교회에 이바지할 수 있는 길이기도 하기 때문이다.

이 책은 바로 이러한 결과들을 많은 이들과 나누고자하는 마음에서 엮었다. 필자가 조사하며 경험했던 깨달음의 환희를 여러 사람들과 나누고자 한 것이다. 설문조사를 하거나 심층인터뷰를 지원하고 실시한 기관들은 다양하다. 그들은 이 조사를 자신들을 위해서만 쓰기도 하고, 언론의 경우는 자신들의 매체를 통해서 발표하기도 했다. 이 조사를 잘 활용하여 많은 사람들에게 유익하게 쓰인 경우도 있지만 때로는 내부용으로만 활용하여 사람들에게 전혀 알려지지 않은 경우도 있었다. 조사를 진행하고 분석한 사람의 입장에서는 이런 경우 많이 안타깝다. 재정적으로 큰 부담을 안고 실시한 이런 조사를 더욱 많은 사람들이 활용할 수 있도록, 그래서 한국교회에 공공재로서 활용될 수 있도록 해야 할 것인데 영향력 없이 묻히게 되면 정말 큰 사역이 작게 된 것 같아 안타까운 것이다.

그러므로 부끄럽고 조금은 시간이 지난 것도 있음에도 불구하고 한 권의 책으로 엮은 것이다. 중간중간에는 나누어 진행된 연구가 있어서 반쪽짜리 조사도 보인다. 그럼에도 불구하고 필자가 갖고 있는

데이터를 많은 이들과 나누고자 하는 욕심으로 모았음을 독자들이 양해해 주었으면 한다.

　제목을 정할 때 고민 가운데 '한국교회를 그리다'로 했다. 조금은 설문조사와 심층인터뷰를 통해서 한국교회의 모습을 실제적으로 보여주겠다는 욕심으로 '그린다'는 표현을 썼다. 설문조사와 심층인터뷰라는 실증연구를 통해서 한국교회를 만들 수는 없다. 중요한 것은 한국교회의 모습을 실제적으로 드러내는 것이다. 마치 실물을 보고 그것을 화가가 화폭에 담는 것과 같이 데이터를 가지고 한국교회의 민낯을 드러내 보고자 한 것이다.

　이후 이 결과가 한국교회를 바꾸어 간다. 실제적으로 사회와 교회에 파장을 일으키며 정책을 변화시키고, 인식을 변화시키는 일을 감당했었다. 필자는 데이터를 가지고 한국교회를 그리지만 다른 이들은 그 그림을 가지고 사회를 변화시키는 일이 일어나는 것이다. 이 책이 다시 한 번 그러한 일을 감당하길 바라고, 또 목회자들이 이러한 데이터를 통해 성도와 교회, 그리고 더 나아가서 이 사회를 이해할 수 있기를 바란다.

2016년 8월
인후리 실천신학대학원대학교에서

제1부 일반 성도의 종교적 실태

제1장 가나안 성도를 통해 본 현대인의 영성
제2장 자살-인터뷰
제3장 2009 한국교회의 사회적 신뢰도 조사 결과에 대하여
제4장 청소년, 그들의 신앙과 세계
제5장 한국 대학생들의 의식과 생활(종교 부분)

제1장

가나안 성도를 통해 본 현대인의 영성[1]

가나안 성도라는 용어가 이제 상당히 보편적으로 들릴 정도로 한국교회에서 이들의 존재가 꽤 넓게 자리하고 있다. 그 숫자가 얼마나 될 것인지는 정확하게 파악하기가 어려운 형편이지만 그래도 적지 않은 숫자가 존재할 것이라는 사실은 우리가 인정할 수 있다.[2] 그렇다면 이러한 현실에서 이들이 누구이고, 왜 이러한 현실이 나타났는지에 대한 분석과 함께 교회가 무엇을 해야 될지에 대해서 고민해 볼 때가 되었다고 본다.

---

1 본고는 2010년 바른교회아카데미 창립기념 세미나에서 발표된 글을 보완하였다.
2 2012년 학원복음화협의회가 목회사회학연구소의 자문으로 글로벌 리서치와 행한 '2012 한국대학생의 의식과 생활에 대한 조사연구'에 의하면 기독교인이면서 교회를 나가지 않는 이들은 1.4%로 조사되었다. 이들을 모두 가나안 성도의 카테고리에 넣을 수 있는지는 의문이 있을 수 있지만, 적어도 이들의 숫자가 적지 않음을 알려 주는 조사라고 할 수 있다. 학원복음화협의회, '제6회 캠퍼스사역 컨퍼런스청년사역, 길을 묻다' 자료집, 117.

가나안 성도, 신앙은 있지만 교회에는 나가지 않는 이들에 대해서 우리는 많은 의문을 가질 수 있다. 특히 교회를 중심으로 한 신앙의 양태를 가지고 있는 한국교회에서는 과연 교회를 안 나가고 있는 이들을 신앙인이라고, 또는 그리스도인이라고 부를 수 있을 것인가하는 것에서 시작될 수 있을 것이다. 또 더 나아간다면 이들이 가지고 있는 신앙의 모습이나 신학하는 모습이 교회가 정해주고 있는 테두리를 오고가고 있을 때 인내심을 가지고 바라볼 수 있을까하는 것이다. 실제적으로 인터뷰 과정에서 만나는 이들은 어쩌면 다른 복음이나 무신론을 오가는 경우도 있었는데 이들에게 우리가 기독성을 만난다는 것은 또 다른 고민의 시작이었다.

본고는 2010년 6월부터 10월까지 '바른교회아카데미'의 후원으로 목회사회학연구소가 진행했던 가나안 성도 18명에 대한 심층인터뷰와 '가나안 교회' 세 곳에 대한 참여관찰조사를 기반으로 하고 있다.

1. 가나안 성도의 출현

가나안 성도들은 대부분 어려서부터 교회를 다닌 사람들이다. 그 중에는 물론 연세가 있으신 분들은 성인이 되어서 교회를 다니게 된 분들도 있었지만 대개 이들은 어려서부터 교회를 다녔다는 공통점을 가지고 있다. 신앙적 배경을 묻는 첫 질문에 이들은 정말 순탄한 중고등부 시절을 이야기한다. 다수에 이르는 사람들은 그 중고등부 시절에 특별한 종교적 경험을 했다고도 하고, 별 문제가 없었던 신앙의 가정에서 자란 것으로 이야기한다. 그러다가 어느 순간, 또는 점층적으로 그 순탄했던 신앙의 여정에 의문을 품게 되고 다양한 책들을 접하면서 신앙에 대한 회의와 교회에 대한 회의를 품게 되는 것이다.

그런데 특이한 점은 이들에게 있어서 교회의 비리나 문제 등은 그렇게 크게 부각되지 않는다는 것이다. 전에 목회사회학연구소에서는 개신교에서 천주교로 개종한 사람들을 연구한 적이 있는데 그들은 주로 개신교의 문제점들을 많이 지적하는데 비해서 이들은 자신들의 사고의 변화에 대해서 더 강조점을 두고 있다.[3] 즉 이들에게 있어서 중요한 점은 변화되어진 자신들의 사고와 그 사고를 받아주지 않는 교회와의 관계라고 할 수 있다. 즉 종합적으로 말한다면 교회에서 성장하고 있는 세대들의 변화를 이 교회가 받아주지 못한 결과가 바로 가나안 성도라는 것이다.

한국교회는 1970년대 후반과 1980년대 중반까지 급격하게 성장하였다. 이 산업화의 시기에 많은 사람들이 신앙을 가지게 되었고 교회로 몰려와 교회개척의 부흥기를 낳았다. 이 과정에서 많은 교회들이 생기고 적지 않은 대형교회들이 나타났다. 1990년대와 2000년대에 들어서면서는 바로 이러한 부흥의 세대들의 자녀들이 교회에 나타나기 시작했고 이들이 성장하여 성인으로 자리를 하게 되었다. 이로써 교회에는 새로운 세대가 나타났는데 이들은 이전에 교회에서 경험해 보지 못했던 부류이다.

이전에는 대부분 자신의 결단에 의해서 교회를 찾아오거나 전도되어서 온 사람들이었다. 즉 예수를 믿겠다는 자신의 신앙고백에 의해서 교회로 유입된 사람들이다. 그러나 이 세대는 자신의 신앙고백이 아니라 부모의 신앙고백에 의해서 교회에서 태어나거나 자란 사람들이다. 자연스럽게 교회에서 신앙을 몸으로 배우고 익힌 사람들이다. 이들은

---

[3] 조성돈, 정재영, 『그들은 왜 가톨릭 교회로 갔을까?』 (서울: 예영, 2007).

결단이 아니라 끝없는 신앙내적 갈등을 겪으며 성장하는 세대이다. 바로 이 세대가 이제 한국교회의 교인 절반 이상을 훌쩍 넘었다. 바로 가나안 성도는 이 새로운 세대의 성장에서 나온 또 다른 한 면이라고 할 수 있다.4

이들은 신앙내적 갈등 가운데서 질문을 만들어 냈고, 기존 교회의 구조와 권위에 대해서 의문을 가지게 됐으며 주일성수와 같은 교회의 규율 등에 대해서 답답함을 가지게 된 것이다. 바로 이러한 복합적인 이유들로 인해서 이들은 갈등을 피하기 위해서 교회를 멀리하게 되고, 교회라는 구조에서 자신들을 구하려고 새로운 대안을 찾아 나서게 된 것이다. 즉 이들은 굳이 교회라는 틀이 아니더라도 자신들의 신앙을 만들 갈 수 있다고 믿고 있는 것이다.

하나 더 지적한다면 이들은 스스로 사고하고 있다는 것에 대해서 자부심을 가지고 있다는 것이다. 자신들의 그러한 신앙의 형태, 또는 기존 교회의 틀에서 멀어져 있는 자신들의 종교적 형태에 대해서 묘한 자긍심을 가지고 있다. 이것은 일찍이 서구에서 개인주의화된 기독교인들에게 나타나던 모습이다. 즉 전통이 아니라 개인주의화된 신앙화를 통해서 자신을 드러내는 것에서 엘리트 의식을 갖는 것이다. 이들의 특징은 이전과 같이 교회가 전해주는 전통들, 즉 교리나 생활신앙적인 차원을 넘어서 쓰여진 계시로서의 성경까지를 포함하는 모든 전통들에 대해서 개인적인 관점에서 그 수용에 대해서 의문을 제기하고 있다는 것이다.5 바로 가나안 성도들 가운데 이러한 특징들이 두드러지게 나타나고 있다.

---

4 조성돈, 『목회사회학: 현대사회 속의 기독교회와 생활신앙』 (서울: 토라 2004), 85f.
5 조성돈, 『목회사회학』, 83f.

서구의 교회는 일찍이 이러한 문제에 대해서 심각하게 대면해 왔다. 독일교회에서는 이미 1950년대부터 '거리를 둔 교회성'(distanzierte Kirchlichkeit)이나 '거리를 둔 그리스도인'(distanzierte Christen)이라는 개념을 통해서 신앙은 있으나 교회의 예배에 참여하지 않거나 교회에 출석하지 않는 그리스도인들에 대해서 심도있게 연구해 왔다.[6] 물론 이들의 형태는 한국의 가나안 성도라고 하는 이들과는 다른 면이 있다. 그러나 중요한 점은 교회에서 성장하고 사회화된 이들이 교회를 멀리하고 있다는 것이다. 그렇다고 이들이 신앙이 없는 것은 아니다. 단지 교회라고 하는 종교적 기관과 거리를 두고자 하는 것이다.

교회의 이러한 현상을 비교해 볼 때 한국교회에서 가나안 성도의 출현은 한국교회가 서구교회화되어가고 있는 전 단계에 이르렀다는 증거로 보인다. 신앙이라는 것이 생활화되어 버리고, 공동체와 전통을 떠나 개인주의화되어가면서 굳이 교회라고 하는 울타리 안에서 자신의 신앙을 확인해야 될 필요를 안 느끼는 것이다. 오히려 그러한 것에서 자유로운 자신들에 대해서 자부심을 느끼며 사고할 수 있음에 대해서 감사하고 있는 것이다. 정말 한국교회가 믿음의 세대를 만들어가면서 이렇게 서구교회를 따라가고 있다면 깊은 우려를 가질 수밖에 없다. 이제 교회에서 성장한 세대들이 교회를 떠난 신앙, 교회와 거리를 둔 신앙으로 진화해 간다면 비어버린 교회당을 관광객으로 채우고 있는 서구교회의 뒤를 따라가게 될 수 있기 때문이다. 서구교회가 이천년의 역사를 통해서 이른 현실에 한국교회는 압축 성장 이후 압축쇠퇴로 가고 있는 것이 아닌가하는 우려가 생기는 것이다.

---

[6] Gerald Kretzschmar, *Distanzierte Kirchllichkeit. Eine Analyse ihrer Wahrnehmung* (Neukirchener: Neukirchener Verlag, 2001).

2. 강요받는 신앙과 변증

이들이 말하는 가장 큰 부담은 신앙에 대한 강요이다. 심지어 폭력적이라는 표현이 나올 정도로 신앙에 대한 강요가 있다. 그것이 구원에 대한 고백이던 감정 표현에 대한 것이던 간에 강요 받는다는 것에 폭력성을 경험하는 것이다. 심지어 어느 분의 이야기에 의하면 진리에 대한 의문을 제기했다가 '쥐 잡듯'한 추궁을 들어야했다고 한다. 또 어느 경우는 감정에 의한 것이다. 집회 가운데서 모두가 눈물을 흘리고 있는데 자신만이 냉정할 때 그 눈물을 강요 당한다고 할 수 있다. 또는 경배와 찬양으로 모두가 몰입되어 있고 그러한 분위기가 강요되는 부분도 있을 수 있다.

이와 같이 신앙이 강요받는다는 것은 두 가지 부분이다. 즉 기독교 교리에 대한, 특히 구원의 확신에 대한 확인과 고백 부분과 감정적 동화에 대한 부분이다.

첫째, 구원의 확신에 대한 확인과 고백 부분이다.

구원의 확신은 어려서부터 신앙생활을 해 왔던 사람들에게는 상당한 부담이다. 특히 신앙간증이 이루어지면 그러한 것을 경험해 본 적이 없는 이들은 상당한 당혹감과 부담을 느끼게 된다. 결단이나 회심에 의한 신앙이 아니라 어려서부터 자연스럽게 신앙을 배우고 사회화한 이들에게 이러한 부분은 이해는 하나 고백하기 어려운, 또 이렇게 자연스럽게 고백하는 것이 맞는가에 대한 불확실성이 있는 것이다.

개인적인 경험을 이야기하자면, 전에 중고등부 수양회를 인도한 적이 있다. 아이들에게 어려서부터 교회에서 성장한 여러분들과 후에 회심하여 믿게 된 사람 중에 누가 더 복된가를 물은 적이 있다. 모두가 후에 회심한 사람이 더 복되고, 하나님의 사랑을 더 받은 자라고 대답을 했다. 이러한 대답으로 이 질문을 한 본인은 큰 충격을 받았던 적이 있다. 그래서 아니라고 하나님과 함께 평생을 보낸 여러분들이 더 복되다고, 하나님과 사랑의 관계 가운데 살고 있는 여러분들이 더 사랑을 받고 있는 것이라고 '위로'해 준 적이 있다. 이 이야기를 아주 신기한 듯이 듣고 있는 아이들이 큰 깨달음을 얻은 듯해서 놀라웠다. 이와 같이 교회에서 자라난 사람들은 '장자 콤플렉스'가 있다. 극적인 변화나 극적인 회심이 없이 동행적 신앙을 하며 자라난 이들에게는 '구원의 확신'이라는 질문이 주는 큰 부담이 있다.

그런데 신앙의 여정에서 의문을 갖게 되고 다른 관점을 제기하게 될 때 교회가 이들을 받아주지를 않는 것이다. 모두가 착해야하고, 정답을 이야기해야하는 분위기에서 자신의 신앙적 고민을 이야기하게 될 때 겪게 되는 어려움이 있다는 것이다. 한국교회가 하나의 틀 안에서 형태를 가져야한다는 것은 결국 폭력으로 경험될 수밖에 없다.

이러한 면에서 우리가 두 가지 정도 고려해 보아야한다.

하나는 유럽식 변증론의 개발이다. 우리는 그 동안 신 존재 증명 등에 대해 많이 배웠지만 그것을 교회의 형편에서 사용하지는 않았다. 그 이유는 신 존재를 증명한다는 것이 복음은 아니기 때문이다. 그러나 유럽에서는 신 존재 증명은 중요한 전도의 수단이다. 왜냐하면 신이 존재한다는 사실로 이들은 교회로 가기 때문이다. 이들이 사는 문화가 기독교 문화이기 때문에 이것이 가능하다. 그러나 다양한 종교의 문화 가운데 사는 우리에게는 이러한 경우는 어렵다. 그렇기에 이러한 변증론이 한국에서는 자리를 하지 못했다.

그러나 이제 변화된 종교사회학적인 환경에서 이러한 변증론을 이야기할 때가 되었다. 이 변증론의 의미는 전통적 변증론의 답습이 아니라 이 시대에 맞는 변증론을 의미하다. 그래서 의문을 품는 그리스도인들에게 왜 기독교이고, 왜 그리스도인가를 설명해 줄 수 있어야한다. 이것은 강요가 아니고 설득이다. 그것은 이야기하는 것이고 증명하는 것이다. 그냥 성경에 써 있으니까라는 대답은 이들에게 심히 미흡하기만 하다.

또 하나는 우리가 개발하여야할 것은 부닥쳐있는 현실문제에 대한 답을 줄 수 있는 신학자나 연구소가 필요하다는 것이다.

각각의 설교자들이 스스로 현실의 문제를 파악하고 대답한다는 것은 상당히 어렵다. 사회는 급변하고 있는데 그 변화를 읽어내지 못하는 설교자들에 의해서 나오는 현실에 대한 선포는 일방적이며 동시에 폭력적이다. 특히 이분법적 판단과 선포 형식의 해답들은 자신의 답을 가지고 있는 현대의 성도들을 설득할 수가 없다. 좀 더 유연하게 설명하고 설득하고 논리적 구조를 가지고 다가갈 수 있는 토대를 마련해 주어야한다.

둘째, 감정적 동화의 부분이다.

한국교회는 최근 종교성에 있어서 상당히 감성적인 모습을 보이고 있다. 물론 한국교회에는 통성기도라는 외향적 감성표현이 있었다. 그러나 최근 20년간 경배와 찬양이 유행하면서 앞에서 인도하는 자들과 청중석에 있는 사람들 사이에 괴리가 발생했다. 그리고 그 감성표현은 상당히 극적으로 변해서 그 분위기를 따라가지 못하는 사람들의 입장에서는 쉽지 않은 상황이 되었다. 바로 이러한 한국교회의 신앙형태 역시 받아들이는 사람의 입장에서는 강요나 강압으로 느껴지고 있다는 것이다.

특히 이 부분은 현대인들의 종교성을 이야기할 때에 집고 넘어가야할 부분이다. 감성적 종교성에서 멀어지고 있는 현대인들에게 아직

도 집단적 감성을 강요하고 있는 한국교회의 현실은 신앙과 상관없이 부적응의 문제로 나타나고 있다. 즉 경배와 찬양으로 대표되어지는 감성적 종교성에 근거한 화려한 예배의 형태에서 소외감을 느끼고 감정적으로 동화하기를 강요하는 교회의 권위주의적인 모습을 이들은 경험하고 있는 것이다. 현재 한국교회나 미국의 교회에서 나타나고 있는 이머징 워십이라든가 영성에 대한 추구는 바로 이러한 현대인들의 종교성향에 따라 나타나는 교회의 모습이라고 본다. 그 방향에 대한 논의는 물론 필요하겠지만 현재와 같은 예배나 집회의 형태에서 소외되고 위축되어 있는 성도들이 있다는 사실에는 우리가 주의를 기울여야 할 필요가 있다.

3. 신앙의 생활화

이들에게서 많이 발견되는 것은 교회 안에서 만의 신앙이 아니라 세상 안에서도 발견될 수 있는 신앙을 강조하는 것이다. 물론 이들은 신앙인들이 신앙을 강조하지만 실제적인 생활을 가까이서 보면 신앙인다운 모습을 발견할 수 없다는 의미에서 이 부분을 강조하고 있다. 그러면서 일상의 삶 가운데 실천할 수 있는 신앙을 고민하고 있는 모습을 보게 된다. 특히 꼭 주일에 교회를 가지 않더라고, 또는 기성의 예배에 참여하지 않더라도 자신은 신앙적인 만족이나 필요에 대한 충족을 얻고 있다고 이야기한다. 신학이나 신앙적인 내용의 책을 읽으면서 이들은 이러한 영성적인 부족을 채우고, 또는 다른 종교적 실천을 통해서 만족을 얻는 것이다. 또 어떤 사람은 뚜렷한 이유가 없지만 교회를 옮기고 찾는 과정에서 교회를 안 나가게 되었고, 이제는 이러한 삶이 거리낌이 없고 부족함도 없다고 이야기한다.

즉 이들에게서 발견되게 되는 것은 신앙의 실천이 아니라 신앙의 보편화이다. 독일의 성도들이 기독교인다운 삶은 살지만 교회에 나가지 않고 고백에 의한 신앙이 아니라 생활화되고 보편화된 신앙생활을 하고 있는 것과 비슷한 모습이 아닐까하는 것이다. 독일의 성도들이 성탄절이나 부활절과 같은 명절에 교회를 가거나, 교회에서 치러지는 장례식이나 세례식 등에 교회를 가보는 것과 같은 보편화된, 또는 일반화된 신앙의 양태가 한국에서도 나타나고 있는 것이 아닐까하는 것이다. 물론 우리나라에서는 독일과 같이 교회를 중심으로 하는 명절이 없고, 교회에서 이루어지는 행사가 적으니 결혼식에서나 교회를 가보게 되는 모습이 나타나지 않을까하는 우려이다. 이미 독일교회는 1970년대 이후 10년마다 행해지는 교인들에 대한 설문조사 중 1993년에 이루어진 세 번째 조사에서 교회를 '낯설은 고향, 교회'(Fremde Heimat Kirche)[7]라는 타이틀로 표현한 적이 있다. 혹시 한국교회에서 나타나고 있는 가나안 성도들도 이러한 모습으로 옮겨가는 단계의 한 상징이 아닐까하는 우려가 있다.

4. 자기 식으로 표현되는 신앙

현대인들은 자신의 종교를 만들어 간다. 이것을 두고 독일의 실천신학자인 그랩(W. Grab)은 현대인들의 종교성을 요약하여 패치워크

---

[7] EKD, Fremde Heimat Kirche, *Die dritte EKD-Erhebung ueber Kirchenmitgliedschaft* (Guetersloh: Guetersloher Verlaghaus, 1997).

종교성(Patchwork Religiositaet)이라고 특징지었다.8 즉 조각천들을 연결하여서 담요를 만들 듯이 현대인들은 다양한 종교적 상징들을 이어붙여서 자신의 종교를 만들어 가고 있다는 것이다. 독일의 상황을 빗대어서 그는 기독교적인 가르침과 상징을 뼈대로 하여서 독일의 현대인들이 자신들의 종교를 만들어 가고 있다고 지적하였다.

가나안 성도들을 만나면서도 그러한 모습을 비슷하게 만나게 된다. 바울의 복음이 있듯이 자신의 복음이 있다고 이야기하는 사람도 있었고, 자신들의 주기도문을 만들어서 예배 중에 각자가 기도를 드린다고 하는 가나안 교회도 있었다. 이들은 교회에서 성장하며 신앙의 정서를 가지고 있고, 기독교의 가르침과 상징이 익숙하다. 바로 이러한 터전에 기초하여서 자신의 종교를 만들어 가고 있는 것이다. 교회의 가르침이 반드시 옳다라고 생각하지도 않고, 성경의 권위가 절대적이라는 생각도 없다. 이들은 어려서부터 배워온 성경의 이야기에 자신의 이야기를 덧붙이고, 다양한 서적들을 통해서 자신들의 사고의 지평을 넓혀가고 있다.

이러한 생각을 가진 이들에게 신앙의 신조에 대한 강요나 감성적 강요가 의미가 있을 수 없다. 오히려 이들은 그러한 강요에 대해서 반발하고 자신의 종교를 내세우고 있다. 자신들을 교회가 받아줄 수 없다면 자신들의 교회를 형성해서 나가겠다는 것이 이들의 생각이다. 아니 그러한 교회가 아니더라도 자신의 교회를 만들어 놓고, 자신의 복음에, 자신의 설교로 종교적 만족을 얻어가는 것이다.

이러한 이들에게 있어서 중요한 것은 스스로 성찰할 수 있는 종교

---

8 Wilherm Graeb, *Religion als Deutung des Lebens. Perspektiven einer Praktischen Theologie gelebter Relgion* (Guetersloh: Guetersloher Verlaghaus, 2006), 13.

적 예식이다. 틀에 짜여서 휘몰아치듯이 이어지는 예배의 형식도 아니고 말씀의 강요로 나타나는 설교 중심의 예배도 아니다. 이들이 원하는 것은 침묵과 묵상이 동반된 예전형식의 예배나 자유로운 분위기에서 공동체를 경험할 수 있는 예배이다. 이들은 이 가운데서 스스로 성찰하고 묵상할 수 있는 기회를 얻고자하는 것이다. 요즘 한국에서 성장하고 있는 천주교도 결국 이러한 현대인들의 영적 욕구에 응답되어진 것이다.[9]

이러한 종교성에 있어서 가장 큰 거침돌은 구태의연한 설교이다. 성도들의 의식은 성장하고 성경에 대한 지식은 다양한 곳에서 섭취되고 있는데 목사들의 설교는 과거의 패턴에서 벗어나지 못하고 있다. 긍정적 사고, 축복의 선언, 구원의 확신에 대한 강요, 성도들의 삶이 고려되지 않는 일방적 선포 등으로 대변되어질 수 있는 개신교회의 설교는 자신의 종교를 만들어 놓은 성도들에게는 거침돌이 될 뿐이다. 더군다나 남북문제나 정치적으로 민감한 사안에 부닥쳐서 나오는 설교자들의 강요는 자신들의 의견을 만들어 놓은 성도들에게 오히려 큰 반발을 만들어 내기도 한다.

가나안 교회의 한 곳에서는 자신들을 영적 노숙자라고 표현을 하고 있다. 조직화된 교회에 대한 실망이나 목회자들에 대한 실망, 그리고 성경과 신학에 대한 목마름 등으로 인터넷을 떠돌던 이들이 한 인터넷 사이트에 모이게 되었고 이러한 사이버 공동체가 발전하여 실제적인 교회를 형성하게 된 것이다. 이들은 이곳에서 듣게 되는 설교에 상당히 만족해하고 있었다. 옳은 말씀을 찾아 떠돌던 영적 노숙자들이 정착하여 만난 곳이 바로 이 교회라는 것이다. 이들은 예배가 끝나

---

[9] 조성돈, 정재영, 『그들은 왜 가톨릭 교회로 갔을까?』, 3장 참조.

고 2부 순서 시간에는 둘러앉아 그날의 설교에 대해서 질문을 하기도 하고 자신의 의견을 나누기도 한다. 일방적 선포나 강요가 아니라 말씀의 뜻을 나누고 자신의 의견도 말하는 형식은 열린 자세이며 자신의 종교를 만들어 가는 이들에게 검증과 나눔의 시간이 되기도 한다.

5. 이성적 불신자, 정서적 신앙인

가나안 성도의 중요한 특징은 이성적 신앙을 추구한다는 것이다. 무조건 믿는 신앙이 아니라 이성적으로 따져보고 이해하면서 믿겠다는 특징을 가지고 있다. 그렇기 때문에 스스로는 오히려 신앙적 우월성마저 보이고 있는 것을 볼 수 있다. 목회자들의 지적 수준을 논하고, 비합리적인 목회의 형태에 대해서 지적을 하는 것을 볼 수 있다. 그러다 보니 교회라는 조직에 마음을 상하면서까지 나가기가 어렵다는 것이다.

가나안 성도의 다는 아니지만 스스로 신학을 쌓아가다가 불신의 수준까지 이른 사람들도 있다. 교회에 대한 신뢰도 잃었지만 그러다 보니 믿음 자체도 유지 안 되는 것이다. 인터뷰를 진행한 몇몇은 또 자신이 무신론자라고 이야기하는 사람들도 보았다. 어쩌면 애써 자신이 무신론자이고 싶어하는 자들이다. 이성적으로 하나님을 부인하고 교회에서 떠나고 싶은 것이다. 영적 방황을 하면서, 때로 교회를 떠나 고민 가운데 길을 찾는 과정에서 교회가 가르쳐준 하나님을 떠나서 자신의 신앙을 찾아가며 그 틀을 만들어준 하나님을 부인하고 새로운 그림을 그리고 싶은 것이다.

"뭔가 내가 갖고 있는 신앙은 교회라는 것으로 담을 수 없겠구나,

신이 있다면 그것은 이미 교회나 성서를 넘어선 존재로 있겠지 그 안에 갇히지 않겠구나 하는 생각이 저는 있었어요. … 계속 교회는 마음에 고향 같지만 어떤 면에서 약간의 상처와 분노도 갖고 있고, 재미있는 것은 그것이 교회의 비리나 이런 것에 대한 그런 것이 아니라 교회가 너무 정상적으로 굴러가는 그 일상이 너무나 답답하고 싫었던 거예요. 그것은 교회에서 너무나 정상적인 것이고, 예를 들면 교회의 조직된 모습이라든지, 제자훈련이라든지, 그 일상이 저는 너무 견디기가 싫었던 거예요."

그러나 이들에게서 발견하게 되는 것은 아무리 이성적으로 교회를 떠나고 하나님을 부인하려고 해도 정서적으로 신앙을 못 떠나고 있는 것이다. 교회는 떠났지만 어려움이 있을 땐 기도하는 이들이다. 누구에게 기도하냐고 물어보면 애써 얼버무리려 하지만 그것이 자신이 만났던 하나님임을 부인할 수 없다. 아직 교회를 찾아다니고 하나님을 찾는 이유를 물어보면 습관 때문이라고 하지만 자신을 받아줄 하나님을, 그리고 공동체를 찾고 있는 것이다. 그리고 정 힘들면 그 앞에 기도하고 정서적으로 기대는 것이다.

- 질문: 확 끊고 싶은데 끊어지지 않는, 그런 생각은 안 들어요?
- 답변: 네, 그렇죠. 그런 것이 많이 있죠. 아무리 그래도 조금 덜 힘들 때는, 힘든데 조금 덜 힘든 때는 불교 명상을 해요. 그것도 한 4-5년 정도 배워왔기 때문에 익숙하고, 그런데 이것도 아니고 더 힘들면 하나님 아버지부터 해서 제가 신학적으로 동의하지 않는 상징, 익숙한 상징 속을 그냥 가서 막 울 때도 있고 그런 거죠. 아주 힘들 때는, 일 년에 한두 번.

6. 결어: 포기하지 않는 이들, 포기할 수 없는 이들

　이들은 강인하게 자신의 종교를 만들고 그것을 용납해줄 교회와 하나님을 찾고 있지만 채워지지 않는 신앙의 정서적 면 때문에 고민하고 아파하는 자들이다. 오히려 교회가 자신들의 신앙을 받아들여 주고 대화해 준다면 참여하고 싶은 열망을 가지고 있기도 하다. 그래서 자신들의 교회라도 만들어서 참여를 하고 있는 것이다. 교회라는 이름, 예배의 형식, 기도의 나눔 등을 떠나지 못하는 이들은 분명 영적 방황은 하고 있지만, 아니 어쩌면 영적 순례의 길을 가고 있지만 분명 우리가 포기할 수 없는 우리의 믿음의 형제요, 자매이다.

　어쩌면 우리는 이들의 순례가 끝나기를 인내를 가지고 기다려야 할 것이다. 그리고 이들이 순례의 과정을 조금 덜 고통스럽게 마칠 수 있도록, 그 순례의 끝에서 교회를 다시금 돌아볼 수 있도록 마음의 지지를 보내야할 것이다. 또 그 과정에서 묻고자 할 때, 또 한 번은 기대어 보고자 할 때 마음을 열고 쉼터를 내어주는 것도 필요할 것이다. 결국 이들은 교회에서 성장한 우리의 자녀들이고, 우리의 동료들이기 때문이다. 한 인터뷰어의 답은 이들의 마음을 대변하고 있는 것일 수 있다.

"가야 하죠, 찾기는 찾아야죠. 무교회주의자는 아니거든요. 마음에 안 맞는 것 때문에 내가 믿고 있는 것을 벗을 수는 없으니까 이런 것이 있지만, 그렇다고 해서 교회 조직이 필요 없다고 하는 무교회는 아니고 찾지 못하는 지금으로 족하다는 정도인 거죠."

제2장

자살-인터뷰
자살 시도자들과의 인터뷰

〈 인터뷰 대상 〉

A: 37세. 남, 신학생

B: 36세. 여, 전직 간호사

C: 52세. 남, 개인사업

D: 36세. 남, 개인사업

E: 28세. 남, 보험업

F: 36세. 여, 일러스트

G: 40세. 남, 회사원

죽음! 그것은 두려움이다. 아직 겪어 보지 못했고 그 이후를 알지 못하기 때문에 사람들은 죽음에 대한 두려움을 가지고 있다. 아마 이것이 죽음에 이르는 과정에서 겪게 될 고통보다도 우리가 가지고 있는 두려움의 본질일 것이다. 이 두려움에도 불구하고 스스로 죽음을 선택하고 또는 심각하게 다가갔던 사람 일곱 명을 만났다. 그들은 모두 죽음 이후를 이해할 수 있는 신앙인들이었다. 그럼에도 불구하고 그들은 스스로 죽음 앞에 섰고 그들의 삶을 이제 담담하게 이야기하고 있다. 그들을 통해 '자살'의 의미를 살펴보고 사회적 연관성과 예방 가능성을 살펴보고자 한다.

1. 자살에 대한 오해

이번 인터뷰 대상자 모두는 자살에 대해서 절대적으로 부정적인 태도를 보였다. 그러나 그 이유를 물어보았을 때는 다양한 답변이 나왔다. 예를 들어 지옥에 간다고 이야기하는 사람도 있었고 사탄이 목숨을 가져가려는 것이라고 설명하는 사람도 있었다. 또는 좀 더 논리적으로 지옥에 간다는 것보다는 '생명은 하나님이 주신 것이기 때문'이라고 대답하며 자살도 살인이라고 설명하는 사람도 있었다. 또는 경험에 의해서 다른 설명을 하는 사람도 있었는데, D의 경우 지방의 작은 교회에서 신앙이 좋다고 하시는 두 분의 자살을 경험하면서 구원은 하나님께 속한 것이기 때문에 자살한 사람들이 반드시 지옥에 간다고 생각하지 않는다고 답하기도 했다.

> "자살을 한다고 해서 그것으로 지옥에 갈 것인가, 구원의 확신을 가지고 신앙생활을 했었던 사람들이 자살을 선택했다고 해서 지옥에 간다면 그것은 아니라고 생각이 들거든요. 자살에 이르기까지 물론 신앙이 있으면 또 극복할 수 있겠지만 그렇지 못한 부분에서, 정신적인 심한 우울증이라든가 그것은 일종의 병이잖아요. 그

런 것으로 해서 자살하는 사람도 있는데 저는 우리가 쉽게 판단할 수 있는 부분이 아니라고 생각해요."

D처럼 잘 정리된 언어로 명확하게 이해하는 사람도 있었다.

그러나 F의 경우 자살이 정신적인 문제라고 대답하다가도 신앙이 전제된 사람은 자살을 생각 안 할 것 같다고도 대답을 하기도 하는 등 정리되지 않은 모습을 보이기도 했다. 특히 C의 경우 자살에 대해서 교회의 가르침을 거스르는 것이라고 답변을 하면서 그 이유를 "교리에도 나와 있잖아요. 자살은 최고의 악이라고" 이야기하고 그런 이야기를 어디서 들으셨느냐는 질문에 "성경에서도 본 적이 있고, 장경동 목사님이 설교할 때 그 이야기를 많이 해요. 기독교 방송에서 그 목사님이 설교하시는 것을 보면 자살은 죽어도 안 된다는 말씀을 많이 하세요."라고 답변을 했다. 상당히 상식적인 대답이면서 그것에 대한 확신으로 성경에서 보았다는 대답까지 하는 것을 보았다. 성경에는 자살에 대해서 우리가 우회적으로 얻을 수 있는 근거는 있지만 직접적으로 언급된 부분은 없다는 사실을 기억할 때 그의 대답은 자신이 얻은 상식에 더한 확신으로 밖에 이해할 수 없었다.

이러한 것들을 살펴볼 때 교회에서 자살에 대해서 정확한 정보를 제공할 필요가 있다. 이들 모두가 자살에 대해서는 간접적으로 들었던 상식 밖에 없고 그러한 상식들이 일관되어지지 않고 정확하지도 않기 때문에 여러 가지 오해들을 불러일으킬 수 있기 때문이다. 특히 자살하면 지옥 간다는 단순한 생각이 과연 오늘날 만연되어진 자살의 경향 속에 사는 우리들에게나 자살로 주변의 사람을 먼저 보낸 유가족이나 친지들에게 긍정적이지 않은 영향을 끼칠 것을 생각하면 이 문제를 교회에서 진지하게 다루어 보아야 할 필요가 있다.

2. 남자는 충동, 여자는 우울

　인터뷰는 5명의 남성과 2명의 여성과 진행되었다. 그런데 특이한 점은 남성은 모두 상당히 충동적인 면이 강했고 여성들은 모두 오래된 우울증이었다. 심한 경우로 한 여성은 정신분열의 증세도 있었다. 남성들의 경우 대상자 모두 자살로 이어질 수 있는 외부적 요인이 자리하고 있었다. 예를 들어 사업의 실패와 사기, 동생의 죽음, 가정의 불화, 가정의 불행 등이다. 이들은 모두 순간적으로 또는 단기적으로 자살에 근접했었으나 그 위기를 넘기고 어느 정도의 시간이 지나면서 자연스럽게 자살의 위험에서 벗어나 있었다.
　예를 들어 A의 경우 동생의 죽음으로 죄책감을 느끼고 자신도 죽어야겠다는 생각에 자살의 심각한 위험에 처했으나, 자살에 대한 생각이 어느 때부터 사라졌는지는 정확하게 이야기하지 못했다. 그냥 이사를 해 다른 환경에 들어가고 새로운 교회 공동체 안에 흡수되면서 삶이 바빠지고 어느 순간 그러한 생각에서 놓임을 받았다는 것이다. G의 경우 모범생으로 순탄한 삶을 살다가 부부관계의 어려움 가운데 인생에서 처음 겪는 충격에 순간적으로 며칠간 아파트 베란다를 서성거렸다는 것이다. 그 이후 내면적으로 그 문제는 극복되어졌고 신앙은 그를 더욱 건강한 사람으로 만들었다.
　그러나 여성의 경우는 장기간의 우울증이 작용을 하였다. B의 경우는 불우한 가정환경이 계속적으로 작용을 하였고 그것이 장기화되면서 정신분열로까지 이어진 경우이다. 현재까지도 그러한 어려움이 있어서 자매들과 겪는 고통이 심했고 격한 감정에 자살을 시도했었다. 그리고 F의 경우는 산후우울증과 건강의 어려움 때문에 몇 년간에 걸쳐서 우울증에서 벗어나지 못했다. 아이에 대한 원망과 교회생활의 어려움 등이 있었는데 아이를 유치원에 보내기 시작하고 새로운 교회로 이전을 하면서 그러한 우울증에서 벗어나게 되었다.

이런 측면에서 볼 때 우리가 자살에 대해서 대처하는 방법은 자살의 원인이 다양한 것과 같이 다양한 측면에서 접근해야 한다. 요즘 일반적으로 이해되는 우울증에 대한 생각은, 일반 남성들에게 제대로 된 이해를 저해하는 영향을 줄 수도 있다. 자문을 얻은 한 대학 병원의 신경정신과 의사는 선천적으로 남성과 여성의 차이를 설명하며 이러한 분석이 과학적임을 뒷받침해 주었다. 그는 이를 간단히 설명하여 남녀 간의 호르몬의 차이가 가져오는 결과로 이야기했다.

따라서 자살에 대한 예방은 단순히 우울증 증상이 보이는 사람들에게 다가가는 형태에서 그치는 것이 아니라, 좀 더 포괄적으로, 천하보다 귀한 생명에 대한 존엄성을 강조하며 하나님의 마음에서 자신을 바라볼 수 있도록 만드는 것이 더 의미가 있다. 이것을 또한 너무 신앙적인 잣대로 재단하게 될 때는 자신이 하나님께 버림받았다는 생각을 갖게 만들어 더 어려워질 수도 있다.

특히 F의 경우는 그는 자신이 우울증을 겪던 때를 성령이 떠났던 때라고 표현하기도 하고, 스스로 눈을 감고 생각할 때는 자살의 유혹과 함께 하나님이 없을 것 같다는 생각까지 들었다고 했다. 따라서 이러한 자살의 문제를 단순히 신앙이 없어서라고 판단하고 기도하면 된다는 식의 권고보다는, 하나님께서 주신 생명에 대한 경외심을 강조하는 것이 더 좋을 것 같다.

그리고 더 강조해 본다면 몇몇 사람들이 지적해 준 바와 같이 교회에서 자살에 대한 프로그램을 갖는 것은 찬성하지만 과연 그러한 프로그램에 사람들이 참여할 수 있겠느냐는 의문이 든다. 자살이나 우울증이라는 주제로 세미나를 개최하게 되면 사람들이 거기에 참여하는 것 자체가 스스로 인정하고 밖으로 보이는 것이 되기 때문에 꺼림이 될 수 있다는 것이다.

따라서 좀 포괄적인 교육으로 설교나 성경 공부와 같은 프로그램 가운데서 때때로 인간 생명의 존귀함과 그 존재의 귀중함을 일깨워주는 교육이 필요하다고 본다. 이것이 전문적인 지식이나 관점을 가지지 못한 성도들에게는 큰 영향을 미치기도 하고 삶의 어려움 가운데 있는 사람들에게 자신의 생각을 다잡을 수 있는 역할을 하기도 하는 것이다. 실제적으로 이미 언급한 바와 같이 C의 경우 그는 방송 설교에서 들은 내용이 자신의 중요한 관점이 되기도 하고 F의 경우, 그는 심방 오신 목사님이 기도를 해주면서 참 힘들겠다는 말 한마디에 펑펑 울고 신앙을 다 잡고 기도로 고비를 극복했다는 이야기도 했다.

특히 신앙과 연결하는 것의 문제점을 더 지적해 본다면 이번 인터뷰에 응해 준 사람들 모두가 신앙적으로 나무랄 데 없는 사람들이었고 교회의 가르침이 자살을 허용하고 있지 않다는 것도 알고 있었지만 자살이라는 상황 속에서는 다른 것을 생각해 볼 여력이 없었거나 다르게 생각하게 되었다고 증거하고 있다.

A의 경우 자살을 심각하게 생각할 때는 사고사로 위장하기 위해 몇 달간 자동차를 시속 200km씩 달리곤 했는데 그 기간에도 저녁에는 교회에 가서 열심히 기도하곤 했다는 것이다. 비록 그것이 초기에는 하나님께 대한 원망과 통곡이었다고 할지라도 당시 그는 열성적인 신앙의 자세를 가지고 있었던 것으로 보인다. 즉 죽어야겠다는 생각에 머물게 되면 이성이나 신앙이라는 것들이 별 영향을 못 미치게 되는 것으로 보인다.

그런 의미에서 F의 경우 잘 설명을 해 주었다. 그녀는 산후우울증을 심하게 앓았는데 아이를 칼로 찔러 죽여야겠다는 상상을 해서 스스로 두려움에 집안에서 칼을 숨기기도 하고 자신이 심각한 자살의 위험 가운데 있다는 걸을 알고 있었다. 그녀의 증언이다.

"눈을 감으면, 그때는 나밖에 생각이 안 났어요. 내가 어떻게든 살아야 되는데, 눈을 감으면 내 일이 아니었으면 좋겠고, 이런 생각까지 했어요. 약을 먹고 죽어 버릴까. 하나님이 없을 것 같다는 생각이 들었어요. 나를 이렇게 방치해 놓는데 내가 그동안 믿었던 하나님이 없었나 보다. 착각이었나 보다."

즉 자살을 생각하는 가운데 있을 때는, 또는 그러한 상황 가운데 있을 때는 다른 어떠한 것이 영향을 못 미치고 있는 것으로 보인다.

실제적으로 자살의 마지막 순간에 그들이 붙잡은 것은 신앙이라기보다는 '어머니'였다. 우울증의 경우는 그나마도 끼어들 여지가 없었지만 남성들의 경우, 특히 A, C, G의 경우 늙으신 어머니가 자신이 죽으면 얼마나 마음이 아플까하는 생각에 그 행동을 멈추었다고 증언하고 있다. 이러한 증언들을 토대로 생각해 볼 때 자살에 대해서는 직접적인 프로그램도 중요하겠지만 무엇보다도 그 예방적 차원에서 포괄적인 개념의 교육이 반드시 전제되어야 할 것으로 보이고 이를 위해서 설교나 교육을 담당하는 목회자나 교회 지도자들에 대한 교육이 절실히 필요해 보인다.

이런 의미에서 좀 더 포괄적으로 얘기해 본다면 우리 성도들에게 바른 가치관을 심어 주기 위해 교회는 노력해야 할 것으로 보인다. C나 F의 경우는 전형적인 아노미적 자살의 예로 볼 수 있는데 C는 경제 중심적 사고에 매몰되어 있는 경우였다. 그는 한때 컴퓨터 계통의 사업을 잘 하였었으나 사업의 실패를 경험하고 연속되는 어려움을 겪고 있었다. 그는 신앙생활도 경제 문제로 좌우된다고 이야기한다. 십일조를 못 내서 떳떳하지 못하다는 이야기도 하고 그런 모습이 남들에게 보일 때도 안 좋을 것이라는 이야기도 한다. 이런 가치관을 가지고 있는 사람이 사업의 실패로 인해 순간적으로, 또 그 결과가 장기적으로 연속되니 죽어야겠다는 생각이 드는 것이다.

그리고 F의 경우는 결혼 전에 직장생활도 하고 나름 결혼에 대한 환상을 가지고 있었다. 그것이 신혼 때까지는 이어졌는데 당장 아이를 낳게 되니까 어렵게 된 것이다. 직업상 자유로운 예술적 마인드를 가지고 있었는데 아이로 인해 얽매이게 되고 신앙생활도 쉽지 않게 되니 심한 우울증에 걸리게 된 것이다. 그 가운데 드는 생각이 아이가 하나님의 선물이라지만 양육하기 너무 힘들다는, 오히려 내 인생의 걸림돌이라는 생각이 들게 되는 것이다. 이것이 대표적인 아노미 현상인데, 높은 기대치에 비해 그것이 이루어질 수 있는 여건이 안 되는 것, 바로 이 가운데서 나타나는 갈등을 아노미의 한 형태이다.

C와 F의 치유는 일상의 회복을 통해서 일어난다. C의 경우는 사업으로 또 한 번 한탕 하겠다는 생각을 접고 육체노동을 통해서 서서히 일을 시작하면서 삶에 대한 의욕을 되찾았고, F의 경우는 새로운 교회에서 찬양 가운데 치유함을 얻고 삶에 대한 긍정을 되찾게 되었다. 즉 삶이 없는 경제 중심의 사고나 한탕주의, 그리고 과도한 기대들이 우리 삶을 뒤흔들게 되고 안정을 빼앗게 되는 것이다. 그 가운데 나타나는 아노미는 뒤르켐(Emile Durkheim)의 이야기처럼 자살의 중요한 원인이 되는 것이다. 따라서 교회는 바른 가치관과 세계관, 그리고 하나님께서 허락해 주신 일상에 대한 바른 접근을 교육시켜야 할 필요가 있다. 이러한 일상의 긍정과 회복, 그리고 그 가운데 자신을 보이시는 하나님의 신비를 경험할 수 있도록 교회는 힘써야 할 것이다.

이러한 포괄적인 개념의 교육을 위해서 교회는 목회자들에 대한 교육을 강화해야 할 필요가 있다. 자살에 대한 바른 이해를 줄 수 있고 더 나아가 그 원인과 분석까지도 가능할 수 있게 만들어 줄 때 그들의 설교나 교육은 잘못된 생각으로 나아가고 있는 성도들을 구할 수 있는 힘이 될 것이다. 그런 의미에서 생명에 대한 교육이나 일상에 대한 교육도 필요하다. 인생의 궁극적인 의미나 이 땅에서 우리가 추구하는 행복의 의미에 대해서 이야기해 줄 수 있는 목회자들을 교육해야 한다. 그들이 자신의 어려움에 코를 박고 있는 사람들에게 넓고 크게 볼 수 있는 눈을 열어 줄 수 있을 것이다.

모든 사람들은 인생에서 크고 작은 어려움을 겪게 되는 것이 사실이다. 단지 그 어려움을 극복할 수 있느냐, 없느냐의 차이가 우리로 극단에 서느냐, 서지 않느냐를 결정하는 것이다. 그것은 사고의 차이다. 인간의 고통을 넉넉히 이길 수 있는 신앙으로 훈련된 사고가 그러한 위험 자체를 경험하지 않고 넘어갈 수 있는 도구가 된다. 그런 의미에서 포괄적 개념의 교육은 절실히 필요하다.

교육과 더불어 당장 극단적 상황에 처해 있는 사람들에게 제공되는 상담소 역시 필요하다. 이번 인터뷰에서 C와 G는 동일하게 천주교의 고해성사를 언급했다. 우연이라기보다는 그 둘이 심각한 어려움을 겪고 있을 때 고해성사가 절실했었을 수 있다. 남자들의 경우는 자신의 이야기를 내어놓기를 꺼려한다. 심지어 아내에게조차도 그들은 자신의 이야기를 내어놓지 않았고 친한 친구에게도 그러한 이야기를 진지하게 내어놓지 못했다. 그러한 답답한 심정에 천주교의 고해성사가 부러웠던 것으로 보인다. 개신교의 경우는 목회자나 주변 교인들에게 자신들의 문제를 내어놓기가 어려운 상황이다. 어색한 부분도 있고 그런 것이 일반화되어 있지 않기 때문이다.

그런 의미에서 지역적 연대 가운데 상담소를 운영하는 것을 제안해 본다. 지역교회들이 경제적으로 후원하고 지원하며 그러한 연대 가운데 있는 상담소를 교회에서 자연스럽게 광고 중에 소개하고 주보에 지속적으로 홍보하는 것이다. 언제든 어려움이 있는 사람은 익명으로 상담을 받을 수 있고 도움을 얻을 수 있다는 사실을 평소에 인지시켜 놓으면 사람들이 어려움을 겪을 때 찾아갈 수 있을 것이다. 실제적으로 B의 경우는 이러한 도움을 얻을 수 있는 곳을 알지 못해서 그 자신이나 가족이 힘들어 하는 상황에 있었다. 이번 인터뷰 과정에서 상담소를 소개해 주고 인터뷰 과정도 상담 전공자가 주도했었는데 그러한 곳을 소개 받은 것 자체를 상당히 감사해 했던 기억이 있다.

이미 살펴본 바와 같이 한국사회에서 자살은 심각한 문제가 되었다. 이제 교회는 전방위적인 대책으로 나서야 할 때라고 본다. 어떤 측면에서 보면 너무 늦었다는 생각이 들고 포괄적 개념으로 대책을 세워야 한다면 너무 오래 걸릴 것으로 보이기도 하지만 천하보다도 귀한 생명에 관한 일이기에 교회가 적극적으로 행해야 할 때이다.

제3장

2009 한국교회의 사회적 신뢰도 조사 결과에 대하여

기윤실에서는 작년도(2008년)에 이어 한국교회의 사회적 신뢰도 조사를 실시하였다. 전국의 남녀 1000명에게 한국교회에 대해서 어떻게 생각하는지, 특히 한국교회를 신뢰하고 있는지 등에 대해서 질문을 하였다. 그리고 한국교회가 어떤 방향으로 나아가는 것이 좋을지에 대해서도 질문해 봄으로써 교회가 생각하는 것과 국민들이 생각하는 것이 어떤 차이를 가지고 있는지도 확인해 볼 수 있었다. 이러한 조사를 통해서 현재의 한국교회에 대한 국민들의 신뢰성 수준을 파악할 수 있었다. 또 그를 통해서 한국교회의 현 주소를 확인하고 나아갈 방향에 대한 담론을 위한 토대를 제기해 보고자 한다.

1. 전년도 대비 신뢰도 향상

이번 조사에서 핵심적 사항은 한국교회의 사회적 신뢰도가 높아졌고 신뢰하지 않는다는 응답이 현저하게 줄어들었다는 것이다. 이번에 신뢰한다고 긍정적으로 응답한 사람은 전체적으로 19.1%에 이르러서 작년도 18.4%에 비해서 약 0.7% 정도 증가했다. 미미하기는 하지만 일 년 만에 조사하는 것을 감안한다면 적지 않은 발전이라고 할 수 있다.

한국 개신교회 신뢰도 (5점 척도) N=1,000, 단위: %

		신뢰한다 (매우+약간)	보통	신뢰하지 않는다 (별로+전혀)	5점 척도 평균(점)
2008년		18.4%	33.3%	48.3%	2.55
2009년		19.1%	47.4%	33.5%	2.82

한국 개신교회 신뢰도

구분		사례수	신뢰한다 (매우+약간)	보통이다	신뢰하지 않는다 (별로+전혀)	계
전체		(1000)	19.1	47.4	33.5	100.0
성별	남자	(506)	17.7	48.2	34.1	100.0
	여자	(494)	20.5	46.6	32.9	100.0
연령	만19~29세	(212)	15.0	49.9	35.1	100.0
	30대	(245)	18.2	44.6	37.2	100.0
	40대	(253)	18.1	47.1	34.8	100.0
	50대	(174)	27.4	44.4	28.2	100.0
	60대 이상	(116)	18.0	53.6	28.4	100.0
지역	서울	(221)	17.9	48.1	34.0	100.0
	인천/경기	(275)	21.2	48.4	30.3	100.0
	대전/충청	(99)	24.6	38.3	37.1	100.0
	광주/전라	(101)	23.8	37.8	38.4	100.0
	대구/경북	(107)	12.8	41.7	45.5	100.0
	부산/울산/경남	(165)	15.3	60.6	24.1	100.0
	강원	(33)	16.8	42.3	40.8	100.0
소득	200만원 이하	(154)	25.7	44.9	29.4	100.0
	201~300만원	(201)	18.0	48.7	33.4	100.0
	301~400만원	(279)	16.3	49.6	34.1	100.0
	401만원 이상	(282)	19.2	46.2	34.6	100.0
	모름/무응답	(84)	18.2	45.3	36.4	100.0
종교	개신교	(184)	56.4	37.0	6.6	100.0
	천주교	(110)	13.3	50.5	36.1	100.0
	불교	(229)	20.3	49.5	30.2	100.0
	기타	(6)	0.0	62.3	37.7	100.0
	종교 없음	(471)	5.5	49.5	45.0	100.0

이러한 신뢰도 증가와 더불어서 우리가 눈여겨 보아야할 부분은

신뢰하지 않는다고 대답한 사람들이 현저히 줄어들었다는 것이다. 이번에 한국교회를 향하여서 신뢰하지 않는다고 대답한 사람은 33.6%이다. 작년도에는 이 숫자가 48.3%에 이르렀다. 즉 작년도에는 전 국민의 절반에 가까운 사람들이 한국교회를 향하여서 자신들의 불신을 확실하게 드러냈는데 반해서 올해는 33.6%로 나타나 전체적으로 15%에 이르는 사람들이 긍정이라고 할 수는 없지만 부정적 입장을 철회했다고 볼 수 있다. 이를 통해서 보류적 입장인 보통이라고 답한 사람이 작년도 33.3%에서 47.4%로 증가하였는데 여기서 우리는 선교적 가능성을 볼 수 있을 것으로 보인다.

2. 부정적 입장 현저히 줄어

특히 이러한 부정적 입장이 줄어들게 된 것을 자세히 살펴보면 더욱 긍정적인 변화를 살펴볼 수 있다. '한국 개신교회를 신뢰한다'는 질문에 부정적으로 대답한 사람을 좀 더 구체적으로 나눠보면 '전혀 그렇지 않다'고 대답한 사람이 9.0%, '별로 그렇지 않다'고 대답한 사람이 24.5%이다. 작년도에는 같은 질문에 '전혀 그렇지 않다'고 대답한 사람이 23.2%, '별로 그렇지 않다'고 대답한 사람이 25.1%였다. 즉 적극적 부정에서 14.2%가 줄어들었고, 소극적 부정에서도 1.4%가 줄어든 것이다.

다시 말해 기독교에 대해서 강하게 부정하던 사람들이 지난 일 년간 현저하게 줄어들었다는 것이다. 특히 이것은 40대 미만, 즉 10대부터 30대 사이에서 확연하게 드러나는데 그 이유를 살펴보는 것이 이번 조사의 핵심적 사항이라고 할 수 있을 것이다.

이러한 긍정적 변화는 이번 조사의 여러 곳에서 감지되고 있다. 한국교회에 대한 속성별 신뢰도 조사에서 '한국교회의 활동은 사회에 도움이 된다'는 질문에 대해서 35.4%가 '그렇다'고 대답을 하였고, 40.3%가 '보통'으로, 그리고 24.3%가 '그렇지 않다'고 대답을 한 것이다. 이러한 질문에 대해서 2008년도에는 '그렇다' 38.0%, '보통' 27.7%, '그렇지 않다' 34.3% 대답이 나왔었다. 전년도의 대답에 비해 역시 부정적 입장이 줄어들고, 보통으로 응답한 사람이 늘어난 것을 우리가 볼 수 있다. 즉 10% 가량의 사람들이 부정적 입장에서 보통으로 돌아선 것으로 볼 수 있다. 이 질문은 상당히 중요한 부분이라고 본다. 왜냐하면 지금까지 한국교회가 이기적이라는 소리를 많이 들어왔기 때문이다.

한국교회는 이 사회의 구성원으로서가 아니라 자신들의 좁은 공동체를 형성하는 데만 심혈을 기울여 왔고, 교회의 확장과 교회당 짓는 데만 신경을 써왔다는 비판을 받아왔는데 그래도 한국교회의 활동이 사회에 도움이 된다는 대답을 들은 것은 의미가 있다. 그런데 여기서 우리가 경계를 풀 수 없는 대목이 '그렇다'고 대답한 사람은 오히려 작년에 비해서 약간이나마 감소했다는 것이다. 우리의 활동이 사회에 도움이 안 된다고 보는 사람은 줄었지만, 그렇다고 그렇게 도움이 되는 것 역시 아니라는 의견이라고 볼 수 있다.

이러한 경향을 함께 볼 수 있는 질문이 있다.

그것은 '지난 2-3년 전에 대비해서 개신교회의 신뢰도가 어떻게 변화했는가?'의 질문에 대해서 '더 많이 신뢰하게 되었다'고 응답한 사람은 4.0%에 불과하다는 것이다. 오히려 69.4%에 이르는 사람들이 '비슷하다'고 응답하였고, 26.6%에 이르는 사람은 '더 적게 신뢰하게 되었다'고 응답하고 있다.

3. 천주교, 개신교에 대해 불신

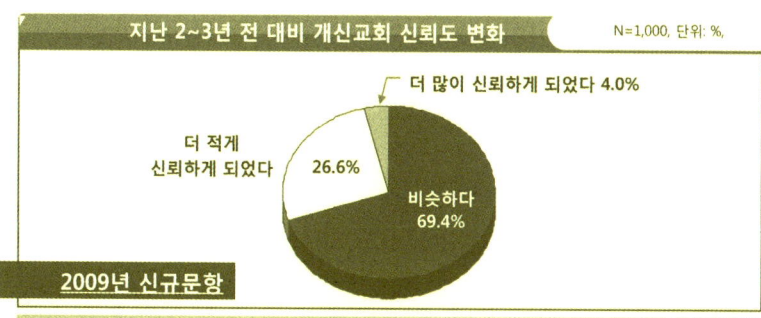

이 질문을 또 종교별로 나누어서 살펴보면 특별한 결과가 나오게 된다. 개신교인들은 이 질문에서 11.3%만 '더 많이 신뢰하게 되었다' 고 대답을 하였고, '비슷하다'고 대답한 사람은 70.7%에 이르고 있다. 이에 비해 천주교인들은 개신교에 대해서 '더 많이 신뢰한다'고 대답한 사람이 하나도 없었다. 오히려 31.2%의 사람들이 '더 적게 신뢰하게 되었다'고 대답하고 있다. 불교의 경우는 일반과 비슷하게 4.0%가 긍정적으로, 그리고 25.7%가 부정적 대답을 하였다.

이러한 분석을 보면 의외로 천주교인들이 개신교에 대해서 상당히 부정적 입장을 가지고 있는 것을 볼 수 있다. 천주교 응답자 110명 중 단 한 명도 개신교에 대해서 더 많이 신뢰하게 되었다고 답하지 않은 것은 상당히 충격적인 결과라고 볼 수 있다. 가까울 것 같은 천주교와 개신교는 어쩌면 그 종교적 성향에 있어서는 상당히 다른 것을 이 조사에서 엿볼 수 있다. 서로의 지향성에 대해서 신뢰하지 못하는 것으로 볼 수 있는 대목이다.

이와 관련하여서 호감종교에 대한 대답도 살펴볼 필요가 있다.

개신교가 자신의 종교에 대해서 충성도가 높을 것으로 기대할 수 있는데, 개신교의 경우 자신의 종교에 대해서 85.0%가 호감도를 표시한 반면, 천주교의 경우는 89.5%에 이르는 것으로 자신의 종교에 대한 충성도에서 개신교를 압도하고 있는 것으로 나타났다.

이에 반해서 불교의 경우는 자신의 종교에 대한 호감도에서 50.8%로 나타나 가장 충성도가 낮은 것으로 나타났다. 즉 앞의 통계와 연관해서 생각해 보면 천주교의 경우 자신의 종교에 대한 충성도와 함께 개신교에 대한 불신과 비호감으로 살펴볼 수 있는 대목이다. 심지어 호감도 조사에서 개신교는 천주교에 대한 호감도 11.1%를 나타낸 반면, 천주교는 개신교에 대한 호감도에서 2.2%만 보여주고 있어 그 분위기를 확인할 수 있었다.

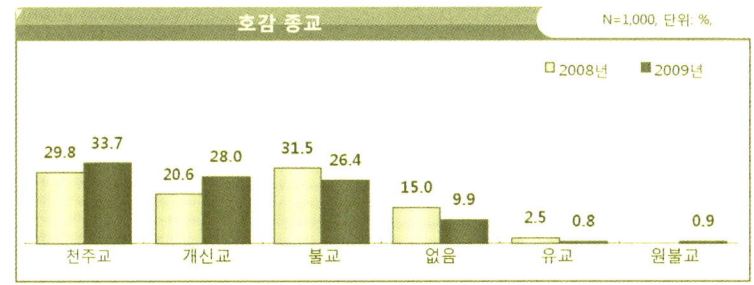

구분		사례수	천주교	개신교	불교	없음	원불교	유교	모름/무응답	계
	전체	(1000)	33.7	28.0	26.4	9.9	0.9	0.8	0.2	100.0
성별	남자	(506)	32.1	28.1	25.1	12.3	1.3	1.2	0.0	100.0
	여자	(494)	35.4	28.0	27.8	7.4	0.4	0.4	0.4	100.0
연령	만19~29세	(212)	28.0	29.6	26.4	14.2	1.3	0.0	0.5	100.0
	30대	(245)	33.0	26.4	28.9	9.2	0.9	1.6	0.0	100.0
	40대	(253)	39.3	27.9	21.7	9.6	0.9	0.3	0.4	100.0
	50대	(174)	37.1	31.5	21.6	8.3	0.9	0.6	0.0	100.0
	60대 이상	(116)	28.6	23.9	39.0	6.5	0.0	1.9	0.0	100.0
지역	서울	(221)	36.7	29.3	25.4	7.2	0.5	0.0	0.9	100.0
	인천/경기	(275)	38.6	34.0	17.4	8.3	0.4	1.2	0.0	100.0
	대전/충청	(99)	27.5	31.1	26.6	14.8	0.0	0.0	0.0	100.0
	광주/전라	(101)	25.3	30.3	30.0	10.2	4.2	0.0	0.0	100.0
	대구/경북	(107)	35.4	18.4	38.2	6.3	1.0	0.7	0.0	100.0
	부산/울산/경남	(165)	29.8	22.1	31.2	14.5	0.7	1.6	0.0	100.0
	강원	(33)	32.3	14.5	35.7	13.7	0.0	3.9	0.0	100.0
종교	개신교	(184)	11.1	85.0	2.8	1.1	0.0	0.0	0.0	100.0
	천주교	(110)	89.6	2.2	7.5	0.8	0.0	0.0	0.0	100.0
	불교	(229)	22.6	23.9	50.8	1.3	1.0	0.3	0.0	100.0
	기타	(6)	32.4	0.0	0.0	0.0	46.4	21.3	0.0	100.0
	종교 없음	(471)	35.0	14.2	28.6	19.7	0.8	1.3	0.4	100.0

4. 개신교 호감도 급상승

그럼에도 불구하고 개신교에 대한 일반적인 호감도는 작년에 비해서 급하게 상승하고 있는 것을 알 수 있다. 올해 개신교에 대한 호감도는 28.0%이다. 작년도에는 이것이 20.6%에 불과하였다. 그래서 작년도에는 호감종교에 대한 질문에서 천주교 29.8%, 불교 31.5%에 비해서 가장 낮은 호감도를 가지게 되었다.

그러나 올해는 가장 호감이 가는 종교인 천주교가 32.3%로 개신교에 비해서 4.3% 정도의 차이가 나고, 작년도 호감도 2위였던 불교는 26.4%로 개신교에 밀려 3위로 자리하게 되었다.

특히 이번 호감도 조사에서 눈에 띄는 부분은 20대의 변화이다. 작년도에는 20대에서 가장 호감이 가는 종교는 불교로서 무려 34.6%가 호감을 표시했고, 개신교는 19.6%에 머물렀는데, 올해는 개신교가 32.6%로 가장 호감이 가는 종교로 선택되었고, 그 다음이 천주교 26.9%, 불교 25.3%로 나타나고 있다. 이 부분은 해석이 필요한 부분이라고 보는데 이 해석은 다른 데이터와 함께 연관하여 보도록 하겠다.

여기서 중요한 결과가 하나 더 있다.

가장 신뢰하는 종교기관에 대한 질문에서 개신교에 대한 응답이 지난 해 18.0%에 불과했는데 올해는 26.1%로 무려 8.1% 증가한 것이다. 이에 비해 천주교는 35.2%에서 36.2%로 1% 증가하였고, 불교의 경우는 31.1%에서 22%로 9.1%가 감소하였다. 역시 이러한 변화에서 눈에 띄는 변화는 20대에서 나타난다. 가장 신뢰하는 종교기관에서 20대는 개신교에 대해서 작년에 16.8%였는데 올해는 31.2%로 무려 14.4%나 증가하였다. 한 해 동안 약 2배가량 늘었다는 것은 결코 합리적이라고 할 수 없다.

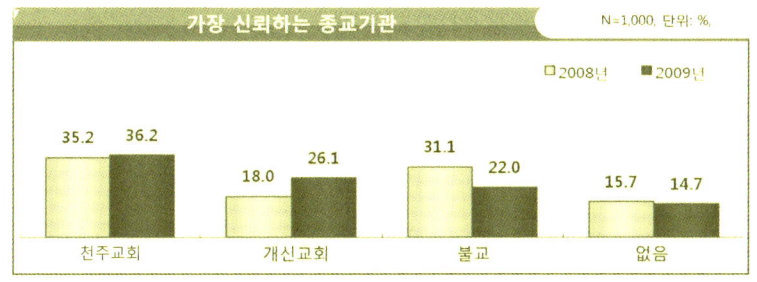

구분		사례수	천주교회	개신교회	불교(사찰)	없음	모름/무응답	계
	전체	(1000)	36.2	26.1	22.0	14.7	1.0	100.0
성별	남자	(506)	33.7	26.0	20.8	17.6	1.9	100.0
	여자	(494)	38.7	26.2	23.3	11.7	0.1	100.0
연령	만19~29세	(212)	29.4	27.8	22.0	18.8	2.0	100.0
	30대	(245)	31.3	24.3	27.4	16.3	0.6	100.0
	40대	(253)	43.1	26.9	15.2	14.5	0.4	100.0
	50대	(174)	44.9	29.7	16.4	7.9	1.1	100.0
	60대 이상	(116)	30.5	19.9	34.2	14.5	0.9	100.0
종교	개신교	(184)	13.1	81.9	1.2	3.5	0.3	100.0
	천주교	(110)	93.2	1.9	2.0	2.9	0.0	100.0
	불교	(229)	22.3	25.1	45.5	5.8	1.3	100.0
	기타	(6)	16.4	0.0	46.4	37.2	0.0	100.0
	종교 없음	(471)	38.9	10.8	23.1	25.8	1.3	100.0

여기에 대한 설명이 가능해야할 것이다. 또 여기서 주목하는 바는 천주교의 경우 26.0%에서 28.1%로 소폭 증가하였고, 불교의 경우는 37.0%에서 20.9% 무려 16.1%나 감소했다는 것이다.

5. 사회적 변화와 그 대응

이렇게 급하게 변한 이유에 대해서 일단 생각해 볼 수 있는 것은 사회적 변화라고 할 수 있다. 작년에는 촛불집회라고 하는 국가적 변동 사항이 있었다. 작년 서울시청 앞에 모였던 그 열기는 대한민국 역사상 그 유례를 찾아보기 힘든 일이었다. 물론 1987년의 일이 있지만 그 당시의 양상과는 다른 것이었기에 이러한 문화는 특별한 일이었다고 할 수 있다. 촛불집회에서 우리가 볼 수 있었던 것은 온라인과 오프라인의 결합이었다. 온 국민이 공감하고 나눌 수 있는 상황이나 문화가 아니라 온라인이라고 하는 가상의 현실에서 이루어지던 것들이 현실로 나타난 것이다. 그 특징은 상당히 감성적인 반응이었고 온라인의 특징 중에 하나인 선동에 의해서 무리로 나타났다는 것이다. 이러한 영향을 많이 받은 세대가 10대와 20대라고 할 수 있는데 이번 조사에서는 10대가 빠졌기 때문에 20대에서 이러한 변화가 급하게 나타난 것으로 볼 수 있다.

작년도 촛불집회 정국에서 개신교는 상당히 이방인으로 머물러 있었던 것으로 기억된다. 이명박 대통령이 초기에 개신교의 장로로 특징지어졌기 때문에 이명박 정부의 실정이 개신교의 잘못으로 인식되어졌던 것도 있었다. 따라서 개신교회는 이 부분에서 소극적인 태도를 취할 수밖에 없었다. 물론 개신교에서도 시청 앞에 촛불교회를 세우는 등 여러 모양으로 참여하긴 했지만 정치적인 이슈에 대해서 소극적인 태도를 가져왔던 개신교의 전통적인 태도에서 벗어나지 않았던 것이다.

이에 반해서 불교는 촛불집회 정황에서 적극적으로 개입을 했었다. 이것은 과거 불교에서 볼 수 없었던 모양이기 때문에 더 주목을 받게 되었을 것이다. 특히 촛불집회 지도자들이 조계사로 피신한 상황이 지속되면서 촛불집회에 관심이 있는 사람들은 조계사로 대표되는 불교계에 주목을 하게 되었던 것이다. 이에 불교에 대한 젊은 사람들의 호감도가 작년에 높았던 것으로 볼 수 있다. 그런데 올해 들어서 이러한 사회적 이슈가 사라지고 불교의 사회적 역할도 줄어들면서 젊은 사람들로부터 시작해서 전체적인 신뢰도가 낮아진 것으로 볼 수 있다.

여기서 살펴볼 수 있는 것은 사회적 신뢰도는 사회적 상황과 그에 대한 대응을 어떻게 하느냐에 따라서 민감하게 반응하고 있다는 것이다. 특히 인터넷이 발달하면서 이러한 반응들의 속도가 빨라지고 하나의 이슈로 선동되어지는 부분이 크다는 것이다. 그리고 사회 전체적인 여론이 젊은 층에 의해서 많이 좌우되고 있는데, 이 젊은 층의 여론은 쉼 없이 변하고 있다는 것이다. 아쉽게도 이 부분이 개신교가 상당히 취약한 부분이다. 여론에 대해서 공식적으로 대응할 수 있는 창구가 없고 전략적으로 자신을 포장해서 보여줄 수 있는 기구가 없다. 오히려 개신교는 기관에 의해서라기보다는 교계를 대표할 수 있는 몇몇 인물들에 의해서 자신을 드러내고 있다. 그런데 그 인물이라고 하는 것이 보통 기관의 대표가 아니라 큰 교회의 목사들인 경우들이 많이 있다.

이 분들이 교계의 여론을 대표하는 것이 아니라 본인들의 의견을 이야기하는데, 대사회적인 전략적 사고에 의한 언급이 아니라 소위 자신들의 '감'(感)에 의해서 이야기하기 때문에 사회적 파장을 일으키는 경우들이 있다. 즉 본인들의 발언이 어떠한 사회적 영향력으로 돌아올 것인가에 대한 고려가 아니라, 이 발언이 사회에서 주목을 받을 것인가에 더 관심을 갖는 것이다. 그리고 목사들의 경우는 여러 곳에서, 특히 교회의 설교 자리에서 자신의 의견을 항상 노출하고 있기 때문에 요즘 발달된 인터넷 환경에서 잘못 왜곡되어 전달되는 경우 심각한 사회적 반감을 얻는 경우들이 자주 있다. 특히 사회적으로 민감한 상황에서는 이러한 발언들이 큰 영향력을 미치고, 마치 그러한 의견이 개신교를 대표하는 것으로 전달될 경우 개신교의 신뢰도와 호감도에 큰 영향력을 미치는 것으로 볼 수 있다.

6. 이미지의 필요성, 그리고 전략적 사고

이러한 반증은 이번 조사의 곳곳에서 나타난다. 먼저는 개신교회를 신뢰하지 못하는 이유에 대해서 가장 많은 32.4%가 교회지도자, 교인들의 언행불일치를 꼽은 것이다. 그리고 '정치계, 관계, 재계 등에서 기독교인 지도자들의 말과 행동을 보면서 교회에 대한 신뢰도가 어떻게 바뀌었습니까?'라는 질문에 대해서 46.7%가 부정적으로 바뀌었다고 대답을 하였다.

한국 개신교회 신뢰 이유 / 비신뢰 이유

신뢰 이유 (N=191, 복수응답, 단위: %)	
• 봉사 활동을 많이 해서	21.7%
• 선행의 올바른 가르침	14.4%
• 본인이 선택한 종교에 대한 믿음	13.6%
• 성경 말씀의 신뢰	8.3%
• 목사님 설교	8.1%
• 살아계신 하느님에 대한 믿음	7.6%
• 모태신앙 이라서	6.1%
• 기독교 교리	6.1%
• 교인들의 올바른 삶	5.3%
• 목사님 들의 사회활동	2.7%
• 언행일치	2.2%
• 믿음으로 모여 단합할 수 있다	2.2%
• 정직하다	2.1%

비신뢰 이유 (N=336, 복수응답, 단위: %)	
• 교회지도자, 교인들의 언행 불일치	32.2%
• 교회 지도자의 무분별한 선교활동	10.0%
• 타 종교의 비방이 많아서	9.0%
• 교회 성장에만 관심을 둔다 (기업화 현상)	7.4%
• 집단 이기주의 같은 느낌	7.4%
• 종교의 권력화	5.4%
• 종교 자체의 무관심	5.0%
• 설교 내용의 불신	4.8%
• 교인의 비도덕적 행동	3.7%
• 믿고 있는 종교가 달라서	3.4%
• 종교에 관한 믿음이 없어서	2.7%
• 언론에서 듣는 부정부패	2.5%
• 종파분열	2.3%

여기에 더해서 개신교회가 어떤 활동을 하는지에 대한 정보를 어떻게 얻게 되었느냐는 질문에 대해서 54.3%에 이르는 사람들이 TV,

신문 등 언론 매체 등을 통해서 얻는다고 대답을 하고 있다. 종합적으로 정리해 보면 일반적인 국민들의 입장에서 기독교에 대해서 생각할 수 있는 것은 TV, 신문 등의 언론매체에 나오고 있는 기독교 지도자들의 언행을 통해서라고 할 수 있다. 즉 그들이 어떠한 모습으로 언론매체에 비쳐지는지에 따라서, 그리고 언론을 통해서 전해지는 그들의 말들에 의해서 그 종교의 신뢰도와 호감도가 좌우된다고 할 수 있다.

즉 한국교회의 신뢰도 향상은 변동하는 사회적 상황에서 지도자들이 어떻게 대응하는지, 그리고 그러한 대응들을 어떠한 모습으로 국민들에게 보여줄 수 있을 것인지에 대한 고민에서 시작된다고 할 수 있다. 이것을 다른 말로 하면 이미지 메이킹이라고 할 수 있는데 한국교회는 본질에 대한 충실성을 넘어 선교적 차원에서 한국교회의 모습을 이 사회에서 어떻게 보여줄 것인가에 대해서도 생각해 보아야 할 것이다.

7. 봉사를 통한 신뢰 회복

개신교에 대한 신뢰도 상승 이유에 또 중요한 부분은 전년도에 비해 한국교회가 많은 봉사활동을 활발하게 전개했던 것을 들 수 있을 것이다. 실제적으로 태안반도 기름유출 사건 때 보여주었던 교회의 활동이나 수재 지역에서 교회가 했던 일들은 긍정적으로 평가를 받고 있다. 그리고 전에 비해 교회들이 봉사에 있어서 연합활동을 전개하고 있으며 그러한 활동을 오른손이 하는 일을 왼손이 모르게 하는 것이 아니라 적극적으로 홍보하고 있다는 것이다. 즉 기독교가 하고 있는 일들을 드러냄으로써 한국교회의 신뢰도 향상에 이바지했다고 볼 수 있다.

실제적으로 이번 조사에서 나타난 결과도 비슷한 사실을 말해주고 있다. 올해 새롭게 추가된 것인데 사회 봉사활동을 적극적으로 수행하는 종교에 대한 질문이 있었다. 여기서 예상과는 다르게 개신교가 42.0%로 최고의 선택을 받았다. 천주교는 비슷한 수준인 41.2%, 그리고 불교는 7.8%로 나타났다. 과거에는 개신교가 다른 종교에 비해서 봉사를 안 하고 있는 것으로 알려졌었다.

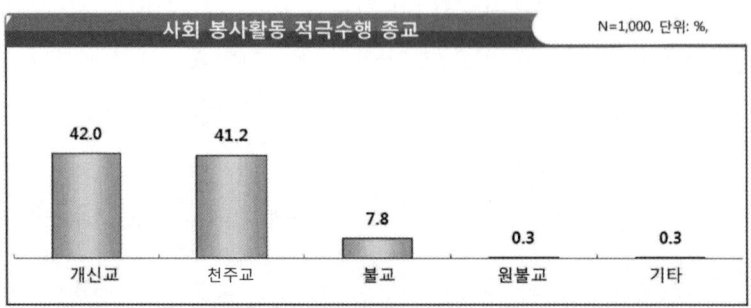

그런데 이번 조사에서 볼 때 한국교회의 봉사활동이 사회에서 인

정을 받게 된 것을 보게 된다. 이것이 바로 지난 한 해 동안 개신교회가 많은 봉사활동을 수행했고 그것을 적극적으로 알린 결과라고 할 수 있다. 특히 이번 질문에서는 연령대가 낮을수록 더 개신교를 선택한 사람들의 비율이 높은 것으로 나타났다. 특히 20대에서는 무려 49.3%에 이르는 사람들이 개신교가 가장 사회 봉사활동을 많이 하고 있다고 대답한 것으로 나타나 상당히 고무적인 결과라고 할 수 있다.

이외에도 개신교회를 신뢰하는 이유에 대해서 21.5%에 이르는 사람들이 한국교회가 봉사활동을 많이 해서라고 대답을 했다. 이것은 가장 많은 응답으로서 이 뒤를 이어 선행의 올바른 가르침(14.0%), 본인이 선택한 종교에 대한 믿음(13.7%), 성경 말씀의 신뢰(8.4%) 등이 나오고 있다. 이는 한국교회에 대해서 이 사회가 무엇을 원하고 있는지를 정확히 보여주고 있다고 할 수 있다. 그것은 이 사회에서 교회가 봉사하는 기관으로서 자리를 하는 것이다. 그것이 그 종교기관이 전하고 있는 교리나 믿음보다도 선행하고 있다는 것을 이 결과는 보여주는 것이다.

그러나 이것은 거꾸로 보면 다른 것에 대해서 이 국민이 신뢰하지 못하고 있는 것으로도 볼 수 있다. 한국 개신교회를 신뢰하지 않는 이유를 물은 질문에 대해서 32.4%에 이르는 사람들이 '교회지도자, 교인들의 언행 불일치'를 그 이유로 꼽았다. 이것은 교회의 가르침이 아무리 훌륭할지라도 그를 따르는 교인들이나 지도자들의 행동을 볼 때에 믿을 수 없다는 표현으로 볼 수 있다. 그러니 가르침에 대한 신뢰가 아니라 우리 눈에 보이는 결과를 보여 달라는 것이다.

어쩌면 교회의 사회적 신뢰를 회복하는 일은 아주 간단할 수 있다. 국민들의 요구는 교회가 이 사회에서 봉사하고 교회의 교인들이 언행이 일치되는 모습을 보여 달라는 아주 단순한 것이다. 이 말은 다시 말해서 우리를 가르치려하지 말고 우리를 섬기는 종교적 자세를 보여준다면 당신들을 믿겠다는 말이다. 한 알의 밀알을 통해서 보여주신 예수님의 교훈이 이 시대에 절실히 필요하다고 본다. 썩어 없어져야 열매를 맺는다는 아주 단순한 진리가 현재 한국교회에 절실히 필요한 것이다.

8. 이슈 사라지고, 이미지 개선

작년에 비하여 한국교회의 사회적 신뢰도는 상당히 향상되었다. 이렇게 향상된 가장 큰 이유는 교회를 둘러싼 이슈가 사라졌다는 것이다. 작년만 해도 2007년에 있었던 아프가니스탄 피랍사태의 여파가 남아 있었고 이명박 정부가 들어서면서 교회와의 연관성 때문에 많은 이슈를 만들어 내던 때이다. 더구나 촛불집회를 통해서 네티즌들의 의식이 활성화되어 있었고 그 중심에서 한국교회 역시 질타의 대상이었다. 이러한 복합적인 요소들이 한국교회에 대해서 적극적으로 부정의 응답을 하도록 만든 것이라고 할 수 있다.

그런데 올해는 이러한 이슈들이 현저히 줄어들고 개신교에 영향을 받은 정부라고 생각하는 이명박 정부에 대한 호감도 역시 증가하면서 개신교회를 향해서 쏟아졌던 적극적 부정들이 사라진 것으로 보인다. 이러한 분석이 가능한 것은 특히 젊은 층에서 개신교에 대해서 가졌던 부정적 입장들이 크게 줄어든 것이다.

이러한 분석으로 본다면 신뢰도라고 하는 것이 교회의 본질적 일들에 의한 결과가 아니라 사회에서 비쳐지는 개신교회의 이미지, 그리고 그것을 인식하는 사람들의 정황 등에 의해서 많이 좌우되고 있다는 것을 알 수 있다. 즉 교회가 이러한 일들을 하는데 왜 안 알아주는가에 대해서 섭섭해 할 것이 아니라 좀 더 적극적으로 알리고 꾸며 나가는 일을 교회가 감당해야함을 알려주는 것이다.

그런데 개신교회는 다른 종교에 비해서 느슨한 조직체를 가지고 있고, 연합활동 역시 잘 되지 않기에 어려움을 가지고 있다. 그럼에도 불구하고 봉사라고 하는 부분에서 한국교회가 작년에 많은 것을 보여주었기에 작년에 비해 올해 현저한 발전을 가져온 것으로 보인다. 교회의 이미지 개선을 위한 이러한 일들이 좀 더 전략적으로 행해져야 할 것으로 보인다.

제4장
청소년, 그들의 신앙과 세계

청소년의 시기라고 하면 자동적으로 떠오르는 것이 '질풍노도'의 시기라는 것이다. 거친 바람과 성난 파도와 같이 무언가가 그 안에서 혼란이 일고, 밖으로는 폭풍이 쏟아져 나오는 시기를 말하는 것이다. 그 어느 때던지 청소년들을 바라보는 시선이 고왔던 적은 없다. 그들은 항상 분노에 차 있고, 기존 질서를 지키지 않으며, 비행과 폭력으로 얼룩진 모습에서 벗어나 본 적이 없다. 이것은 오늘의 문제가 아니라 그 부모의 세대 때도 그랬고, 그 이전의 세대에서도 항상 그래 왔다. 단지 그 모양이 달랐을 뿐이지 그 시기가 평화로웠거나 안정되었던 적은 없다.

오늘날 대한민국의 청소년들 역시 이러한 상황에서 그렇게 벗어나 있지 않다고 본다. 이들 역시 대학입시의 압박에서부터 동료들과의 갈등, 그리고 삶의 방향에 대한 고민을 가지고 있다. 그러나 이러한 비슷한 상황 외에도 2014년 대한민국의 청소년이기에 겪어야 하는 어려움들도 있다. 과거와는 비교도 안 되는 치열한 경쟁과 혼란에 빠져 버린 가치관, 그리고 인터넷과 핸드폰으로 대표되는 기술의 발전과 그로부터 파생되는 부작용이 그들의 삶을 이전과는 전혀 다른 삶의 정황으로 몰아가고 있다.

　기성세대들은 모두 그 시기를 거쳐 왔다. 그래서 그들의 삶에 대한 막연한 이해와 동정을 가지고 있다. 나도 그 때를 겪었고, 그렇기에 너희를 이해할 수 있다는 자만심도 있다. 좀 더 나아가면 너희는 심각한지 모르지만 인생을 살아보면 그 정도는 아무 것도 아니고, 지나보면 또 추억일 뿐이라는 생각이 우리를 지배하고 있다. 이러한 생각이 종종 폭력으로 나타난다. 아이들은 아프다고 하는데 정신력의 문제라고 이야기하는 것과 같다. 정신을 차리려고 하여도 몸이 아프고, 삶이 아픈데 정신만 잡으면 된다고 하는 것은 폭력이다. 아마 이러한 상황은 청소년을 자녀로 데리고 있는 거의 모든 가정에서 일어나는 일상일 것이다. 어머니의 뱃속에서 나와서 십 여 년을 그 부모의 돌봄 가운데 자라온 아이들인데 낯설어지는 시기이다. 부모도 그 시기를 지나온 지 얼마 되지 않은 것 같은데 이 아이들이 이해되지 않는다. 결과적으로는 언어뿐만 아니라 물리적 폭력이 일방이 아니라 쌍방으로 이루어진다. 어쩌다 신문에 나는 일이 아니라 청소년이 있는 거의 모든 가정과 학교, 청소년들이 나타나는 거의 모든 곳에서 일어나는 일이다. 여기서 교회 역시 다르지 않다.

　아이들을 사랑하는 것은 먼저 그들을 이해하는 데서부터 시작한다. 오늘 날 청소년들의 삶을 구체적으로 들여다보고 명확히 하는 것이다. '그러려니' 하는 우리의 상상을 접어두고 수치화된 그들의 삶의 정황과 신앙의 세계를 보는 것이다. 이렇게 구체화된 토대 위에서 우리는 아이들의 삶을 다시 보아야 한다. 그리고 그들을 어떻게 대하고, 어떤 방향으로 이끌어야 할지를 생각해 보아야 한다.

이러한 문제제기로 이 조사는 시작되었다. 청소년들의 삶을 그들에게 물으며 수치화해 내려는 것이다. 이 조사는 기독교인과 비기독교인을 구분하여 조사를 했다. 그들의 생각과 삶, 그리고 신앙까지를 여러 방면으로 물었기에 아주 구체화된 그들의 생각과 삶이 드러날 것이다. 결국에 이 조사는 교회교육의 성적표가 될 것이다. 교회에서 성장하고 교육 가운데 있는 청소년들의 생각과 삶이 과연 비기독교적인 환경 가운데 자란 청소년들과 얼마나 구분되고 구별되는지, 더군다나 그 생각과 삶이 기독교적이고 바른지를 살펴볼 것이기 때문이다.

이 글에서는 조사가 진행된 것과 같이 종교 일반, 신앙생활 및 기독교 관련 인식(크리스천), 교회생활(크리스천), 교회학교 관련 인식, 전도 관련 인식(크리스천), 부모님 관련 인식(크리스천), 청소년 일반 인식 등으로 서술될 것이다. 이 조사는 기독청소년 500명과 비기독청소년 500명을 대상으로 하는 온라인조사에 기반하고 있다. 전체 조사부분은 96개였으며 이에 따른 질문이 있기 때문에 100여 개의 질문으로 행해졌다. 이 글에서 이 모든 부분을 상세히 다룰 수는 없기 때문에 전체적으로 살피면서 중요한 부분들에 대한 서술을 이어가도록 하겠다.

1. 종교 일반

첫 질문은 삶의 만족도에 대한 질문이었다. 전체적으로 보았을 때 우리나라 중고등학생의 43.3%만이 삶에 '만족한다'고 대답했다. '보통'이 32.2%이고 '불만족'이 24.5%가 나왔다. 청소년의 시기에 삶에 만족한다는 대답이 나올 것이라는 기대는 없었다. 하지만 생각보다도 아주 낮은 만족도이다.

2010년 연세대 사회발전연구소와 한국방정환재단은 공동으로 전국 초등학교 4학년 고등학교 3학년 학생 5천 437명에게 '2010 한국 어린이·청소년 행복지수의 국제비교'를 주제로 설문 조사를 했다. 이에 따르면 삶에 만족한다고 대답한 학생은 53.9%였다. 물론 여기에는 초등학생들이 포함되었기 때문에 더 높게 나온 것이라고 볼 수 있다. 이 조사에 따르면 OECD 36개국 가운데 우리나라가 가장 낮은 수치를 나타냈다고 한다. 만족도가 가장 높은 네덜란드의 경우는 94.2%의 청소년들이 삶에 만족한다고 대답했다고 한다. 우리나라와 비교해 보았을 때 약 40% 이상 차이가 나는 결과였다. 이렇게 보면 우리나라 청소년들의 삶의 만족도는 비정상이라고 할 수 있다.

또 2012년도에 학원복음화협의회의 발주로 목회사회학연구소와 글로벌리서치가 함께 진행한 '2012 한국대학생의 의식과 생활에 대한 조사연구'에 따르면 대학생의 경우는 삶에 만족하는 이들이 87.7%에 이르렀다. 이번 조사에서 나온 청소년의 삶의 만족 43.3%와 비교해 볼 때 2배 이상, 44.4%의 차이가 나온 것이다.

이렇게 비교해 본다면 결국 청소년들이 삶에 불만을 가질 수밖에 없는 가장 근본적인 원인은 대학입시라고 할 수 있다. 대학입시가 지나자마자 우리나라의 청소년들은 급격하게 삶에 만족하게 된다는 것을 볼 수 있다. 결국 청소년 문제의 많은 부분은 더 좋은 대학에 진학하기 위해 경쟁할 수밖에 없는 이 상황에서 비롯된 것이라고 할 수 있다.

이 삶의 만족도에 대한 조사를 기독청소년과 비기독청소년으로 비교해 보면 의미 있는 결과가 나온다. 기독교인은 만족한다는 비율이 46.7%가 나와서, 비기독교인 39.9%에 비해 꽤 높게 나왔다. 이렇게 보면 기독교인들이 신앙의 도움으로 좀 더 삶에 만족하며 살고 있다는 것을 짐작할 수 있다. 그런데 대학생들의 경우는 이 똑같은 비교에서 기독교인과 비기독교인이 차이를 나타내지 않고 있다. 비슷하게 87.3%와 87.7%가 나왔다. 즉 입시스트레스에서 벗어난 대학생의 경우는 그 만족도에서 차이가 나타나지 않는다는 것이다. 이렇게 비교해 보면 삶의 만족도에서 신앙은 행복에 이바지하는 것이 아니라 입시스트레스라고 하는 고통을 이겨내는데 이바지하고 있다고 볼 수 있다. 특히 고등학생의 경우를 따로 보면 그 차이가 41.3%와 32.9%로 더 벌어지는데 이러한 결과의 차이라고 볼 수 있을 것 같다.

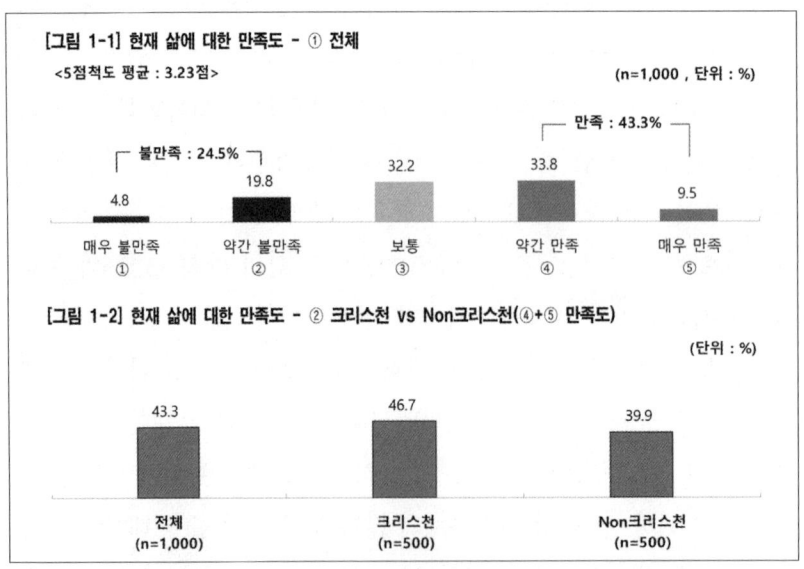

종교가 삶에 얼마나 중요한가를 물었다. 전체적으로 보면 53.4%가 중요하다고 대답을 했고, 중요치 않다고 대답한 사람은 46.6%

였다. 기독청소년은 이 질문에 82.4%가 긍정대답을 했고, 비기독청소년의 경우는 24.4%만이 긍정대답을 했다. 이렇게 보면 청소년의 시기에 그래도 53.4%가 종교가 삶에 중요하다고 대답했고, 기독청소년들의 82.4%가 긍정대답을 한 것은 의미 있다고 할 수 있다. 무엇보다 기독청소년들이 상당히 높게 긍정대답을 한 것은 그래도 현재의 어려운 상황 가운데 긍정적으로 볼 수 있는 대목이라고 본다. 왜냐하면 그래도 기독청소년들이 종교에 대해서 고민하고 있다는 것을 보여주는 것이기 때문이다.

청소년들은 교회 그러면 무엇이 가장 먼저 연상될까?

기독청소년과 비기독청소년 모두 교회하면 먼저는 십자가, 그리고 하나님 예수님 등을 연상했다. 그런데 비기독청소년의 경우는 이외에도 '무분별한 전도/과도한 포교'(7.1%), '부정적 인식/이미지'(6.2%), '강요/지나친 신앙심'(4.4%)과 같은 부정적인 단어들도 떠올렸다. 이러한 것들을 극복하는 것이 청소년 선교에 중요한 부분이 될 것 같다.

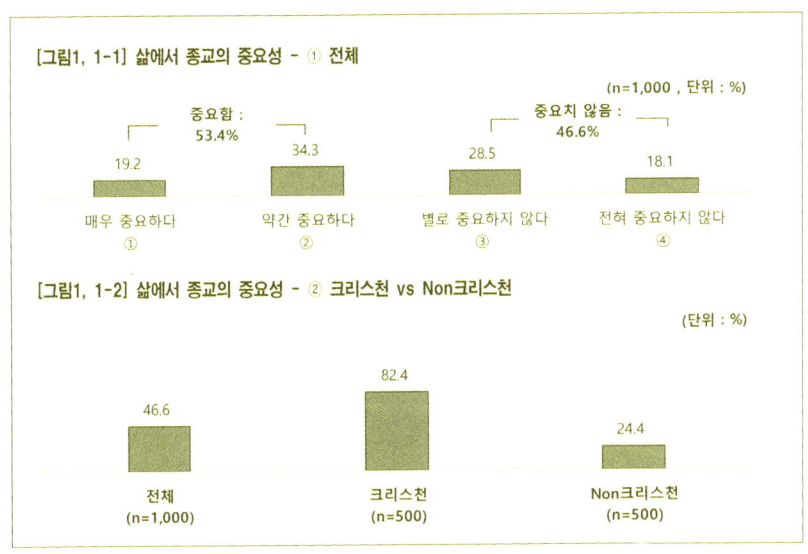

2. 신앙생활 및 기독교 관련 인식(기독교인)

학생들이 신앙생활을 하는 이유를 물었다.

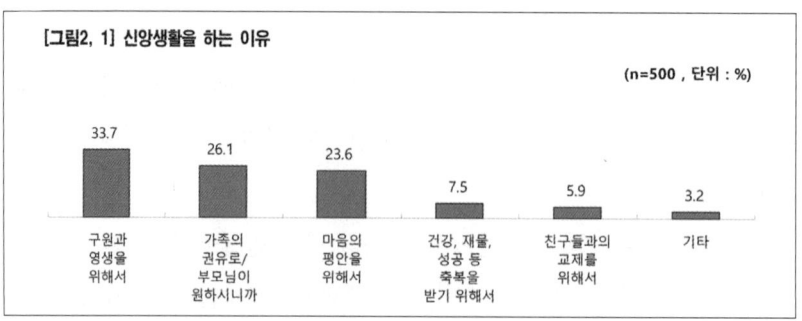

[그림2, 1] 신앙생활을 하는 이유

'구원과 영생을 위해서'라고 대답한 이들이 33.7%로 가장 많았다. 그 뒤로 '가족의 권유로/부모님이 원하시니까' 26.1%, '마음의 평안을 위해서' 23.6%, '건강, 재물, 성공 등 축복을 받기 위해서' 7.5% 등으로 나왔다. 이 대답을 보면 청소년들은 신앙을 갖는데 있어서 상당히 순전하다고 할 수 있다. 신앙생활을 하는데 있어서 가장 근본적인 이유인 구원과 영생을 위해서 믿는다고 대답한 이들이 가장 많기 때문이다. 보통 성인들에게 물으면 그 조사가 다양하더라도 마음의 평안을 위해서 믿는다고 하는 이들이 가장 많다. 학복협 조사에서도 신앙생활을 하는 이유로 마음의 평안을 위해서가 51.4%로 절반을 넘어서고 있다. 그런데 이 조사에서는 마음의 평안은 23.6% 밖에 안 되었고, 축복을 받기 위해서는 7.5%의 수준이었다.

그런데 눈에 띄는 부분은 가족과 부모 때문에 다닌다는 대답이 상당히 높게 나왔다는 것이다. 아직 학생이기 때문에 부모의 인도로 교회를 다니는 경우가 많을 수밖에 없지만 그것 자체가 신앙생활을 하는 이유가 된다는 것은 아직 미성숙하다는 징표로 볼 수 있다. 이 부분은 다음 질문과 연관하여 생각해 볼 대목이다.

신앙생활에 가장 큰 영향을 주는 사람을 물었다.

이 질문에 의외의 결과가 나왔다. '어머니'가 47.2%로 가장 높게 나온 것이다. 이외에 '교회친구/선후배' 12.0%, '목사님/전도사님' 11.9%, '아버지' 9.8% 등의 순으로 나왔다. 이것을 보면 신앙생활에 있어서 부모님, 특히 어머니의 영향력이 지대하다는 것을 알 수 있다. 특히 부모님 중 어머니만 기독교인 경우는 72.8%가 어머니의 영향력이 가장 컸다고 대답을 했다. 이에 반해 아버지만 기독교인 경우는 20.9%만이 아버지에게 영향력을 받았다고 대답을 했다.

이렇게 보면 일반적으로 우리가 생각하는 목사나 전도사와 같은 교역자들보다 어머니가 신앙적인 면에서 더 큰 영향력을 끼치고 있는 것을 알 수 있다. 이외에도 교회친구/선후배가 교역자들보다 더 큰 영향력을 끼치는 것도 눈여겨 볼 대목이다. 그런데 문제로 보아야할 부분이 있는데 교회학교 선생님의 미미한 영향력이다. 2.8%가 '교회학교 선생님'이라고 대답을 했다. 이것은 학교 친구/선후배 (5.3%) 보다도 못한 것이다.

이러한 결과는 결국 신앙생활을 이루는 것은 제도적 영향력보다도 부모, 그 중에서도 어머니에 의한 것이란 것을 보여준다. 이렇게 볼 때 한 가정의 신앙생활, 특히 부모에 의해서 전수되어지는 신앙생활이 중요하다는 것을 알 수 있다. 이것은 후에 계속적으로 지적하게 될 부분인 가정종교와 연관이 깊다. 과거 기독교를 믿기로 하는 사람들은 대부분 전도에 의해서 신앙으로 결심한 사람들이었다. 그런데 요즘에는 오히려 어려서부터 믿는 가정에서 자라서 자연스럽게 예수를 믿게 된 사람들이 더 많다.

그러다 보니 신앙은 종교기관인 교회에서 배우고 익히는 것이 아니라 가정에서 부모, 특히 가정 내에서 자주 보게 되는 어머니에 의해서 배우게 되는 것이다. 이러한 신앙의 패턴은 이제 한국교회에 정형화되었다고 할 수 있다. 이미 언급한 학복협(한국복음주의실천협의회) 조사에서도 이런 모습은 비슷하게 조사되었고, 필자는 이에 대한 분석을 하면서 가정종교의 발견과 대응이라고 밝혔다. 즉 이것은 중고등학생뿐만 아니라 대학생에서도 나타나는 일반적인 현상이라는 것이다. 그리고 이것이 이제 한국교회의 전형(Prototype)으로 자리 잡게 될 것이다. 이에 대한 연구와 정책의 개발이 시급한 상황이다.

신앙생활에 가장 도움을 주는 요소로는 다수의 응답자인 45.5%가 '교회 예배/ 목사님의 설교'를 꼽았다. 이후 나타나는 '집회/수련회'(19.6%), '교회 내 소그룹 활동 및 모임'(12.8%), '신앙 선배/친구'(10.0%)와 비교해 볼 때 예배와 설교가 월등히 높다. 이렇게 볼 때 결국 신앙생활의 베이직은 역시 예배에 있다고 볼 수 있다. 그런데 좀 이상하게 나타나는 것은 가정예배는 1.8%만 응답했다는 것이다. 부모가 가장 큰 영향력을 주는 인물이라고 하는데 이들과 신앙적으로 만날 수 있는 가장 중요한 통로라고 할 수 있는 가정예배는 이루어지고 있지 않다는 것을 볼 수 있다. 이 부분에 대한 강조가 필요하다.

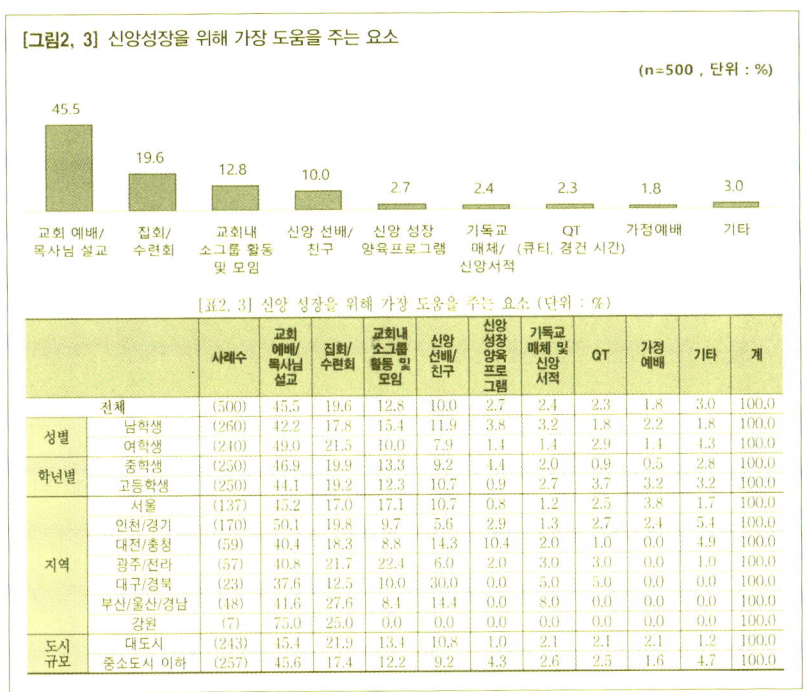

신앙인식에 대한 다양한 질문을 던졌다.

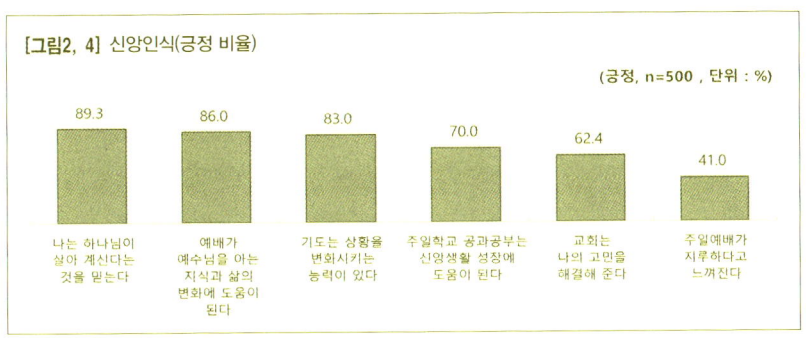

제4장 | 청소년, 그들의 신앙과 세계

먼저는 '나는 하나님이 살아 계시다는 것을 믿는다'에 대해서 89.3%가 응답했다. 특히 매우 그렇다고 대답한 적극 긍정대답이 57.9%에 이르러서 상당히 고무적인 결과가 나왔다. '예배가 예수님을 아는 지식과 삶의 변화에 도움이 된다'에 대해서 86.0%가 긍정대답을 했다. 중고등학생들에게 있어서 예배가 중요한 역할을 한다는 것을 앞의 질문과 연관해서 볼 때 인정할 수 있게 된다. '기도는 상황을 변화시키는 능력이 있다'에 83%가 긍정대답을 했다. 역시 믿음의 기본적인 부분이라고 할 수 있는 기도의 능력에 대해서 학생들은 상당히 높은 긍정응답을 주었다. '주일학교 공과공부는 신앙생활 성장에 도움이 된다'는 것에 70%가 긍정대답을 했다. 앞의 세 부분과 비교해 볼 때 상당히 낮게 응답된 것을 볼 수 있다.

그런데 더 눈여겨 볼 부분은 매우 그렇다고 대답한 사람이 22% 밖에 안 되었다는 것이다. 이것은 예배에 대한 긍정적 대답을 비교해 볼 때 상당한 차이를 보이고 있다. 예배에 대해서는 매우 그렇다고 대답한 사람은 32.4%였으니 비교해 볼 때 약 10% 이상 차이를 보이는 것이다. 이것은 영향력을 주는 사람에 대한 질문에서 주일학교 선생님이 낮게 나왔던 것과 연관해서 생각해 볼 필요가 있다. 즉 공과공부가 점점 그 역할에서 밀려나고 있다는 것을 보여주는 것이다. '교회는 나의 고민을 해결해 준다'에 대해서는 62.4%가 긍정대답을 했다. 이 대목을 다른 부분에 비교해 볼 때 낮다고 할 수 있지만 실제적인 상황에서 보았을 때에 의외로 높은 것이라고 볼 수 있다.

대부분의 고민은 해결이 아니라 고민으로 연결되는 경우들이 많다. 그런데 교회에서 해결을 보았다고 응답한 사람이 62%가 넘었다는 것은 상당히 높게 나온 것이라고 보아야 한다. '주일예배가 지루하게 느껴진다'에 대해서는 41%가 긍정대답을 했다. 즉 41%의 학생들에게는 예배가 감동을 못 주고 있다는 것이다. 예배가 신앙생활에 가장 큰 영향력을 끼치고, 예배를 통해서 예수님을 아는 지식과 삶의 변화를 가져오는데 도움이 된다고 응답한 이들이 많은데 이 예배에 대해서 40% 이상이 지루하다고 느끼고 있다면 큰 문제라고 할 수 있다. 과연 이 예배를 통해 청소년들이 감동을 받고 의미를 부여받을 수 있도록 해야 하는데 어떤 방식이 필요할지에 대한 고민이 필요하다.

그리스도 영접 및 구원에 대한 확신을 물었다.

'학생은 예수님을 개인적인 구주로 영접했습니까?'라는 질문에 66.1%가 '그렇다'고 대답을 했다. 그런데 '현재 구원에 대해 확신을 가지고 있습니까?'라는 질문에는 59.9%가 '그렇다'고 대답해 좀 큰 차이를 나타내고 있다. 즉 이것을 보면 구주로 영접을 하는 것과 내가 구원 받은 것이 구별되고 있다는 것을 볼 수 있다. 다시 말해 믿음을 갖는 것과 그것이 나의 구원과 연결되는 것인가에 대해서는 연결이 안 되는 부분이 있다는 것이다.

신앙생활을 하는 학생들에게 가장 현실적인 시험은 시험기간에 교회를 나가야할 것인가이다. 이에 대해 55.8%가 '공부보다는 신앙생활이 우선이기 때문에 교회는 빠지지 말아야 한다'고 대답을 했다. 그런데 26.7%는 '시험기간 동안에는 교회보다는 독서실이나 학원에 가서 공부를 할 수 있다'고 대답했다. 17.5%는 '잘 모르겠다'는 대답이었다. 이 질문에 대해서는 해석의 여지가 꽤 있을 것 같다. 과연 26.7%는 높은 수치인가, 생각보다는 낮은 것인가에 대한 것이다. 현실적으로 시험 때가 되면 중고등부의 출석은 30% 이상 줄어들 것이다. 어쩌면 이 조사의 결과는 우리가 가지고 있는 현실을 정확한 수치로 표현한 것에 의미가 있다. 몰랐던 현실은 아니고 알고는 있지만 믿고 싶지 않았던 현실일 수 있다는 것이다. **결국 학생들에게 신앙은 현실 이상의 것을 의미하지 못 한다.** 물론 55.8%는 신앙이 학교의 성적보다 우위에 있다고 믿고 있지만 이것이 만족스러운 결과로 볼 수 있는지에 대해서는 의문이 생긴다.

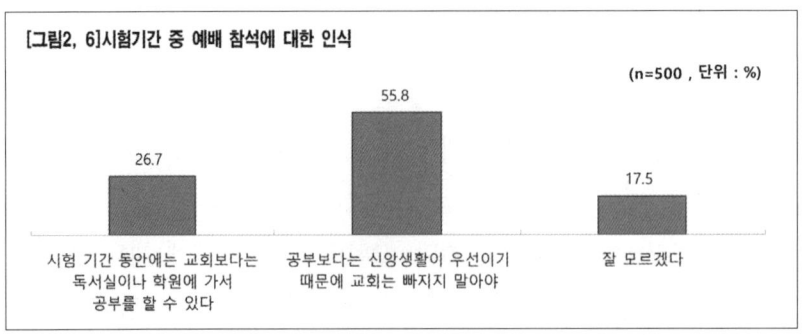

신앙생활이 학생들의 삶에 구체적으로 어떠한 영향을 미치고 있을까를 알아보았다.

'가치관과 인격 형성에 영향을 준다'고 대답한 이들은 87.5%나 되었다. '인간관계 형성'에는 82%, 그리고 '인생의 성공'에는 72.5%가 영향을 준다고 대답을 했다. 그런데 '진학 방향/기독교계열 학교 진학'에 대해서는 39.7%만 긍정대답을 했고, '직업선택'에 있어서도 39.1%만 긍정대답을 했다. 이 부분을 분석해 보면 신앙은 정신적인 부분이나 교회를 기반으로 하는 일에 있어서는 영향력을 끼칠 수 있지만, 현실적으로 진학이나 취업에 있어서는 고려대상이 되지 않는다는 것을 보여주고 있다. 이런 것을 볼 때 교회에서 진행되고 있는 교육이 제대로 이루어지고 있는가를 물을 수밖에 없다. 즉 교회의 가르침이 청소년들의 삶으로 이어지지 못한다면 결국 그 교육은 공허할 수밖에 없다는 것을 의미한다. 좀 더 학생들의 삶에 밀착되어지는 교육이 교회에서 이루어질 수 있어야겠다.

[표2. 7-1] 신앙생활의 영향 (단위 : %)

	매우 영향을 준다 ①	영향을 주는 편 ②	영향을 주지 않는 편 ③	전혀 영향을 주지 않는다 ④	영향을 준다 ①+②	영향을 주지 않는다 ③+④
가치관/인격 형성	35.2	52.4	8.9	3.6	87.5	12.5
인간관계 형성	25.7	56.3	14.3	3.7	82.0	18.0
인생의 성공	24.2	48.3	20.8	6.7	72.5	27.5
진학 방향/기독교계열 학교 진학	11.3	28.4	44.7	15.6	39.7	60.3
직업 선택	8.7	30.4	46.9	14.0	39.1	60.9

[그림2. 7] 신앙생활의 영향(긍정률)

(긍정, n=500, 단위 : %)

- 가치관/인격 형성: 87.5
- 인간관계 형성: 82.0
- 인생의 성공: 72.5
- 진학 방향/기독교계열 학교 진학: 39.7
- 직업 선택: 39.1

기독청소년 뿐만 아니라 전체에게 '학생은 예수 그리스도가 누구라고 알고 있습니까'하고 물었다.

75.8%가 '하나님, 혹은 하나님의 아들'이라고 대답을 했다. 특히 비기독청소년만 따로 보았을 때 60.8%가 이렇게 대답을 했다. 이렇게 보면 상당수가 예수님에 대해서 알고 있었다.

동일한 대상으로 교회에 대한 인식을 물었다.

긍정적이라고 대답한 이는 66%이고, 부정적이라고 대답한 이는 34%였다. 이러한 수치로 보면 그렇게 나쁘다고 할 수는 없다. 비슷한 결과로 2013년에 행한 기윤실의 사회적 신뢰도 조사가 있다. 물론 질문의 성격은 좀 다르지만 한국교회의 신뢰를 묻는 질문에 신뢰한다는 대답은 19.4%밖에 안 나왔다. 또 신뢰하지 않는다는 대답이 44.6%였고, 보통이 36%였다. 이 질문은 보통이라는 답이 있었기 때문에 단순 비교는 되지 않는다. 하지만 신뢰한다고 대답한 19.4%와 비교해 보았을 때 교회에 대해 긍정적이라고 대답한 사람이 66%였다는 것은 상당히 높은 것이라고 할 수 있다.

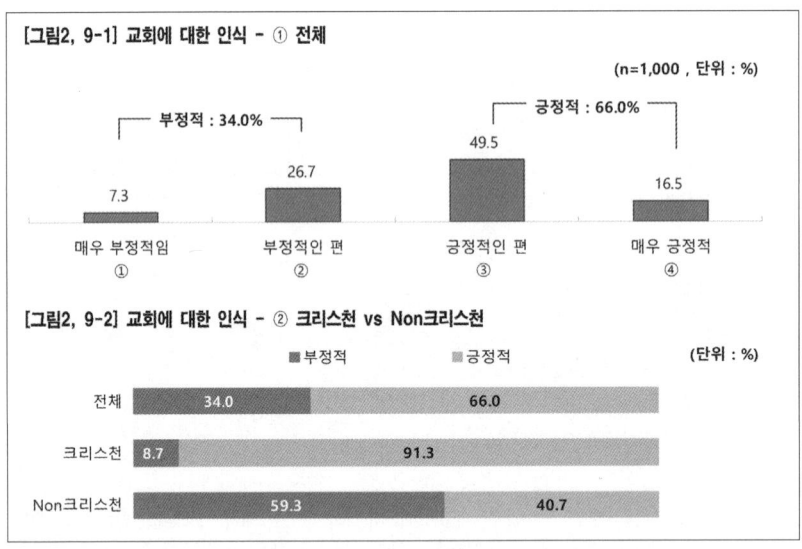

하지만 이것을 기독청소년과 비기독청소년을 나누어서 보면 다른 모습을 볼 수 있다. 비기독청소년들은 긍정비율이 40.7%였고, 부정적 비율은 59.3%에 달했다. 즉 60%에 가까운 비기독청소년들은 교회를 좋지 않게 보고 있다는 것이다. 즉 이들에게 교회는 자신에게 가까울 수 없는 곳으로 인식되고 있다고 볼 수 있다.

이렇게 부정적일 수밖에 없는 이유에 대해 28.1%가 '교회를 강제로 권유하는 사람이 많아서'라고 대답했다. 즉 강압적인 권유나 전도가 청소년들에게 안 좋게 느껴진다는 것이다. 이외에도 '하나님이라는 존재가 증명되지 않아서'(7.5%), '교회에 대한 안 좋은 사례를 많이 접해서'(7%) 등이 나타난다.

3. 신앙생활 및 기독교 관련 인식(비기독교인)

종교를 믿지 않는 이유에 대해 '필요성을 느끼지 못해서'가 36.2%, '믿음이 가지 않아서' 22.3%, '귀찮아서/주일마다 나가야 해서' 14.6%, '종교인에 대한 불신이 있어서' 8.3% 등으로 나왔다. 중요한 이유에 있어서 믿음이 가지 않아서나 종교인에 대한 불신이 있어서는 우리가 개선해서 만나야 할 부분이라고 할 수 있다.

[그림2, 10] 종교를 믿지 않는 이유 (n=414, 단위 : %)

		36.2	22.3	14.6	8.3	6.6	5.6	3.1	3.1
		종교를 가질 필요성을 못느껴서	믿음이 가지 않아서	귀찮아서/ 주일마다 나가야 해서	종교인에 대한 불신이 있어서	종교에 대해 잘 몰라서	시간이 없어서/ 바빠서	헌금을 강요해서	기타

[표2, 10] 종교를 믿지 않는 이유 (단위 : %)

		사례수	종교를 가질 필요성을 못느껴서	믿음이 가지 않아서	귀찮음/ 주일마다 나가야 해서	종교인에 대한 불신이 있어서	종교에 대해 잘 몰라서	시간이 없어서/ 바빠서	헌금을 강요해서	기타	계
전체		(414)	36.2	22.3	14.6	8.3	6.6	5.6	3.1	3.1	100.0
성별	남학생	(226)	34.6	22.0	14.1	10.8	5.6	6.3	2.0	4.7	100.0
	여학생	(187)	38.2	22.8	15.3	5.4	7.9	4.8	4.4	1.3	100.0
학년별	중학생	(209)	32.8	20.9	16.2	7.4	9.5	6.8	1.9	4.4	100.0
	고등학생	(204)	39.8	23.7	13.1	9.3	3.7	4.4	4.2	1.8	100.0
지역	서울	(97)	37.4	22.6	15.7	10.4	5.9	3.0	2.3	2.7	100.0
	인천/경기	(110)	32.1	24.3	13.2	9.9	9.0	7.4	3.3	0.7	100.0
	대전/충청	(33)	40.2	18.3	8.8	5.7	2.4	10.3	5.7	8.5	100.0
	광주/전라	(39)	20.4	28.1	11.8	14.6	8.0	4.2	1.2	8.7	100.0
	대구/경북	(47)	54.3	16.4	13.6	4.5	3.6	5.0	2.6	0.0	100.0
	부산/울산/경남	(73)	34.8	21.1	17.0	5.2	7.1	6.7	3.6	4.5	100.0
	강원	(14)	41.4	25.0	23.6	0.0	6.7	0.0	3.4	0.0	100.0
도시 규모	대도시	(211)	40.6	22.7	13.7	8.6	4.9	3.8	2.1	3.1	100.0
	중소도시 이하	(203)	31.7	22.0	15.6	8.1	8.4	7.6	3.8	2.9	100.0

연관하여 비기독교인이 볼 때 기독교인들이 신앙생활과 세상에서의 생활이 일치하는 것으로 보이는지를 물었다. 이에 64.5%가 일치하지 않는다고 대답했다. 절반을 훌쩍 넘기는 비율의 사람들이 기독교인들을 볼 때 신앙생활과 일상생활에 차이가 나는 것으로 본다는 것이다. 재밌는 것은 기독교인들은 주변의 기독교인들을 볼 때 거꾸로 일치한다고 대답한 사람이 57.4%에 이르러 그 인식이 상이함을 보여주었다.

[표2, 7-1] 신앙생활의 영향 (단위 : %)

	매우 영향을 준다 ①	영향을 주는 편 ②	영향을 주지 않는 편 ③	전혀 영향을 주지 않는다 ④	영향을 준다 ①+②	영향을 주지 않는다 ③+④
가치관/인격 형성	35.2	52.4	8.9	3.6	87.5	12.5
인간관계 형성	25.7	56.3	14.3	3.7	82.0	18.0
인생의 성공	24.2	48.3	20.8	6.7	72.5	27.5
진학 방향/기독교계열 학교 진학	11.3	28.4	44.7	15.6	39.7	60.3
직업 선택	8.7	30.4	46.9	14.0	39.1	60.9

[그림2, 7] 신앙생활의 영향(긍정률)

(긍정, n=500, 단위 : %)

가치관/인격 형성	인간관계 형성	인생의 성공	진학 방향/기독교계열 학교 진학	직업 선택
87.5	82.0	72.5	39.7	39.1

과거 교회를 다닌 경험이 있는지를 물었는데 57%가 다녔던 적이 있었다고 대답을 했다. 기대했던 것보다는 상당히 높은 비율이다. 왜 다녔었는지를 알았다면 더 좋은 분석을 시도해 보았을 것 같은데 거기에 대한 질문이 없어서 아쉬웠다. 하지만 교회를 다니다 관둔 이유를 물었을 때 첫째는 '시간이 없어서/바빠서'가 36.7%, 둘째는 '믿어

지지가 않아서/믿음이 안 생겨서' 36.7%였다. 그 이후는 '부모님이 반대해서'가 6%로 뚝 떨어진다. 결국 중고생들의 경우는 공부하는 것 때문에 시간을 내어서 교회를 다닌다는 것이 쉽지 않다는 것이 중요한 원인이다. 그런데 중고생들이 믿어지지가 않아서 다니다 중간에 그만 두었다고 대답한 것이 거의 최고의 응답이었다는 것이다.

우리는 여기에 주목해야할 필요가 있다. 청소년들이 재미만 추구하고 즉흥적일 것만 같지만 종교를 갖고자 하는 마음, 그리고 그것이 믿어지고 이해되어지기를 바라는 마음을 같이 가지고 있다는 것이다. 교회교육은 아이들의 흥미를 이끌어서 교회로 나오도록 하는 것도 중요하지만 동시에 아이들의 종교적 물음과 요구에 어떻게 응답할 것인가를 좀 더 진지하게 고민해 보아야 할 것이다.

종교 변경, 가질 의향 및 희망하는 종교를 물었다.

종교를 변경할 용의를 가진 이들은 9.4% 정도였다. 또는 종교를 가질 용의를 가진 사람은 16.6%에 이르렀다. 그러면 궁금한 면이 있다. 어떤 종교를 희망하는가이다. 이에 대해 46.8%가 기독교를 지목했다. 그 이후에 천주교 25.5%, 불교 19.1% 등으로 나왔다. 청소년의 시기에 그래도 가장 호감이 가는 종교로 기독교가 꼽혔다는 것은 아주 의미 있는 결과이다. 그런데 이후 나이가 들어가면서 기독교에 대한 호감은 급격하게 줄어든다. 2013년에 실행한 기윤실의 제4차 '한국교회 사회적 신뢰도 조사'에 따르면 20대에서 가장 신뢰하는 종교는 불교로 33.4%이고 이후 천주교 26.6%, 기독교는 18.9% 밖에 안 되었다.

물론 호감도가 아니라 신뢰도가 조사되었지만 일반적으로 호감도와 신뢰도가 비례하여 움직이기에 이 조사는 비교할 만 하다고 할 수 있다. 이 후의 연령대에서도 불교와 천주교의 순위가 바뀔 뿐 기독교가 다른 종교에 비해서 높게 나오지는 않는다. 평균으로 보면 천주교가 29.2%로 가장 높게 나오고, 이후 불교가 28.0%가 나온다. 이에 비해 기독교는 21.3%로 현저하게 낮게 나온다.

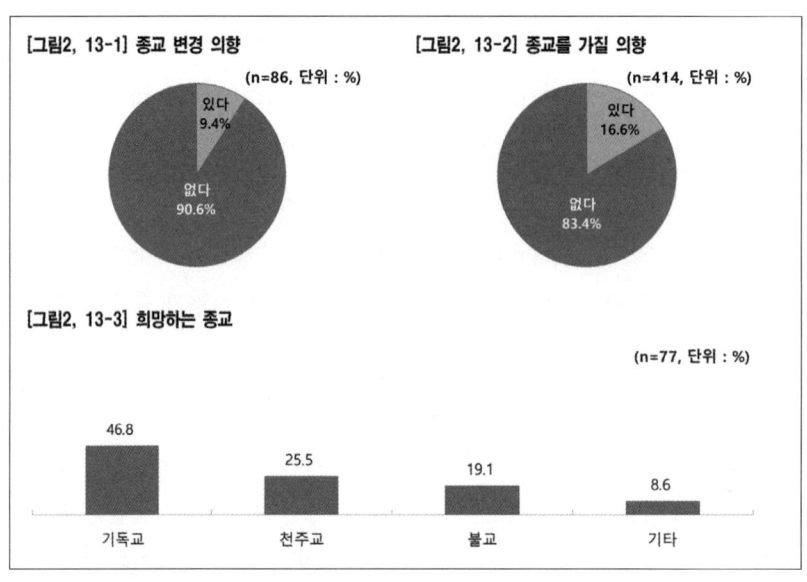

여기서 우리가 더 충격적으로 보아야 할 부분은 본 조사는 비기독교인들만 대상으로 한 수치인데 비해서 기윤실의 조사는 기독교인들을 포함한 수치라는 것이다. 즉 기독교인들이 자기 종교에 좀 더 우호적으로 의견을 나타냈을 것이라는 전제를 갖는다면 청소년 시기에 기독교에 대한 호감은 더욱 높은 것이라고 볼 수 있다. 그런데 어떻게 청소년의 시기를 지나자마자 이렇게 기독교에 대해서 그 호감을 걷어가게 되었는지를 잘 살펴볼 필요가 있다.

일반적으로 청소년의 시기에 가장 먼저 접할 수 있는 종교는 기독교라고 할 수 있다. 교회교육을 통해서 자치조직이 있고, 아이들이 활동할 수 있는 공간과 프로그램이 있으며, 동네에서 쉽게 접할 수 있기 때문이다. 이러한 친근성으로 청소년의 시기에 기독교에 대해서 좀 더 많은 호감을 가질 수 있었을 것이라고 볼 수 있다. 그런데 장년이 되면서부터 급격하게 이러한 장점들이 그렇게 의미를 갖지 못하고, 그 영향력을 잃는 것이라고 생각한다. 즉 종교본질이나 그 이미지에 의해서 움직이는 나이가 되면 기독교는 더 이상 호감을 가질 수 있는 종교가 아닐 수 있다는 것이다. 결국 이것은 청소년 시기에 가졌던 호감을 기독교가 이후에 선교의 동기로 삼고, 이들을 교회로 인도하지 못하는 한계를 가지고 있음을 여실히 보여주는 결과라고 할 수 있다.

이에 연관하여 이들에게 종교를 가질 의향이 있는데 기독교를 선택하지 않은 이유를 물었다. 그 결과는 '다른 종교가 더 믿음이 가서'가 14.5%, '강압적인 분위기가 싫어서'가 13.6%, '나와 맞지 않아서' 12.3% 등으로 나왔다. 그런데 '기독교에 대해서 몰라서'는 9.4%가 나왔다. 즉 몰라서 가지 않는다가 아니라 알지만 가고 싶지 않다는 의견이 절대 다수라는 것이다.

4. 교회생활(기독교인)

교회에 다니기 시작한 시기를 물었다.

이에 51.9%가 '태어나면서부터'라고 대답을 했다. 이제 청소년의 절반 이상이 소위 이야기하는 모태신앙이었다. 이후 '초등학교 이전부터'가 13.5%이고 '초등학교 시절부터'가 20.9%였다. 이렇게 보면 청소년 시기에 들어서기 이전에 이미 86.3%가 교회를 다니기 시작했다는 것을 의미한다. 좀 자세히 보면 더 중요한 자료를 볼 수 있다.

부모가 모두 기독교인 경우는 70.8%가 태어나면서부터 교회를 다니기 시작했고, 아버지만 기독교인 경우는 15.7%, 그리고 어머니만 기독교인 경우는 45.2%에 이르렀다.

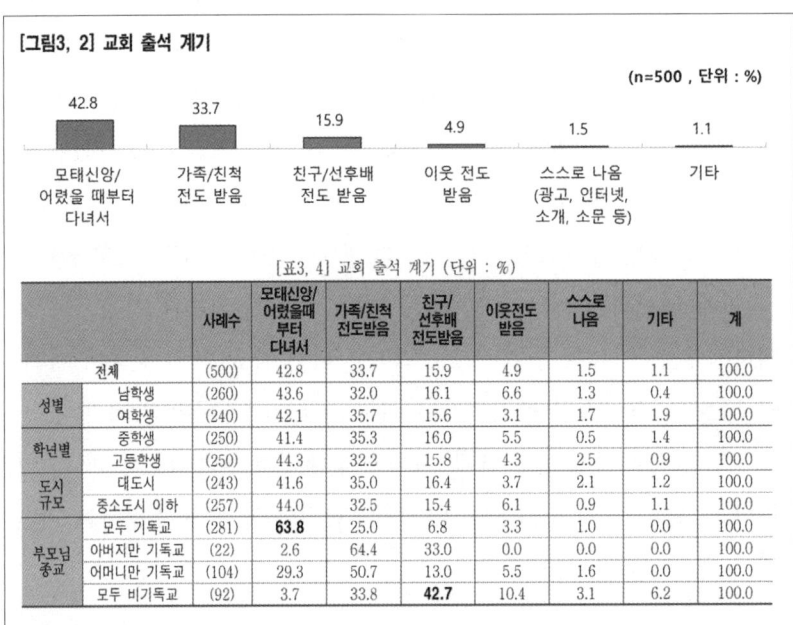

[그림3, 2] 교회 출석 계기

		사례수	모태신앙/어렸을때부터 다녀서	가족/친척 전도받음	친구/선후배 전도받음	이웃전도 받음	스스로 나옴	기타	계
전체		(500)	42.8	33.7	15.9	4.9	1.5	1.1	100.0
성별	남학생	(260)	43.6	32.0	16.1	6.6	1.3	0.4	100.0
	여학생	(240)	42.1	35.7	15.6	3.1	1.7	1.9	100.0
학년별	중학생	(250)	41.4	35.3	16.0	5.5	0.5	1.4	100.0
	고등학생	(250)	44.3	32.2	15.8	4.3	2.5	0.9	100.0
도시 규모	대도시	(243)	41.6	35.0	16.4	3.7	2.1	1.2	100.0
	중소도시 이하	(257)	44.0	32.5	15.4	6.1	0.9	1.1	100.0
부모님 종교	모두 기독교	(281)	63.8	25.0	6.8	3.3	1.0	0.0	100.0
	아버지만 기독교	(22)	2.6	64.4	33.0	0.0	0.0	0.0	100.0
	어머니만 기독교	(104)	29.3	50.7	13.0	5.5	1.6	0.0	100.0
	모두 비기독교	(92)	3.7	33.8	42.7	10.4	3.1	6.2	100.0

이러한 자료를 보며 청소년들이 교회를 나오게 되는 것은 부모의 영향이 가장 크다는 것이다.

실제적으로 그 다음 질문을 보면 어떻게 교회에 나오게 되었는지를 물었는데 '모태신앙/어렸을 때부터 다녀서'가 42.8%, '가족/친척 전도 받음'이 33.7%였다. 그 이후 '친구/선후배 전도 받음'이 15.9%였다. 즉 어려서부터 다니거나 가족에 의해서 다니게 된 것이 76.5%에 이르고 있다.

이런 경향은 다른 조사와 비교해 보면 점점 더 심해지고 있다. 학복협 조사에 따르면 기독대학생 중 모태신앙자는 27.9% 정도 밖에 안 되었다. 중학교 입학 전까지를 모두 합치면 65.1%였고 중학교 시절까지 포함하여야 84.5%가 되었다. 이것을 보면 약 6년 정도의 차이가 나는데도 불구하고 그 수치가 크게 차이가 나는 것을 볼 수 있다. 특히 모태신앙자의 경우는 51.9%와 27.9%로 약 두 배 가량의 차이를 보이고 있다.

그런데 1998년에 한국교회의 미래를 준비하는 모임이 한국갤럽에 의뢰하여 만든 '한국개신교인의 교회활동과 신앙의식 조사보고서'에 따르면 한국개신교인들 중 '모태신앙'이 17.5%, '초등학교와 그 이하에서 믿게 된 자'들이 24.7%, '중학교' 8.3%, '고등학교' 7.9%, '대학교' 2.5%, '학교 졸업 후 결혼 전' 2.5%, '결혼' 30.7%로 나타났다. 이에 따르면 초등학교까지가 42.2%로 나타났고, 중학교까지 합하여도 50.5% 정도로 절반이 겨우 되는 정도였다. 물론 이것이 장년들을 모두 포함하기 때문에 적게 나온 수치이기는 하지만, 달리 보면 어려서부터 신앙 가운데 자란 이들이 당시로서도 절반 이상이 되었다는 것은 한국교회의 변화를 예견할 수 있는 것이었다. 어쨌거나 이러한 비교를 보면 앞으로 한국교회의 모습이 빠르게 변해갈 것을 예상할 수 있다.

앞으로 가정종교의 영향력이 점점 커질 것은 자명한 일이다. 가정에서, 특히 어머니의 인도에 따라서 청소년들의 종교가 판가름되고, 무엇보다 기독교의 신앙이 자리하게 되는 것을 보게 된다. 이것은 두 가지 측면에서 우리에게 시사점을 준다.

첫째, 앞으로 한국교회는 더 이상 성장하기 어렵다는 것이다.

청소년의 시기에 기독교에 대한 호감이 가장 높은데 이 시기에 자발적 동기이든지 주변의 권유로 인하든지 교회로 유입되는 인구가 적다는 것이다. 이 연령대를 지나면 기독교에 대한 호감이 급격하게 줄어드는데 이 때 교회로 들어오기는 더욱 어렵다. 그렇다면 이 시기나 그 이전에 교회로 정착될 수 있도록 하여야 하는데 그렇지 못하니 이제 성장을 하기는 어렵고, 그 인구가 점점 줄어들 수밖에 없기 때문에 마이너스 성장으로 갈 수밖에 없다. 상당히 비극적인 예상을 할 수밖에 없다.

둘째, 한국교회의 교육이나 목회의 방향이 전환되어야 한다.

어려서부터 교회에서 성장한 세대들에게 회심이라는 개념은 거북함의 상징일 수 있다. 한 순간에 경험하게 되는 회심은 이들에게는 익숙하지만 경험하기 힘든 일이다. 오히려 이들에게 필요한 것은 교회 안에서 일어나는, 또는 기독교 가정에서 일어나는 사회화라고 할 수 있다. 즉 믿음의 공동체 안에서 상호작용 가운데 배우고 익히게 되는 신앙생활이라는 것이다. 그것은 교리적인 것일 수도 있지만 무엇보다 공동체 안에서 경험하며 익히게 되는 믿음, 가치, 삶의 태도 등이다. 이제 필요한 것은 이렇게 배운 것들을 개인의 삶에 적용시키고, 살아내는 것이다. 교회는 어쩌면 바로 이러한 것을 안내하고 동행할 수 있어야 한다.

현재 교회를 다니는 이유로는 '가족이 다녀서'(40.1%)가 가장 많았고, 그 외 '거리가 가까워서'(13.6%), 그리고 '친구가 다녀서'(13.1%)로 나왔다. 이를 보면 학생들이 능동적으로 교회를 다니는 것이 아니라 가정이나 여건에 따라서 쫓아다니고 있다는 것을 보게 된다. 그런데 고무적으로 볼 수 있는 것은 높은 예배 참석률이다. '매주 참석'이 70.3%이고, '한 달에 2-3번 참석'이 20.6%로 나와서 정기적으로 예배에 참석하는 이들은 90.9%에 이르렀다.

[그림3, 3] 현재 다니는 교회 선택 이유

(n=500 단위 : %)

- 가족이 다녀서: 40.1
- 거리가 가까워서: 13.6
- 친구가 다녀서: 13.1
- 예배 분위기가 좋아서: 9.9
- 설교가 좋아서: 8.5
- 어렸을때부터 다니고 있었기 때문에: 3.2
- 교회의 활동 프로그램이 좋아서: 2.9
- 양육이나 훈련 받기 위해서: 1.6
- 교회가 크고 유명해서/시설이 좋아서: 1.1
- 기타: 6.1

[표3. 3] 현재 다니는 교회 선택 이유 (단위 : %)

		사례수	가족이 다녀서	거리가 가까워서	친구가 다녀서	예배 분위기가 좋아서	설교가 좋아서	어렸을때부터 다니고 있었기 때문에	교회의 활동 프로그램이 좋아서	양육이나 훈련 받기 위해서	교회가 크고 유명해서/시설이 좋아서	기타	계
	전체	(500)	40.1	13.6	13.1	9.9	8.5	3.2	2.9	1.6	1.1	6.1	100.0
성별	남학생	(260)	38.0	12.5	13.6	10.4	8.5	2.3	3.5	1.8	0.9	8.5	100.0
	여학생	(240)	42.3	14.8	12.4	9.3	8.4	4.1	2.1	1.4	1.4	3.6	100.0
학년별	중학생	(250)	38.8	13.0	10.1	13.2	11.7	4.3	0.0	0.5	0.9	7.5	100.0
	고등학생	(250)	41.3	14.2	16.0	6.6	5.3	2.1	5.7	2.7	1.4	4.8	100.0
도시 규모	대도시	(243)	40.0	15.0	16.3	9.4	6.3	4.4	2.8	1.2	0.5	4.2	100.0
	중소도시 이하	(257)	40.2	12.3	10.0	10.4	10.5	2.0	2.9	2.0	1.8	8.0	100.0
부모님 종교	모두 기독교	(281)	53.3	10.7	5.3	6.2	10.6	2.8	3.0	1.6	1.2	5.4	100.0
	아버지만 기독교	(22)	43.6	15.6	13.0	22.6	0.0	0.0	0.0	0.0	0.0	5.2	100.0
	어머니만 기독교	(104)	30.0	15.2	22.5	4.4	9.1	5.0	2.2	0.5	1.1	10.1	100.0
	모두 비기독교	(92)	10.4	20.3	26.1	24.5	3.1	3.1	3.7	3.1	1.3	4.4	100.0

 청소년들은 아무래도 민감한 시기이다. 이들이 교회를 다니면서 목회자 또는 교인 때문에 마음에 상처를 받은 적이 있는가를 물었다. 이에 이러한 경험이 있다고 대답한 이들은 33.8%에 이르렀다. 마음의 상처를 받은 원인에 대해서는 교회 친구/선배와의 관계에서 54.3%에 이르러서 결국 교회의 목회자들이나 어른들보다는 그들이 직접 경험하게 되는 관계에서 더 큰 상처를 받는 것으로 나타났다. 또한 이것을 행동의 측면에서 보면 그들의 신앙과 삶의 불일치로 인해서 상처를 받았다는 이들이 26.3%로 가장 많은 것으로 나타났다. 이것 역시 이들 주변의 관계에서 받는 상처임을 드러내고 있다.

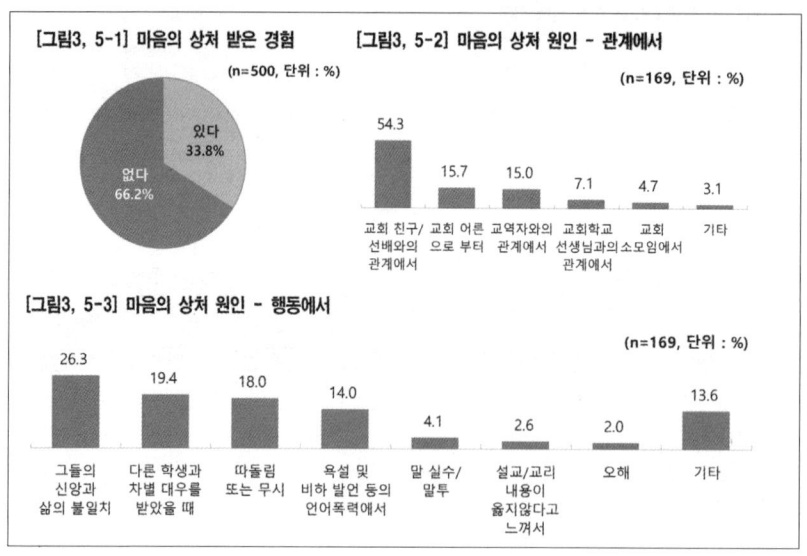

선호하는 교회의 규모에 대해서도 물었다. 여기서 특별한 것은 '100명 이하'가 21.0%, 그리고 '100-300명 정도의 중소형 교회'가 30.3%로 작은교회를 더 선호한다는 것이다. 학생들의 입장에서는 교회의 브랜드보다는 관계의 친밀성을 더 중요하게 보고 있는 것으로 나타났다. 이는 교회를 다니지 않는 비기독학생들에게서도 비슷하게 나타났는데 역시 '100명 이하의 소형 교회' 35.6%, '100-300명 정도의 중소형교회' 26.1%였다. 이를 보면 61.7%가 작은교회를 더 선호하는 것으로 나타났다. 이를 보면 청소년들에게 관계의 중요성이 얼마나 많이 영향을 끼치는지를 알 수 있다.

청소년들이 교회가 무엇을 제공해 주기를 원하는가를 보았다.

이에 대해서는 1, 2 순위 선택에서 종합적으로 보면 '취미생활 익히기'가 37.8%로 최고로 나왔고, 그 다음이 '장학금 지원'으로 36.5%, 그 다음이 '진로상담' 26.2%, '신앙상담' 18.3%, '고민상담' 18.7% 였다. '봉사활동'도 25.8%로 상당히 많은 요구가 있었다.

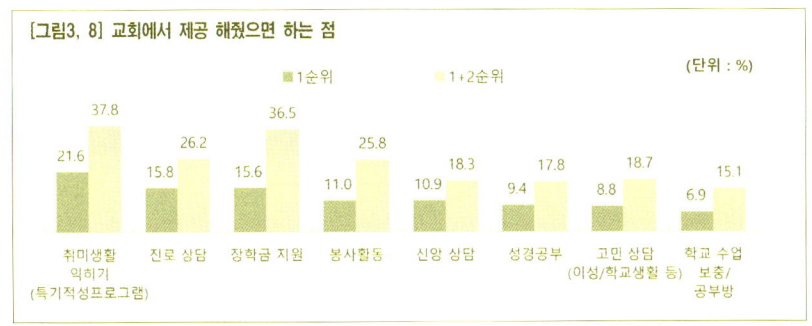

이것을 또 중학생과 고등학생으로 나누어 보면 의미가 있다. 1순위를 기준으로 중학생의 경우는 '진로상담'이 18.6%로 가장 높았으나 '취미생활'(17.8%)이나 '장학금 지원'(17.5%)과 크게 차이가 나지 않았다. 그러나 고등학생의 경우는 '취미생활'이 25.3%로 월등히 높았고, 이후 '신앙상담'이 14.4%, 그리고 '장학금지원'이 13.7%, '진로상담'이 13%로 나왔다.

이러한 결과를 보면 청소년들은 교회에 대해서 명확한 자신들의 요구를 가지고 있는 것으로 보인다. 특히 고등학생의 경우는 학업 때문에 하지 못하는 취미활동을 교회에서 하기를 원하고 있었다. 아마 이들에게는 부모의 동의하에 시간을 보낼 수 있는 거의 유일한 공간인 교회에서 취미활동을 하며 여유의 시간을 갖기를 원하는 것 같다. 이런 의미에서 보면 교회는 청소년들에게 복합적인 공간으로서, 즉 예배하고 신앙훈련을 하는 공간으로서 뿐만 아니라 취미활동까지를 아우를 수 있는 공간으로서의 역할을 기대하고 있는 것 같다.

또한 중요하게 볼 것은 진로, 신앙, 고민 등의 상담에 대한 요구가 많다는 것이다. 학생들의 경우 상담이라고 하는 것에 대해서는 그렇게 호의적이지는 않다. 오히려 학교에서 학생들이 상담을 피하고 있는 상황이다. 그런데 교회에서는 학생들이 적극적으로 상담을 요구하고 있다는 것이다. 역시 교회에 대해서 학생들은 이러한 상담이 가능한 곳으로 이해하고 있는 것이다. 이에 교회는 이러한 부분에 대한 대책을 구체적으로 세워야 한다. 그냥 막연하게 선생님들을 통해서 하는 것으로 부족하다. 상담을 전문으로 하고, 익명성을 보장하며, 전문성을 갖춘 이들이 응대해 줄 수 있는 부분이 필요하다. 더불어 선생님들에게도 상담의 기본적인 소양을 갖출 수 있도록 돕는 것도 필요하다.

5. 교회학교(기독교인)

다니고 있는 교회에서 공과공부를 하고 있는지를 물었다.
그런데 하고 있다고 대답한 이들이 과반을 조금 넘는 53.2% 정도밖에 안 되었다. 즉 하지 않고 있는 교회가 절반에 가까운 46.8%인 것이다. 개인적으로는 이것이 상당히 충격적인 결과였다. 그래서 직접 교회학교를 담당하고 있는 이들에게 물어봤다.
그런데 이게 현실이란다. 그런데 거꾸로 이들이 묻는다.
"굳이 공과공부를 해야합니까?"
이들이 하는 이야기가 아이들이 공과공부에 대해서 관심이 없다는 것이다. 복잡한 공간사정에서 집중도 안 되는 공과공부, 방법상으로도 고리타분해 질 수밖에 없는 공과공부를 꼭 이어가야 할지에 대해서는 자신들도 고민이라고 한다. 실제적으로 꽤 규모가 있는 교회에서는 공과공부 대신에 전체가 함께 하는 공부나 활동을 하고 있다고도 했다.
공과공부는 어려서 교회를 다녔던 사람들에게는 들추어 볼 수 있는 추억이다. 장의자 두 개에 아이들을 앉혀놓고는 선생님들이 서로 경쟁하듯이 소리를 높이며 가르침을 주던 추억이 있는 곳이다. 매 주일 읽은 성경 장 수를 대고, 출석을 확인하고, 공과책을 가지고 성경의 이야기를 전해 듣던 곳이다. 그런데 이제 이것이 시대에 안 맞아 없애는 것이 더 좋겠다는 주장이 나오는 것이다. 그리고 현실적으로 공과공부를 유지하지 않는 교회가 절반 가까이 되고 있다는 것이다. 아이들에게 교회에서 얻을 수 있는 신앙의 귀한 추억 하나를 빼앗은 것 같은 미안함이 나온다.

그럼에도 불구하고 학생들은 67.5%가 '매주 공과공부에 참석'하며, 19.6%는 '한 달에 2-3번 참석한다'고 대답을 해서 정기적으로 참석하고 있는 것으로 나타났다. 이들이 참여가 능동적이 될 수 있도록 만드는 것이 현재 교회교육의 중요한 부분이 될 것 같다.

이와 연관하여 공과공부 선생님에 대한 만족도를 물었다.

'만족한다'(매우 만족 23.4%, 약간 만족 27.9%)가 그래도 과반 이상으로 나왔고, 보통이 40.9%로 나왔다. 불만족을 표시한 이들은 7.9% 정도였다. 이에 따르면 선생님에 대한 만족도가 51.2%가 나온 것인데 이에 만족할 수 있을지는 의문이다. 교회만족도에 대한 조사도 있었는데 거기서는 59%가 긍정적으로 대답을 했다. 이렇게 보았을 때 인격적인 관계가 형성되는 공과공부 선생님에 대한 만족도가 51%가 나왔다고 하는 것은 상당한 문제라고 할 수 있다.

특히 불만족의 이유로 보았을 때 '교회활동에 대한 강요 때문'이 22.5%가 나와 일등이지만, '교육준비가 미흡해서'가 20.3%, '우리가 가지고 있는 고민에 관심이 없어서'가 16.3%가 나온 것을 볼 때 교사들이 학생들을 대할 때나 공과공부를 준비함에 있어서 소홀함이 큰 것 같고, 또한 이를 학생들이 느끼고 있다는 데에 큰 문제가 있다고 본다.

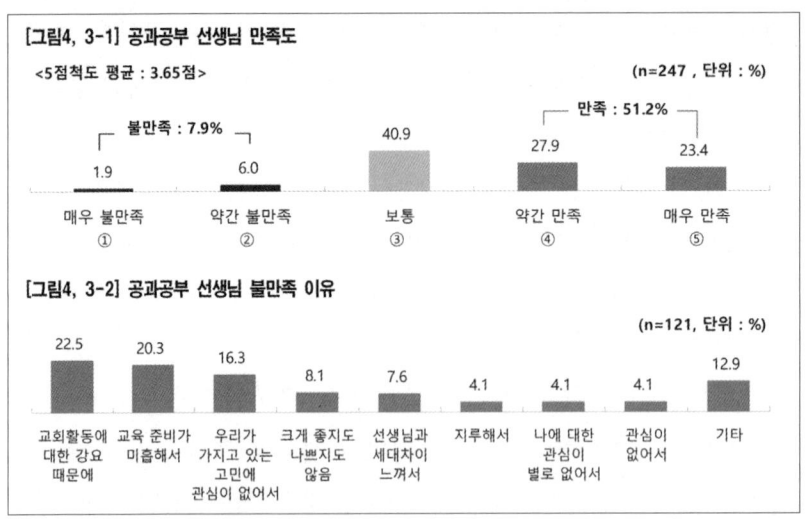

6. 전도 관련 인식(기독교인)

지난 1년간 전도를 시도해 본 경험이 있는지를 물었다.

이에 52.7%가 전도를 시도해 보았다고 했다. 또 그 횟수를 물으니 3회의 시도가 35.9%로 가장 많았다. 그 외 5회 이상이 23%로 나왔다. 이를 보면 청소년들은 전도를 꾸준히 시도하고 있는 것으로 볼 수 있다. 단지 그 열매가 쉽게 나오지 않기 때문에 어려움이 있는 것으로 볼 수 있다.

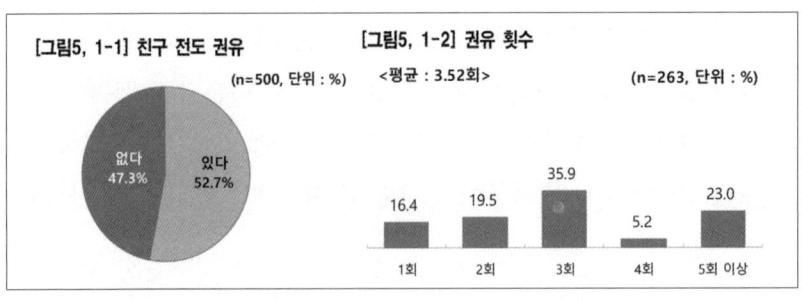

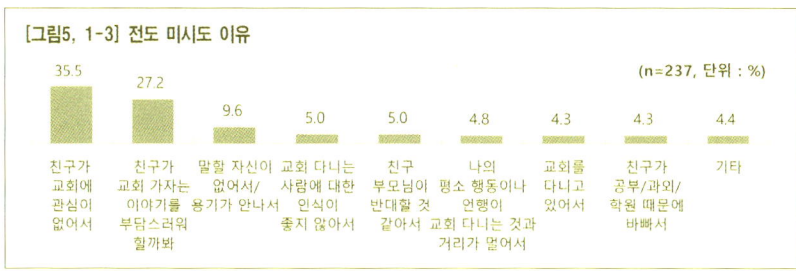

또 연관하여 전도를 하고자 하는 의향이 있는지를 물었는데 역시 69.7%가 의향이 있다고 대답했다. 전도에 대한 마음들을 가지고 있는 것을 확인할 수 있었다. 이후 교회의 어떤 프로그램이 진행된다면 교회에 같이 가자고 제안할 것 같은가를 물었다. 이것은 1, 2 순위로 대답을 얻었다. 이에 따르면 학생들은 교회에서 '캠프/수련회(54.2)를 열 때' 주변의 친구들에게 권유할 수 있다고 대답을 했다. 또 '콘서트 또는 공연'50.3%였고, '취미활동 프로그램' 33.5%였다. 이를 보면 학생들은 일회성 프로그램에 주변 친구를 초청하기 원했고, 또 문화행사나 수련회 등에 초청하길 원했다.

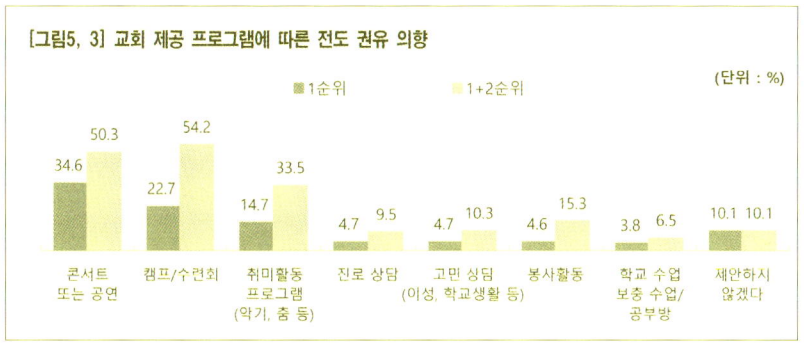

성인이 되더라도 계속해서 교회에 다닐 생각이 있는지를 물었다. 이에 74%는 '계속 다닐 것 같다'고 대답을 했지만 19.2%는 '잘 모

르겠다' 그리고 6.8%는 명확하게 '그만 다닐 것 같다'고 대답을 했다. 결국 26%는 앞으로 성인이 되면 교회를 다니지 않을 확률이 아주 높은 이들이라고 볼 수 있다. 이들은 부모님의 종교를 따라 교회를 다니면서 속으로는 불만이 있거나, 의미를 찾지 못한 이들이라고 볼 수 있다. 이러한 이들은 향후 나타나는 가나안 성도와 연관 지어 생각해 보아야할 대목이라고 생각한다. 즉 믿음은 있으나 교회에는 출석하지 아니하는 이들을 일컫는 가나안 성도들의 특징은 어려서부터 교회에 출석해 왔으나 개인적으로는 확신이 없고, 교회의 조직이나 가르침을 거부하는 것이다. 이런 면에서 볼 때 이 26%와 현재는 비록 74%에 속할지라도 나중에 교회를 떠나게 되는 이들이 이 가나안 성도로 변해갈 확률이 높다.

비기독청소년들에게 지난 1년간 누군가로부터 전도나 포교를 받아본 적이 있는지를 물었다. 이에 44.1%가 그렇다고 대답을 했고, 이들이 전도 받은 종교는 91.8%가 기독교였다. 이것을 보더라도 역시 기독교가 전도에 있어서는 적극성을 가지고 있는 것 같다. 또 이들에게 전도를 한 이들은 거의 절반에 가까운 47.4%가 '길거리 전도자'였고, '친구나 선후배'는 30.3%, 그리고 '집으로 찾아오는 전도자'가 10.3%였다. 이렇게 보면 전도를 받은 것은 많으나 불특정 다수를 상대로 하는 전도가 많았고, 그것이 결실을 맺지 못했다는 것을 볼 수 있다.

전도자로서 누가 가장 신뢰가 가는가에 대한 질문에는 '부모'가 50.1%, 그리고 '친구나 선후배'가 36.4%에 이르렀고, '길거리 전도자'는 0.6%, 그리고 '집으로 찾아오는 전도자'는 0.4%밖에 안 되었다. 이것 역시 우리의 전도활동에 대한 재고를 요구하는 수치라고 볼 수 있다. 이렇다보니 이들의 전도는 부정적으로 비쳐져서 88.8%가 전도에 대해 부정적으로 반응하고 있었다. 그러면 교회에서 어떤 프로그램을 하면 방문할 의향이 있는지를 알아보았는데 '취미활동 프로그램'(35.3%), '콘서트 또는 공연'(33.8%)에 대한 관심이 많았다. 또 기독교 관련 이미지 형성에 가장 큰 영향을 미치는 요인에 대해 물었는데 이에 대해서는 '주변 교인들의 언행 및 행실'이 34.4%이고 '목회자/교회 지도자들의 언행 및 행실'이 25.1%로 나와서 이들은 직접 자신들이 만나게 되는 이들에 의해서 기독교에 대한 이미지를 형성하고 있는 것을 볼 수 있고, 이것이 결국 전도의 통로가 된다는 것을 알 수 있다. 종합적으로 볼 때 청소년들을 전도한다면 관계에 의한 전도가 효과적이고, 이들을 교회로 참여시키기 위해서는 문화행사나 취미교실 같은 것을 잘 활용할 필요가 있다.

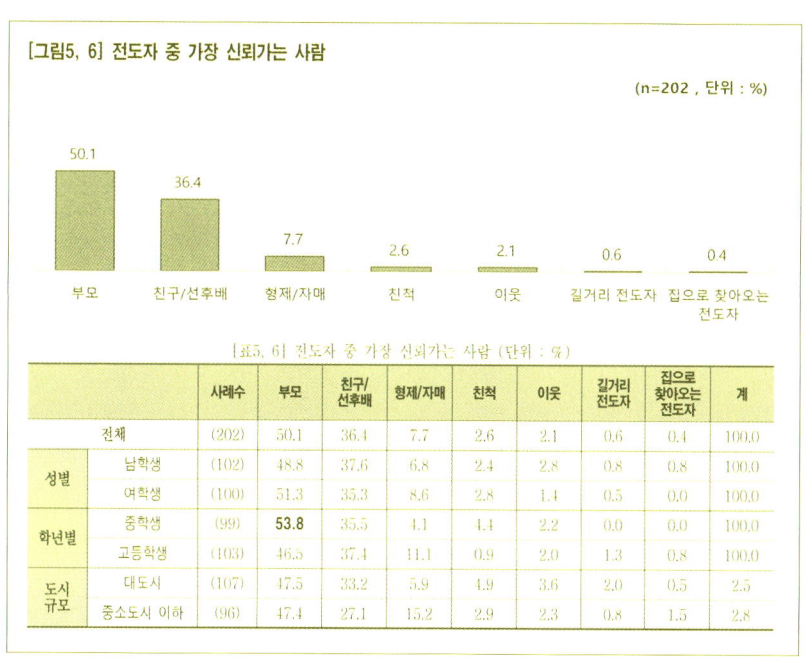

[그림5, 6] 전도자 중 가장 신뢰가는 사람 (n=202, 단위: %)

[표5, 6] 전도자 중 가장 신뢰가는 사람 (단위: %)

		사례수	부모	친구/선후배	형제/자매	친척	이웃	길거리 전도자	집으로 찾아오는 전도자	계
전체		(202)	50.1	36.4	7.7	2.6	2.1	0.6	0.4	100.0
성별	남학생	(102)	48.8	37.6	6.8	2.4	2.8	0.8	0.8	100.0
	여학생	(100)	51.3	35.3	8.6	2.8	1.4	0.5	0.0	100.0
학년별	중학생	(99)	53.8	35.5	4.1	4.4	2.2	0.0	0.0	100.0
	고등학생	(103)	46.5	37.4	11.1	0.9	2.0	1.3	0.8	100.0
도시규모	대도시	(107)	47.5	33.2	5.9	4.9	3.6	2.0	0.5	2.5
	중소도시 이하	(96)	47.4	27.1	15.2	2.9	2.3	0.8	1.5	2.8

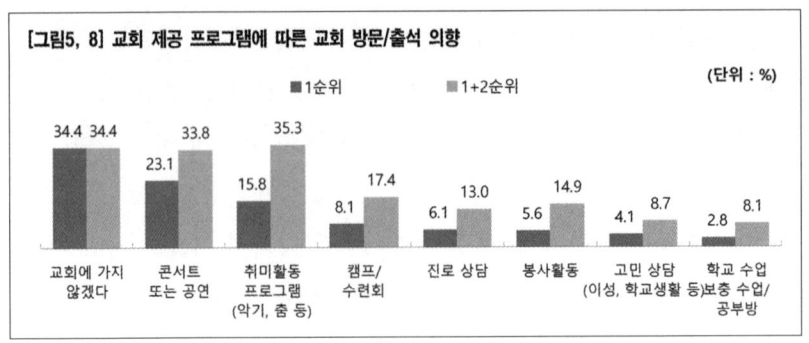

7. 부모님 관련 의식(기독교인)

부모님의 종교에 대해서 물었다.

'부모 모두 기독교'인 경우가 56.3%이고, '아버지만 기독교'는 4.4%, '어머니만 기독교'는 20.9%였다. 또 '부모 모두 비기독교'인 경우는 18.4%였다. 즉 부모가 모두 기독교가 아닌데도 자신이 기독교인인 경우가 18.4%에 이른다는 것이다. 이 18.4%가 많은 것으로 볼 것인가, 아니면 많지 않다고 보아야할 것인가는 그 기준이 애매할 수 있다. 그러나 개인적인 관점에서 본다면 이것은 불안한 신호이다. 현재의 기독교인의 수준에서 더 나아질 부분이 없다고 보이기 때문이다.

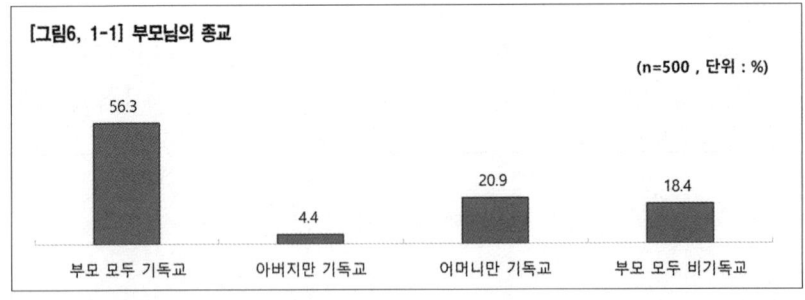

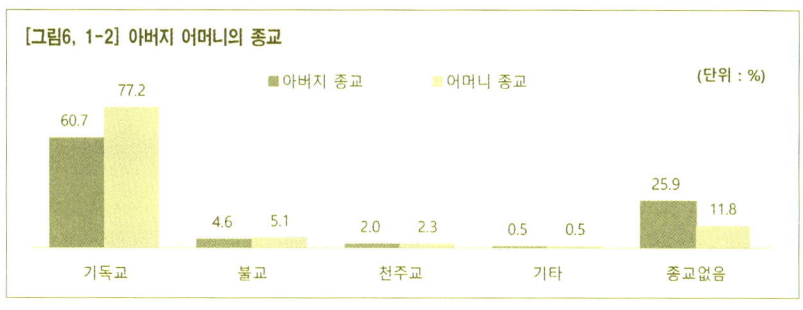

과거 세대들은 교회는 안 다녀도 교회에 다녀본 경험들은 있었다. 또 간증을 들어보면 적지 않은 이들이 부모님들이 교회 다니는 것을 반대하여 맞아가면서 교회를 다니고, 심지어 집에서 쫓겨나고 호적에서 제외된 경우도 있었다. 연세가 있으신 목사들의 경우 신학교를 갈 때 집에서 지원을 안 해 주어서 어렵게 공부하며 신학교를 나와 목사가 된 경우들도 많았다. 이렇게 해서 집안에 첫 기독교인이 되고, 그것으로 첫 열매가 되어서 집안을 모두 예수께로 인도하는 경우도 많았다.

이 뿐만 아니라 현재에도 어른들을 만나 전도할 때 옛날에 교회 다녀보신 적 있으시냐고 물으면 십중팔구는 그런 경험이 있다고 대답을 한다. 그래서 그것이 접촉점이 되어서 이야기를 이어갈 수 있다. 그런데 요즘 청소년들은 그런 경험이 적다는 것이다. 물론 앞의 질문에서 비기독청소년 중에 과거 교회 다닌 경험을 물었을 때 57%가 긍정 대답을 했다. 그런데 현재 기독교인들 중에는 18.4%만 있다는 것은 이들을 많이 잃었다는 것을 의미한다.

또 지적할 것은 가정종교의 편향성이 심하다는 것이다. 과거 주일학교의 풍경은 아이들이 삼삼오오 손을 잡고, 또는 또래끼리 어우러져서 교회를 오는 것이었다. 그런데 요즘은 주일학교 아이들이 부모의 차에서 내리는 모습이 다수이다. 즉 부모가 함께 오지 않으면 스스로 오는 아이들이 적다는 것이다. 이러한 현상을 증명하는 것이 바로 이 18.4%가 아닐까 싶다. 이렇게 보면 이제 기독교가정에서 자라나는 청소년들이 후에 기독교인의 절대다수를 차지하게 될 것이다. 그렇다면 한국교회의 성장은 기대할 수 없다. 현재의 기독교가정을 벗어나는 숫자는 나올 수 없을 것이기 때문이다. 더 나아가서는 마이너스 성장을 벗어날 수 없을 것이다. 그 이유는 현재의 청소년들이 미래에도 계속 기독교 안에 머무른다는 보장이 없고, 또한 절대인구 역시 줄어들고 있기 때문이다. 따라서 한국교회가 희망을 가지려면 가정종교로서의 기독교 이상의 보편성과 확장성을 확보하는 것이다.

요즘 현대인들의 종교성을 반영하는 결과가 하나 있다.

본인이 교회를 다니는 것에 대해 부모님이 어떻게 대하는가에 대한 질문이다.

이에 대해 80.9%가 '찬성한다'고 하였고, 17.0%는 '공부에 지장이 없는 범위 내에서 찬성한다'고 했다. 특히 모두 비기독교인 부모의 반응이 새롭다. '찬성한다'가 41.9%이고 '공부에 지장이 없는 범위 내에서 찬성한다'가 47.5%였다. 그리고 '반대한다'고 한 이들은 10.6%였다. 이를 보면 비기독교 가정일지라도 자녀가 교회에 다니는 것에 대해서 특별한 거부감은 없는 것으로 보인다.

이것은 현대사회에 있어서 종교의 자리를 명확히 보여주는 결과라고 본다. 즉 종교가 현대인들의 삶에서 그렇게 중요한 역할을 하지 못한다는 것이다. 과거에는 한 가정에 두 종교가 공존한다는 것에 대한 거부감이 있었다. 특히 기독교인이 집안에 생기는 것에 대한 거부감이 심했다. 그런데 이제는 부모가 기독교인이 아니더라도 자녀가 기독교인이라는 것에 대해서 거부감을 나타내지도 않고, 용인하며 받아들이고 있다는 것이다. 이것은 기독교에 대해서 이들이 호의감을 가져서 나타나는 현상이 아니라 종교에 대한 절대성이 무너진 현대인의 종교성을 보여주는 한 단면이라고 볼 수 있다.

이미 지적한 바와 같이 가정종교의 중요성은 점점 늘어가고 있다. 이를 반영하듯 가정에서 신앙교육이 이루어지고 있다고 대답한 수가 74.9%나 되었다. 특히 부모가 모두 기독교인 경우에는 이 비율이 83.0%로 늘어난다. 이렇게 보면 가정종교로서 전향되는 기독교 가정의 문화가 잘 정착되고 있다고 볼 수 있다. 그럼에도 불구하고 가정에서 신앙교육을 받지 못한다고 대답한 25.1%가 있다는 것을 짚고 넘어가야할 것 같다.

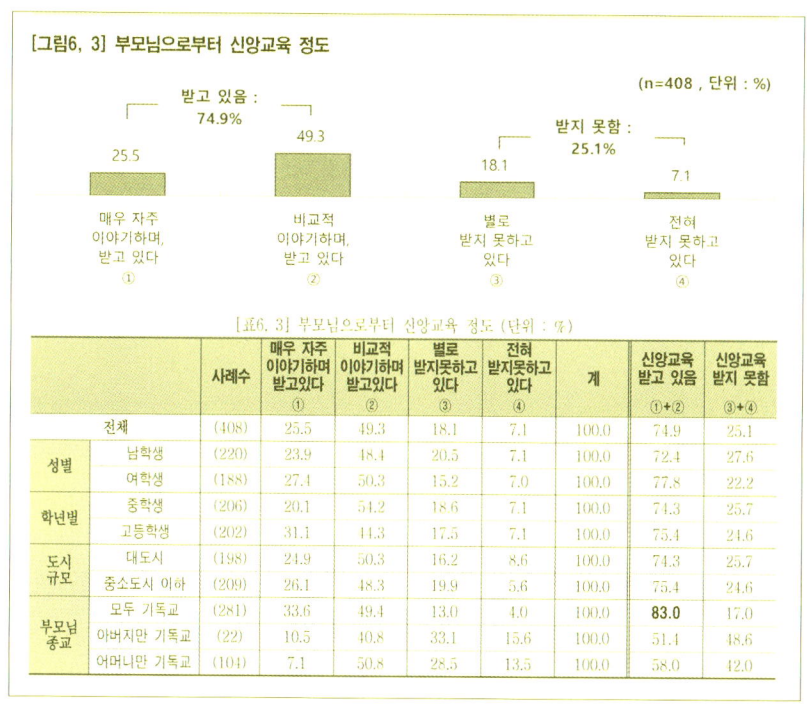

제4장 | 청소년, 그들의 신앙과 세계　89

그러면 구체적으로 가정 내에서 이루어지는 신앙생활에 대해서 물었다. 복수의 응답이 허락되어졌는데 '가족 간 기도'가 31.2%, '가정예배'가 23.8%, '신앙 나눔/상담'이 17.6%, 'QT 나눔'이 8.2%가 나왔다. 그런데 '활동 없음'이라고 명확하게 밝힌 이들이 39.5%나 되었다. 즉 앞에서 열거한 그 어떤 종교적 활동도 없는 가정이 약 40%에 이른다는 것이다.

앞에서의 질문이 신앙교육을 대화를 중심으로 해서 물었기 때문에 그 긍정비율이 높게 나온 것이고, 구체적으로 그 신앙생활의 행위를 물었을 때는 약 40%가 그 어떤 것도 가정에서 이루어지고 있지 않다고 대답한 것이다. 이미 언급했듯이 가정종교가 점점 더 중요하게 된다고 했을 때 이러한 상황은 그렇게 긍정적일 수 없다. 앞으로 변화되어진 종교성에 기반 되어진 가정종교를 위한 가정신앙훈련의 모습에 대해서 진지한 고민이 필요한 때이다.

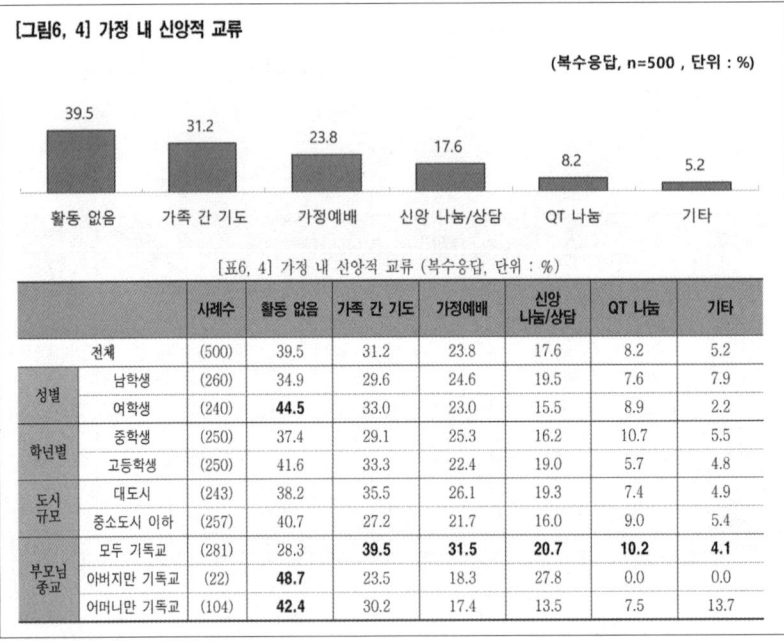

[그림6, 4] 가정 내 신앙적 교류 (복수응답, n=500, 단위: %)

[표6, 4] 가정 내 신앙적 교류 (복수응답, 단위: %)

		사례수	활동 없음	가족 간 기도	가정예배	신앙 나눔/상담	QT 나눔	기타
전체		(500)	39.5	31.2	23.8	17.6	8.2	5.2
성별	남학생	(260)	34.9	29.6	24.6	19.5	7.6	7.9
	여학생	(240)	**44.5**	33.0	23.0	15.5	8.9	2.2
학년별	중학생	(250)	37.4	29.1	25.3	16.2	10.7	5.5
	고등학생	(250)	41.6	33.3	22.4	19.0	5.7	4.8
도시규모	대도시	(243)	38.2	35.5	26.1	19.3	7.4	4.9
	중소도시 이하	(257)	40.7	27.2	21.7	16.0	9.0	5.4
부모님종교	모두 기독교	(281)	28.3	**39.5**	31.5	20.7	10.2	4.1
	아버지만 기독교	(22)	**48.7**	23.5	18.3	27.8	0.0	0.0
	어머니만 기독교	(104)	42.4	30.2	17.4	13.5	7.5	13.7

8. 청소년 일반 인식

청소년들이 가지고 있는 가장 큰 고민은 무엇일까?
의외로 '진로에 대한 고민'이 24.9%로 가장 컸다.
그 다음으로 '학교 성적'(22.9%), '외모/키'(14.5%), '경제적 어려움'(8.8%) 등의 순이었다. 요즘 학생들은 미래에 대한 불안이 크다. 이들은 현실적이다.

장래 희망을 살펴보면 교사, 연예인, 공무원, 요리사, 디자이너, 사업가, 엔지니어, 간호사, 의사, IT전문가 등의 순으로 나타난다(2012년 알바천국 조사). 이러한 직업을 보면 교사와 공무원과 같은 안정적인 것이 앞 순위에 나오고 있다. 그리고 요리사, 디자이너, 엔지니어, 간호사 등과 같이 구체적인 것을 볼 수 있다. 이렇게 장래희망으로 안정적인 직업이 선호되고, 그 선택이 구체적인 것을 알 수 있다.

이것을 보면 청소년들의 미래에 대한 고민이 아주 현실적이고 구체적이라는 것을 알 수 있다. 이것은 현재 자신의 현실에 대한 진단이 확실하다는 것을 보여준다.

요즘 중학교 2학년이 사회적 문제를 일으키는 연령으로 일컬어진다. 이 나이 때에 청소년들은 소위 말하는 나쁜 짓도 많이 하고, 자살과 같은 자해도 많이 일으킨다. 사람들은 이 나이 또래의 청소년이 문제라고 하지만 왜 그런지에 대해서는 잘 알지 못한다. 개인적으로 자살예방에 관심을 쏟고 있기 때문에 왜 이 또래의 청소년이 자살을 하게 되는지에 대한 고민을 안고 있었다. 이런 일들을 하기에는 어리다는 생각을 갖고 있었기 때문이다. 그런데 전문가들과 대화를 나누면서 깨닫게 되었다. 이미 우리나라의 청소년들은 중학교 2학년이 되면 자신의 장래가 어떻게 되리라는 것이 짐작이 되는 것이다. 지금 현재 자신의 성적으로는 어떤 대학을 갈 수 있다는 것이 나오고, 그 결과는 결국 자신이 생각하는 그 안정적인 직장은 얻기 어렵다는 결론에 이르게 되는 것이다. 그러면 방황이 시작되고, 사회나 개인에 대한 불만이 표출되고, 그것이 폭력으로 이어지는 것이다.

청소년들이 자신의 가장 큰 고민이 진로라고 대답한 것은 바로 이러한 현실의 연장선이라고 본다. 따라서 교회가 할 수 있는 일은 청소년들에게 삶에 대한 방향을 제시해 주고, 구체적인 직업선택의 기준을 제시해 주는 것이다. 그래도 긍정적으로 보이는 것은 기독청소년들이 비기독청소년들에 비해서 진로에 대한 고민이 꽤 적다는 것이다. 이것은 신앙 안에서 그 비전을 확고히 했거나, 미래에 대한 불안을 신앙으로 극복하고 있다는 증거일 것이다.

스트레스를 받는 원인은 '하기 싫은데 공부를 해야만 할 때'가 20.7%로 가장 높았고, '친한 친구와 갈등이 있거나 싸웠을 때'(15.9%), '학교 성적이 떨어 졌을 때'(14.4%), '부모님으로부터 잔소리나 꾸중을 들었을 때'(13.5%) 등으로 나타났다. 기독청소년과 비기독청소년의 차이는 그렇게 나타나지 않았는데 '학교성적이 떨어졌을 때', 12.9% vs. 15.9%로 나타나 기독청소년이 성적에 대해서 덜 민감한 것으로 나타났다. 그런데 '부모님으로부터 잔소리나 꾸중을 들었을 때'는 15.9% vs. 11.2%로 나타나 현저한 차이를 보였다.

이는 후에 다시 언급하겠지만 기독청소년의 경우는 가정, 특히 부모님의 영향력이 그 삶에 크다는 것을 알 수 있다.

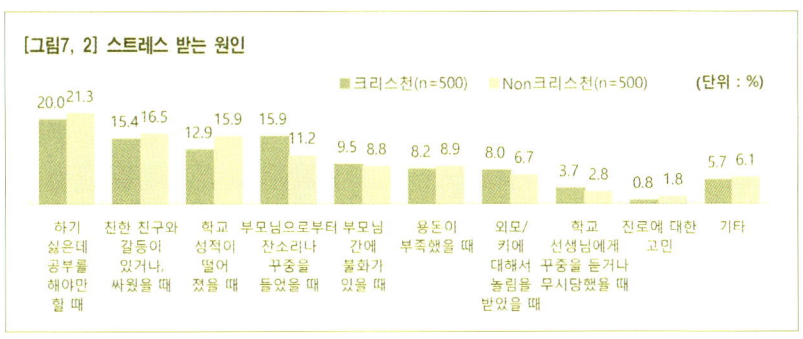

또 스트레스를 해소하는 방법으로는 '그냥 참는다'가 26.6%로 가장 높았고, '친구를 만나 이야기를 하면서 푼다'가 20.6%, '게임을 하면서 푼다'가 17.0%로 나타났다. 기독청소년과 비기독청소년의 차이는 특별히 없지만 게임으로 푼다에서는 기독청소년의 비율이 적게 나온 것으로 보아 건전한 패턴이라고 할 수 있다.

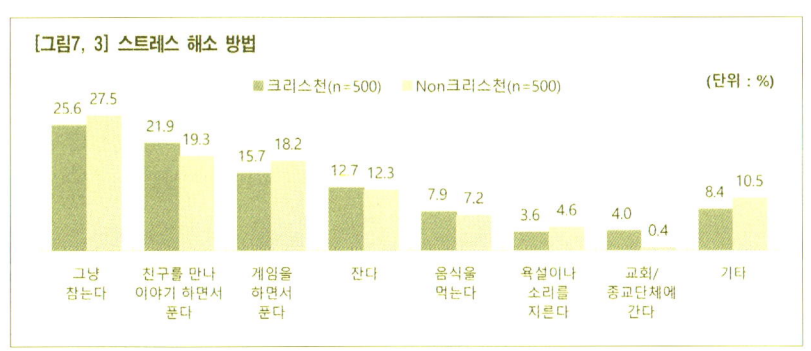

휴대폰과 스마트폰 사용에 대한 조사를 구체적으로 진행했다.

학생들은 98.2%가 휴대폰을 사용하고 있고, 그 중 86.1%가 스마트폰을 사용하고 있었다. 하루 중 스마트폰을 통해 얼마나 온라인게임/스마트폰게임/SNS 등을 이용하는지를 물었는데 평균 주중에는 2시간 47분, 주말에는 3시간 30분을 사용하고 있었다. 또한 하루 사용 시간별 분류를 해 보면 4시간 이상 사용한다고 하는 학생이 주중 36.1%, 주말 49.3%로 나타났다. 이를 다시 하루 24시간의 10% 이상인 2시간 이상 사용자로 나타내 보면 주중 72.8%, 주말 79.5%로 나타난다. 이렇게 보면 대부분의 청소년들이 필요 이상, 또는 중독수준의 스마트폰 사용자라고 할 수 있다.

[표7, 5-2] 스마트폰 사용 시간(게임/SNS 등) - ② 비교 (단위 : 분)

		주중			주말		
		전체	크리스천	Non 크리스천	전체	크리스천	Non 크리스천
전체		167	158	177	210	201	219
성별	남학생	152	146	159	193	188	198
	여학생	**187**	**173**	**202**	**231**	**217**	**246**
학년별	중학생	**180**	**167**	**194**	**218**	200	**238**
	고등학생	155	148	162	202	202	202
지역	서울	169	160	181	208	203	216
	인천/경기	170	163	180	216	210	224
	대전/충청	137	120	176	175	151	232
	광주/전라	164	171	156	207	206	207
	대구/경북	178	147	186	219	181	230
	부산/울산/경남	173	167	176	216	222	213
	강원	178	211	171	217	283	203

여기서 더 나아가서 예배시간에 스마트폰을 사용하는 것에 대한 인식을 조사해 보았다. 예배 중 스마트폰 사용경험은 40%였다. 예배시간에 스마트폰 사용에 대해서는 48.1%가 '예배시간에는 절대로 스마트폰을 사용해서는 안 된다'고 응답을 했고, 41.0%는 '카톡 확인이

나 문자 전송 등과 같이 잠깐잠깐 스마트폰을 사용하는 것은 괜찮다'
고 했다. 이를 보면 사용자의 비율이나 인식에 별 차이가 없는데, 40%
정도는 예배 중 스마트폰 사용에 대해서 관대한 것으로 보인다.

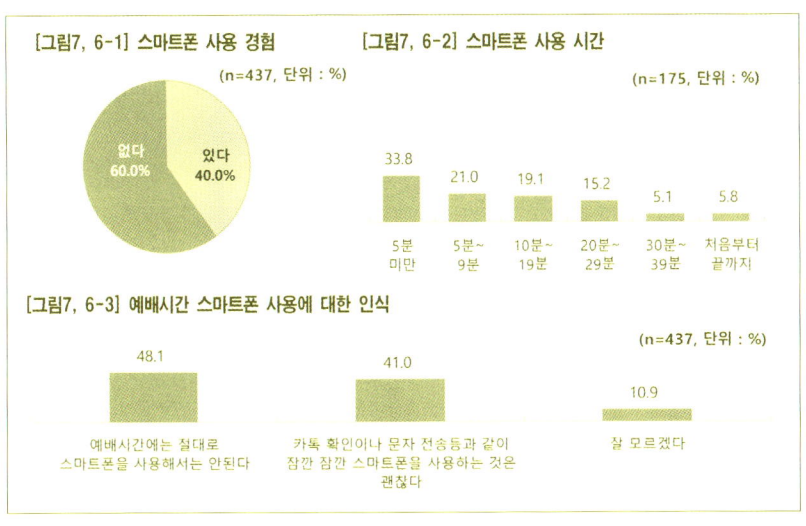

종교 관련 수업에 관해서는 기독청소년의 경우는 37.2%가 거부감
이 있다고 대답을 했고, 62.8%는 거부감이 없다고 대답을 했다. 그러
나 이에 반해서 비기독청소년의 경우는 69.5%가 거부감이 있다고 했
고, 30.5%는 거부감이 없다고 대답했다. 이 둘을 비교해 보면 아주 상
반된 결과라고 할 수 있다. 그런데 종립학교를 다니는 학생들을 비교
해 보면 다시 현저한 차이를 보여준다. 종립학교를 다니는 비기독청
소년들은 거부감이 있다고 대답한 학생은 50.5%로 일반 결과와 비교
할 때 현저히 낮고, 오히려 거부감이 없다고 대답한 학생은 49.5%로
상당히 높다. 이러한 결과는 실제적으로 종립학교에서 종교 관련 수
업을 받아본 학생들의 입장에서는 긍정적이었다가는 것을 의미한다.

지난 1년간 자살충동을 느낀 적이 있는지를 물었다.

이 질문에 29.1%가 그런 적이 있다고 대답했다. 우리 학생들의 약 30%가 지난 1년 동안 스스로 죽어야겠다는 생각을 했다는 것이다. 또 이들에게 지난 1년간 자살충동을 몇 번 느꼈는가를 물었는데 평균이 4회였다. 개인적으로 이 질문에 대한 답이 가장 충격적이었다. 우리가 만나고 있는, 또는 우리 집에 거하는 아이들의 30%가 바로 지난 1년 동안 스스로 죽어야겠다는 생각을 했다는 것이다. 기독청소년과 비기독청소년의 차이는 자살충동에서 나타났다.

기독청소년은 26.9%가 자살충동을 느꼈다고 대답했고, 비기독청소년은 31.4%가 이렇게 응답했다. 기독청소년이 그래도 의미 있는 차이를 보였다는 것은 다행이라고 할 수 있을지 몰라도, 그것은 상대적인 것이고, 우리 주일학교의 학생의 26.9%가 자살의 유혹에 빠져 있다는 생각을 하면 모골이 송연해진다.

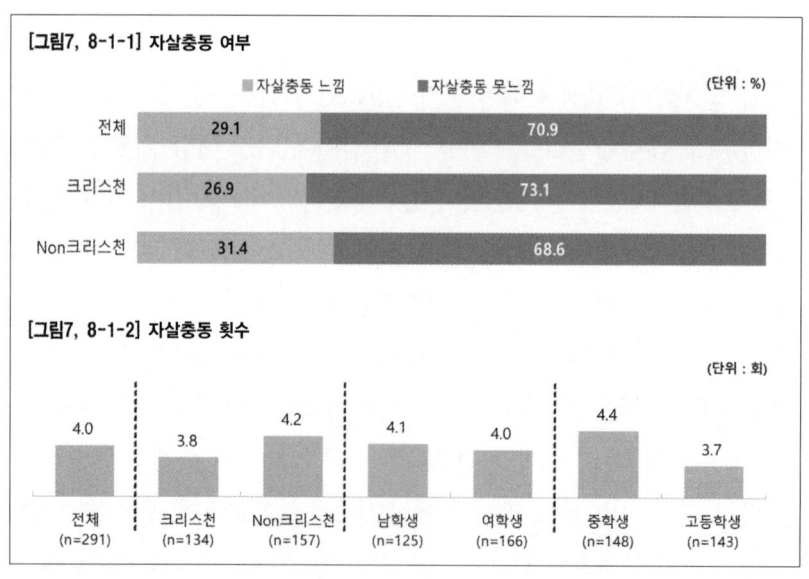

좀 더 구체적으로 그러면 언제 자살충동을 느끼는지를 물었다.

그 중 '가정불화'가 30.4%였고, '학교성적/진학문제'가 21.6%, '외로움/고독'이 18.3%, '친구들과의 불화/따돌림'이 9.8% 등이었다. 주목할 부분은 기독청소년과 비기독청소년 사이에 그 이유가 현저히 차이가 나고 있다는 것이다. 기독청소년은 자살충동의 가장 큰 이유로 '가정불화'(36.77%)를 명확히 꼽았다. 이후 '학교성적/진학문제' 18.8%, '외로움/고독' 15.2%, '친구들과의 불화/따돌림' 10.3% 등이었다. 이에 반해 비기독청소년은 '가정불화'와 '학교성적/진학문제'가 동일하게 24.3%가 나왔고, '외로움'이 21.2%, '친구들과의 불화/따돌림' 9.2% 등이었다. 이렇게 비교를 해 보면 그 순위에서는 별 차이가 없지만 그 강조점에서 보면 현저히 다르다는 것을 알 수 있다.

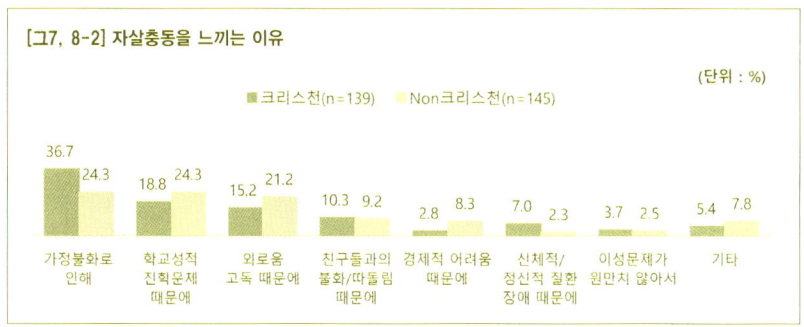

[그7, 8-2] 자살충동을 느끼는 이유

서로 비교하여 볼 때 기독청소년은 가정불화가 아주 크게 나왔다. 스트레스의 원인에서도 비기독청소년과 비교했을 때 기독청소년은 부모와의 갈등이나 부모의 불화에서 스트레스를 많이 받는 것으로 나왔다. 이렇게 종합하여 보면 기독청소년은 가정, 특히 부모의 영향력을 많이 받는 것으로 볼 수 있다. 이들에게 가장 큰 관심사도 가정이고, 이들의 삶에 가장 영향력을 많이 끼치는 것도 가정이라고 할 수 있다. 물론 그 중에서 주된 것은 부모이다. 부모가 안정되지 못했을 때 기독청소년의 경우는 죽음까지도 생각할 정도로 심각하게 고민한다는 것을 부모들이 알아야 할 것이다.

또 보면 외로움과 고독에 있어서도 그 차이가 현저히 나타난다. 그래도 기독청소년의 경우는 비교적 가정도 안정되어 있고, 친구들과 이루는 공동체도 잘 되어 있어 이러한 문제에서 좀 여유가 있는 것 같다.

그럼 이들은 자살충동을 어떻게 극복해 나가고 있는가?

이에 '자연스럽게 해소되었다'(30.7%)는 응답이 가장 높았으며, 그 다음으로 '친구/지인과의 대화'(22.9%), '긍정적인 생각하기'(12.2%), '다양한 활동/바쁘게 지내기'(10.2%) 등의 순으로 나타났다. 그런데 기독청소년과 비기독청소년 사이에서 큰 차이가 나타났다. 가장 많은 응답이 있었던 '자연스럽게 해소됨'에서는 비기독청소년의 경우는 40.2%로 가장 높게 나왔는데 반해서 기독청소년은 20.9%로 비율상으로는 절반 정도 밖에 안 되었고, 그 순위에서도 '친구/지인과의 대화'보다 적게 나왔다. 이후 '친구/지인과의 대화'에서는 기독청소년은 26.4%로 가장 높게 나왔고, 비기독청소년은 19.5%로 '자연스럽게 해소되었다'는 응답에 비해 현저히 떨어졌다.

이러한 응답이 나온 것은 기독청소년들이 친구들과 좋은 그룹을 형성하고 있다는 것을 의미한다. 서로를 지지할 수 있고, 응원할 수 있는 그룹으로서 친구나 지인을 두고 있다는 것은 자살예방에 있어서 아주 중요한 요소인데, 기독청소년의 경우는 그러한 체계가 있다고 볼 수 있다. 또 신앙/종교에 의지하였다고 하는 이들도 10.0%에 달해서, 이 역시 자살을 멈추게 하는 중요한 요소로 작용했다고 볼 수 있다.

[그림7, 8-3] 자살충동 극복 방법

청소년 자살은 기독청소년과 비기독청소년 사이에서 그 원인이나 극복방법에서 상당히 큰 차이를 보였다. 이는 이 둘 사이에 가치관이나 환경에 있어서 꽤 큰 차이가 있음을 보여주는 대목이다. 그러나 문제는 이러한 차이에도 불구하고 자살충동에 있어서는 별 차이를 보이고 있지 못하다는 것이다. 즉 스트레스의 원인은 달라도 그 스트레스의 과중은 비슷하고, 그것이 가져다주는 결과로서 죽음은 결국 다르지 않다는 것을 보여준다. 이러한 관점에서 볼 때 청소년의 시기에 생명을 교육하고, 자살예방, 그리고 더 나아가서는 생명보듬이의 교육은 절실하다고 생각한다. 어려서부터 생명으로 결단하고, 죽음의 문화에서 벗어나도록 돕는 것은 오늘날 교회의 중요한 역할이라고 할 수 있다. 교회 안에서조차 주일학교의 학생 30% 정도가 지금도 죽음에 직면하여 고민하고 있는데, 이에 대해 교회가 외면한다는 것은 무책임한 것일 수밖에 없다.

요즘 문제가 되고 있는 왕따에 대한 인식을 조사했다.

먼저 본인이 직접 집단따돌림(왕따)를 당한 적이 있는지를 물었다. 이에 평균적으로 13.8%가 긍정응답을 했다. 이에 대해서는 기독청소년과 비기독청소년의 차이가 의미 없었다. 이 조사는 자세히 보면 여학생과 남학생의 차이가 나는데 남학생은 11.9%인데 반해 여학생은

15.8%에 달했다. 즉 남학생보다는 여학생 사이의 따돌림이 더 심하다는 것을 알 수 있다. 그런데 고등학생과 중학생의 비교가 눈에 띈다. 고등학생은 11.0%인데 중학생은 오히려 16.5%에 달했다. 일반적으로 학교에 다닌 경험이 많을수록 더 높게 나타나야 할 건데 오히려 중학생이 왕따의 경험이 더 많다. 이것은 어떻게 보면 점점 왕따의 경향이 더해지고 있다는 것을 보여주는 증거가 될 수 있다. 어쨌거나 현재 대한민국 중고등학생들은 심각한 상태에 있는 것은 확실하다. 전체의 10%가 넘어서는 아이들이 중고등학교 시절 가장 끔찍한 경험인 왕따를 경험하고 있다는 것이다.

관점을 달리해서 집단 따돌림을 시킨 적이 있는지를 물었다.

이 역시 비슷하게 13.0%가 나왔다. 또 비슷하게 남학생보다는 여학생에서, 그리고 고등학생보다는 중학생에서 높게 나왔다. 그런데 특이한 것은 왕따를 당한 경험의 비율이나 왕따를 시킨 경험의 비율이 비슷하게 나왔다는 것이다. 집단따돌림이라고 하면 대상은 하나에 여럿의 가해자가 있는 것인데 이것은 정상적이지 않은 것 같다. 스스로 방어기제로 거짓대답을 했거나 13.0%대 13.8%의 문제인지 모르겠다.

[그림7, 12] 학교에서 왕따 시킨 경험

[표7, 12] 학교에서 왕따 시킨 경험 (단위 : %)

		사례수	왕따 시킨 경험 있음	왕따 시킨 경험 없음	계
전체		(1000)	13.0	87.0	100.0
종교	크리스천	(500)	12.6	87.4	100.0
	Non크리스천	(500)	13.4	86.6	100.0
성별	남학생	(520)	9.4	90.6	100.0
	여학생	(480)	**16.9**	83.1	100.0
학년별	중학생	(500)	**16.3**	83.7	100.0
	고등학생	(500)	9.7	90.3	100.0
지역	서울	(251)	12.3	87.7	100.0
	인천/경기	(299)	12.6	87.4	100.0
	대전/충청	(98)	18.6	81.4	100.0
	광주/전라	(105)	15.7	84.3	100.0
	대구/경북	(88)	9.3	90.7	100.0
	부산/울산/경남	(138)	11.7	88.3	100.0
	강원	(22)	10.9	89.1	100.0
도시규모	대도시	(499)	13.0	87.0	100.0
	중소도시 이하	(501)	13.0	87.0	100.0

왕따의 원인은 어디에 있는가를 물었다.

가장 많은 것은 '학교의 무책임과 무관심'으로 29.4%가 이렇게 대답을 했다. 역시 문제의 핵심은 학교라는 시스템이 이를 방관하고 있는 것이다. 학교 내지는 교사의 역할이 더 요구되고 있다.

그 다음은 '왕따를 시키지 않으면 본인이 왕따 당할 것 같은 두려움'이 21.3%가 나왔다. 이 부분은 아주 슬픈 우리 청소년들의 현실을 반영한 것이다. 자신의 생존을 위해서 나 대신 누군가를 집단에 먹이로 내어 놓겠다는 생각이다. 특히 여학생들의 경우 이러한 경향이 더 심했는데, 이들은 27.7%가 이와 같은 대답을 했다. 즉 여학생들의 경우는 집단따돌림이 많이 일어나는데 그 가운데 살아남기 위해서는 내가 지목 받기 전에 남을 먼저 지목하고 따돌리는 것이 생존의 방법이 되었다고 볼 수 있다.

그 다음은 '왕따를 받는 학생 자체가 문제'라고 대답한 이들인데, 이들이 20.8%였다. 이것을 보면 학생들에게 얼마나 공동체성이 없는지를 여실히 보여주고 있다. 자신들 가운데 연약한 자들, 그리고 돌아보아 줄 아이들, 어울리지 못하고 사람들을 힘들어 하는 아이들을 이들이 마음으로 품어주는 것이 아니라 왕따를 당하여도 당연하다는 태도를 보이고 있다는 것은 이 나이에서 나타나서는 안 될 마음이다. 그런데 이러한 이들이 20%를 넘어서고 있다니 이 나라의 장래가 걱정될 정도이다. 그 다음은 '공부중심의 사회의 환경적 요인'이 문제라고 대답했는데 이들이 17.0%에 이르렀다. 이들 역시 사회의 전체적인 문제를 보고 있다고 할 수 있다.

좀 더 나아가서 집단따돌림을 넘어 학교폭력을 경험했는지를 물었는데 여기서도 12.2%가 그런 일이 있었다고 대답했다. 전체적인 모습을 보면 지금 우리나라의 중고등학교는 정글의 법칙이 지배하고 있는 것으로 보인다. 강자와 약자가 구별되고, 서로를 향해 폭력을 드러내는 현 상황에서 우리의 청소년들이 경쟁사회의 폐해를 오롯이 짊어지고 있는 것 같다.

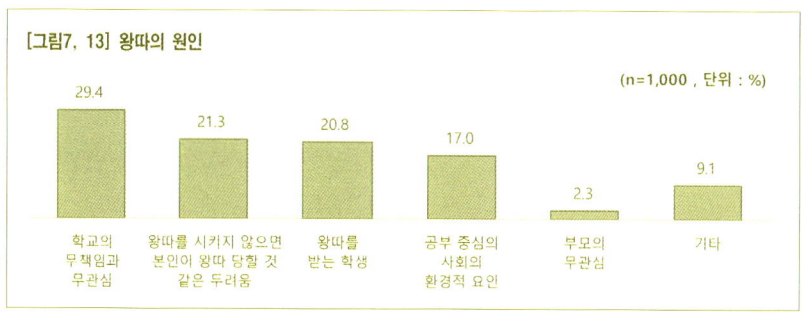

현대사회 윤리문제에 대해서 청소년들이 어떻게 생각하는지를 살펴보았다.

'음주'에 대해서는 기독청소년와 비기독청소년의 응답이 49.6% vs 70.1%, '흡연' 19.7% vs 19.9%, '이혼' 54.1% vs 79.0%, '인공유산(낙태)' 31.4% vs 48.9%, '혼전 성관계' 38.4% vs 63.9%, '뇌물제공' 15.3% vs 17.6%, '동성애' 40.3% vs 73.6%으로 나왔다. 이러한 비율은 한국기독교분석리포트에서 성인을 대상으로 비슷하게 조사를 했는데 청소년들과 큰 차이를 보인다고 할 수 없었다. 성인을 대상으로 한 이 조사에서는 해서는 안 된다, 상황에 따라 할 수 있다, 해도 무방하다로 물어서 정확한 비교는 안 되지만 전체적으로 볼 때 의미 있는 차이라고 할 것은 없었다. 결국 청소년들 역시 이 사회의 전반적인 의식과 그렇게 다르지 않다는 것을 보여주고 있다.

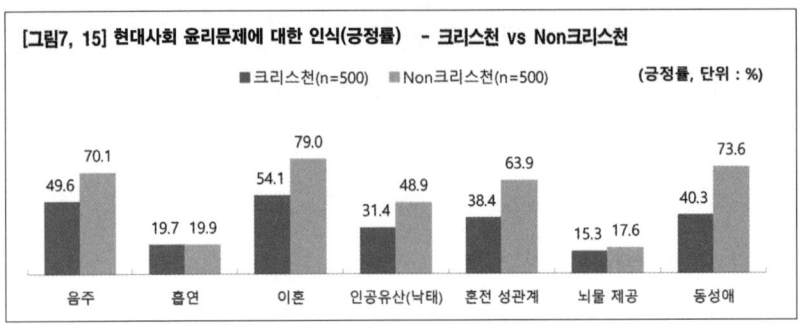

그런데 눈에 띄는 부분은 전체적으로 기독청소년들이 윤리문제에 있어서 상대적으로 상당히 보수적인 성향을 보이고 있다는 것이다. 특히 동성애, 이혼, 혼전 성관계 등에서 상대적으로 많은 차이를 보여주고 있다. 이것은 가정문제에 있어서 특히 기독청소년들이 보수적인 입장을 가지고 있다는 것을 보여준다. 그런데 문제는 이러한 의식에서는 비기독청소년과 차이를 보이면서 현실적으로 그렇게 차이를 보여주고 있지 않다는 것이다. 예를 들어서 자살이나 집단따돌림 등에서 기독청소년들은 비기독청소년들과 유의미한 차이를 보여주지 못한 것이다. 즉 의식을 가지는 것과 현실적으로 자신의 삶에서 적용해 나가는 것은 다른 것으로 보인다.

음주에 대해서 청소년들은 어떤 생각과 태도를 가지고 있을까? 음주는 언제부터 가능하다고 생각하는가를 물었다. 성인이 된 다음부터는 가능하다고 대답한 이들이 50.3%로 가장 높게 나왔다. 이 부분에 있어서는 기독청소년과 비기독청소년이 크게 다르지 않게 나왔다. 고등학생부터 가능하다고 대답한 사람은 27.4%였다. 일반적으로 듣게 되는 바에 비해서는 좀 적게 나온 것이 아닌가하는 생각이 들었지만 적지 않은 숫자임은 분명하다. 그런데 여기서는 기독청소년과 비기독청소년의 차이가 나타났다. 비기독청소년은 33.4%가 이렇게 대답을 한 반면 기독청소년은 21.4%만이 이렇게 대답을 했다. 또 더 나아가서 음주는 절대로 안 된다고 대답한 이들은 비기독청소년이 5.2%이고 기독청소년은 23.1%에 이르렀다. 이렇게 보면 기독청소년이 음주 문제에 있어서는 보수적이라고 할 수 있다.

직접적으로 지난 1년간 음주경험을 물었다. 이에 대해서는 29.0%가 긍정응답을 주었다. 기독청소년은 이에 대해서 26.2%가 긍정응답을 했고, 비기독청소년은 27.6%의 긍정응답을 했다. 이를 비교해 보면 이미 언급한 바와 같이 의식의 차이가 행동의 차이를 가져오지 못했다는 것이다. 즉 금주에 대해서 배우기는 했으니 음주를 할 수 있는 기회가 되었을 때 그것을 거부하는 것으로 연결되지는 않는다는 것이다.

술을 처음 마신 시점에 대한 질문을 했다.

이에 대해서 절반이 넘는 53.3%가 '술을 마신 경험이 없다'고 대답을 했다. 이외 '초등학교 때' 16.3%, '중학교 때' 16.6%, '고등학교 때' 14.8%로 비슷하게 나왔다. 또 기독청소년과 비기독청소년의 차이는 별로 드러나지 않았다.

술을 처음 같이 마신 상대에 대해서는 '부모님'이 56.6%로 가장 많았고, '친구' 32.2%, 그리고 '선배'가 4.2% 등으로 나타났다. 이를 보면 이제 가정에서 일찍 아이들이 술을 마실 것을 예상하고 가정교육 차원에서 술을 먼저 권하는 것으로 보인다. 그러나 다른 측면으로 생각을 해 본다면 술에 대해서 관대한 한국사회의 단면이 나타나는 것으로 보인다. 즉 술을 마신다는 것을 당연한 것으로 받아들이고, 이를 일찍 집에서 공식화한 것이라고 볼 수 있다.

성관계 가능 시점에 대한 질문을 했다. 성관계는 결혼 전에 절대 해서는 안 된다고 대답한 이들이 27.4%였다. 결혼 전까지의 순결에 대해서 이제 언급하는 것이 의미가 있을까하는 생각이 들 정도로 70%가 넘는 청소년들이 그에 대해서 반대의견을 나타낸 것이다. 이에 대해서는 기독청소년과 비기독청소년의 차이가 나타난다. 결혼 전 순결에 대해서 기독청소년은 36.8%로 나타나고, 비기독청소년은 18.0%로 나타났다.

이를 보면 약 두 배 정도의 차이를 보이고 있다. 초등학교, 중학교 때 해도 무방하다고 대답한 이들도 있었지만 미미한 수준이다. 그런데 충격적인 것은 고등학생부터 해도 무방하다고 대답한 이들이 14.6%에 이른다는 것이다. 성관계가 이제 어른들의 문제가 아니라 청소년들의 문제가 되었다는 것을 여실히 보여주는 수치라고 생각한다.

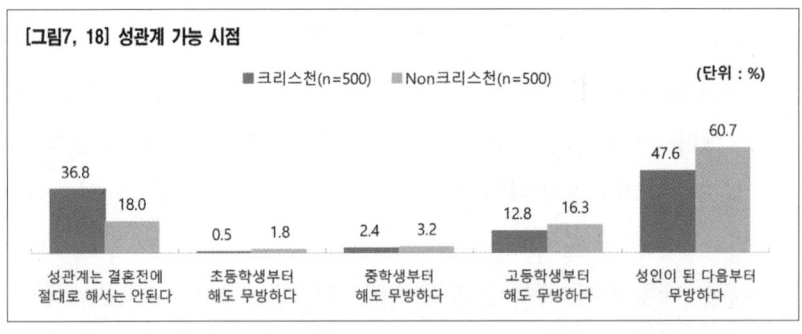

현대사회에서 가장 큰 이슈 중에 하나인 동성애에 대해서 물었다.

동성애에 대해서 어떻게 생각하는가에 대해서 학생들은 51.7%가 서로 사랑한다면 동성애도 가능하다고 대답을 했다. 즉 절반 이상이 동성애에 대해서 거부감 없이 받아들일 수 있다고 대답을 한 것이다. 특히 여학생들은 66.0%가 가능하다고 대답을 했다. 이 문제에 대해서는 기독청소년과 비기독청소년의 차이가 심하게 나타났다. 기독청소년은 37.7%가 가능하다고 했고, 비기독청소년은 65.8%나 가능하다고 대답을 했다. 이를 보면 동성애에 대한 교회의 인식이 청소년들에게도 영향을 끼치고 있다고 할 수 있다.

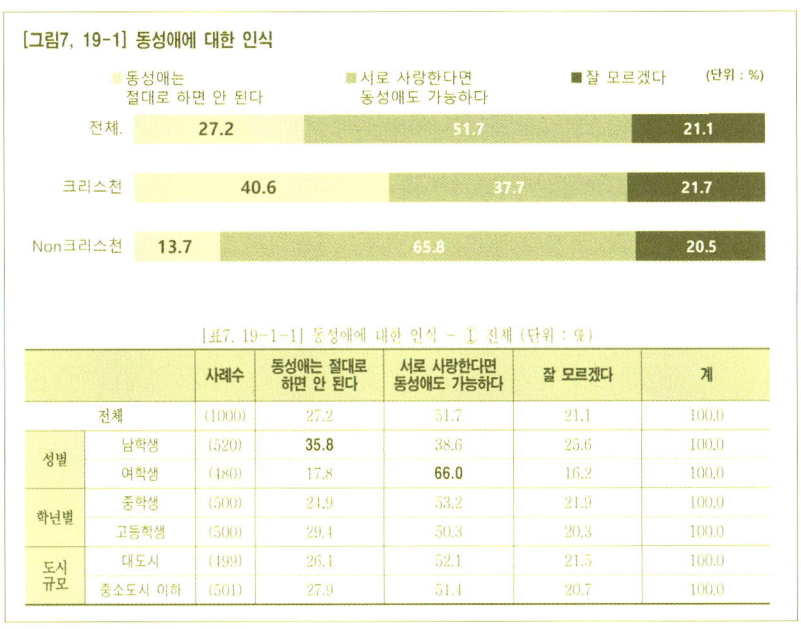

좀 더 구체적으로 어느 정도까지 받아들일 수 있는가를 물었다.

이에 '동성결혼까지 받아들일 수 있다'는 응답이 28.9%로 가장 많았다. 의외로 청소년들이 동성애에 대해서 구체적으로 생각하고 있는 것을 볼 수 있다. 그 다음으로는 '동성애인을 사귀는 것'이 20.8%, '동성을 마음속으로 좋아하는 것'이 14.3% 등으로 나타났다. 그런데 이 질문에 '잘 모르겠다'고 대답한 이들이 21.2%나 되었다. 이것은 다른 질문에 비한다면 상당히 높은 수준이다.

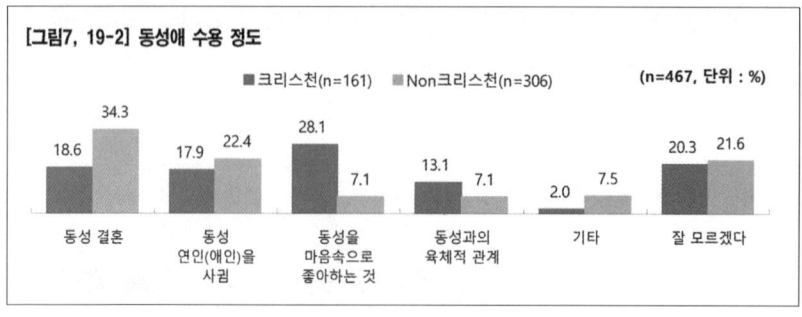

이를 보면 아직 청소년들 중에서도 이 문제에 대해서는 정확한 입장을 가지고 있지 못한 이들이 상당히 많다는 것을 알 수 있다. 그런데 소수라고 할 수 있지만 동성과의 육체적 관계까지 가능하다고 대답한 이들이 9.2%로 나타났다. 이는 가장 낮은 수치이지만 동성애가 단순히 육체적 쾌락으로 허용되어도 된다는 의견이기에 상당히 비상식적이라고 할 수 있는데, 이를 9% 이상이 대답했다는 것은 학생들의 윤리의식에 문제가 있음을 보여주는 단적인 예가 될 것이다.

그런데 중요하게 볼 부분은 동성애 관련 인식에 가장 큰 영향을 미친 것이 무엇인지를 물은 것이다.

이에 대해서 절반이 넘는 53.6%가 '영화, TV 등 대중매체'라고 대답을 했다. 이에 더해서 '동성애자인 연예인'이라고 대답한 이가 19.3%나 되었다. 그러면 학생들이 대중매체를 통해 동성애에 대해서 접하게 되는 비율은 72.9%나 된다는 것이다. 이렇게 볼 때 결국 우리 학생들은 객관적인 방법으로 동성애에 대해서 배우게 되는 것이 아니라, 동성애에 대해서 상당히 관용적인 부류들이 전하는 메시지에 의해서 동성애를 배우게 된다는 것이다. 그렇기 때문에 청소년들 입장에서는 동성애에 대해서 관용적일 수밖에 없고, 이는 결국 이 후에 이 사회의 경향에도 큰 영향을 미칠 것이라고 볼 수 있다.

이 조사에서 충격적인 것은 주변에 동성애자 친구/지인에 의해서 인식에 영향을 받았다고 대답한 이들이 10.3%나 되었다는 것이다. 물론 10%가 동성애자라는 뜻은 아니지만 청소년들이 직접 동성애자들을 접할 수 있는 상황이 그 만큼 많다는 것을 의미하고, 어떤 의미에서는 이제 이 사회에서 동성애자들의 비율이 그 만큼 많다는 것을 의미한다.

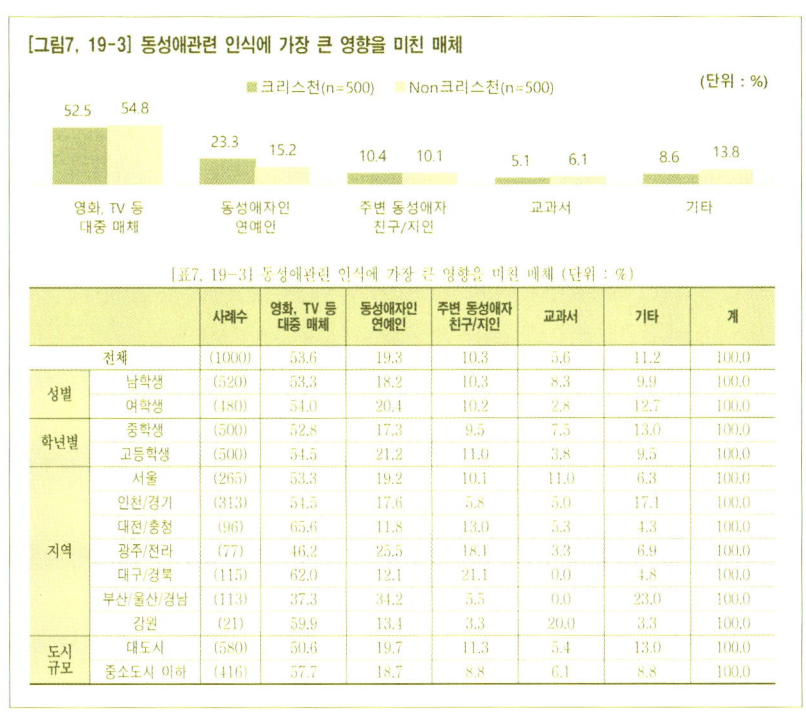

마지막 질문은 공부는 왜 해야 하는가였다.

이 질문에 43.2%가 '목표로 하는 꿈을 이루기 위해서'라고 대답을 했고, 34.4%는 '좋은 대학/직장에 들어가기 위해서'라고 대답을 했다. 우리 청소년들은 이것을 보면 상당히 목적지향적인 가치관을 가지고 있는 것 같고, 이 경쟁사회에 적응되어 살아가고 있는 것 같다. 이 외에 '남들이 다 하고 있으니깐'이 7.7%, '사회에 도움이 되는 인재가 되기 위해서'는 5.9%였다. 이를 보면 학생들에게 바른 가치관을 심어주지 못하고 있는 것이 현재 우리의 가장 큰 문제가 아닐까 싶다. 공부를 하는 것이 후에 성공하기 위한, 그것도 경제적으로 성공하기 위한 방편으로 여겨지고, 이 경쟁사회에서 이기기 위해서 하는 방편으로 여겨지고 있다면 우리 학생들의 이 문화나 생각은 고쳐지지 않을 것이다. 바른 가치관, 우리 기독교의 입장에서는 기독교적 가치관을 바르게 가르치고 그것을 삶에 기준으로 삼고 행하며 살 수 있도록 하는 교육이 절실히 필요하다.

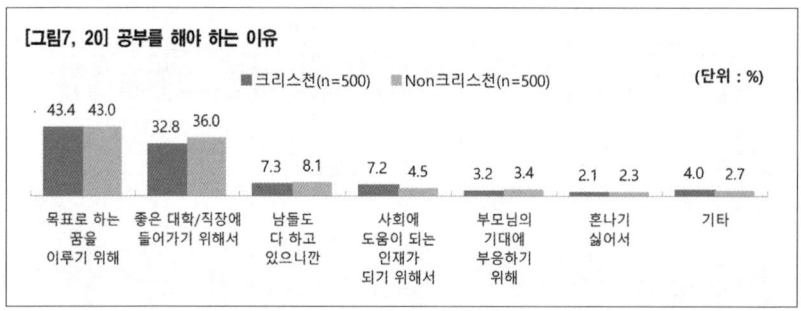

9. 결론

청소년 문제에 있어서 이렇게 방대한 조사는 쉽지 않다. 100개가 넘는 질문을 1,000명에게 했으니 대단한 조사를 이룬 것이다. 이 조사를 보면 오늘 우리 청소년들의 신앙과 세계가 드러나고 있다. 이 조사를 정리하며 몇 가지 특징과 함께 제안을 나누고 한다.

1) 가정종교를 파악하고 세워 나가라

이미 수차례 언급한 바와 같이 이제 교회 안의 청소년들은 자신이 자진해서 나오는 경우는 드물다. 부모, 특히 어머니의 신앙을 따라서 교회를 나오고 있다. 신앙생활에 가장 큰 영향력을 끼치는 이도 목회자나 교사가 아니라 어머니이다. 이것은 두 가지 측면으로 생각해 볼 수 있다.

첫째, 가정이 신앙교육의 가장 중요한 장이라는 것이다.

우리 청소년들은 이제 회심보다는 종교적 사회화에 의해서 신앙을 형성해 간다. 의식이 형성되고 스스로 무엇을 생각하고 결단할 수 있는 나이가 되기 이전에 아이들은 가정에서 먼저 신앙을 배워나간다. 먼저는 어머니이고 아버지와 형제들에게서 신앙을 배운다. 그들과의 상호작용 안에서 신앙의 기본을 배우고, 기독교적인 사고와 행동을 배우게 된다. 따라서 가정을 신앙교육의 일차적 장소로서 인식하고 세워나가야 한다. 특히 어머니를 신앙의 가장으로 세우고 그들이 바로 아이들의 신앙을 세워나가는 가장 중요한 교사임을 인식시키고 교육 시켜야 한다.

둘째, 이제 기독교 인구의 감소는 피할 수 없다는 것이다.

성인 기독교 인구가 중간에 전도에 의한, 그래서 회심에 의한 증가가 되지 않고 지속적으로 어려서 믿어온 이들에 의해서 유지된다면 결국은 감소의 길을 걸을 것이다. 앞으로 인구는 증가하지 않을 것이고, 더군다나 어려서부터 믿어온 이들이 유지된다는 보장도 없는 상황에서 다른 길이 없어 보인다.

특히 요즘 소위 이야기하는 가나안 성도들이 전체에 10% 정도를 차지한다고 가정할 때 교회가 비어가는 추세는 더 할 것이다. 즉 가정종교의 틀을 깨지 못한다면 이것은 한국교회에 큰 짐이 될 수 있다.

이렇게 볼 때 가정종교라고 하는 것은 기회이면서 동시에 위기이다. 만약에 가정종교라고 하는 것이 그 안에 기독교 인구를 가두는 테두리가 된다면 그것은 위기로서 작용할 것이고, 그것이 어머니를 포함하는 부모들에 의한 기독교 사회화의 장이 된다면 큰 기회가 될 것이다. 이제 기독교 교육은 그 대상을 전환해야할 때이다. 단순히 아이들을 쫓아다니며 하는 교육이 아니라 그들에게 가장 큰 신앙적 영향력을 끼치고 있는 어머니들을 교육시켜야 한다. 어머니가 바로 서고, 훌륭한 신앙인으로 서게 된다면 한국교회의 미래는 새롭게 피어날 것이다.

그러나 현재 우리나라 어머니들의 의식이 과연 기독교적일까 또는 신앙적일까에 대해서는 회의가 든다. 어머니들이 오히려 아이들에게 경쟁의식을 부추기고, 목적중심의 사고를 만들어 가고 있지는 않은지 걱정이 앞선다. 즉 신앙에 의한 바른 가치관을 전수하는 것이 아니라 이 사회의 잘못된 가치관과 관행들을 확대 재생산하여 전달하고 있는 것은 아닌지에 대한 염려이다. 실제적으로 청소년들의 삶의 태도를 보면 비기독청소년들과 비교하여 그렇게 큰 차이가 안 나는 것을 볼 수 있다. 이런 것들이 바로 신앙을 중심으로 하는 어른들에게서 배운 것일 텐데 부끄러울 뿐이다.

이런 면에서 어머니를 대표로 하는 신앙의 어른들에게 바른 가치관 교육이 선행되어져야 한다. 가정종교 시대에 가장 큰 영향력을 끼치고, 끊임없이 청소년들과 상호작용 가운데 있는 이들이 바로 서야 그 거울에 비추어 청소년들이 바로 설 수 있기 때문이다. 이런 것이 선행될 때 우리 한국교회의 미래 역시 밝아질 수 있으리라 믿는다.

2) 공과공부가 위기이다

공과공부를 하고 있는 이들이 절반을 겨우 넘고 있다. 즉 절반 가까이는 공과공부를 안 하고 있다는 것이다. 공과공부의 실효성에 대한 논란이 있을 수 있다. 그러나 공과공부가 상징하는 것은 어쩌면 주일학교의 모습일 것 같다. 주일학교를 유지하는 것 자체가 버거운 교회가 절반이 된다는 것으로 이해되는 것이다. 이것은 단순히 공과공부의 문제가 아니다. 이 조사에서 보면 주일학교 교사들에 대해서도 그렇게 호감 있는 대답이 나오지 않았다. 또 예배나 기도 등과 비교했을 때 자신의 신앙에 공과공부는 상대적으로 적은 영향을 끼친다고 학생들은 대답하고 있다.

공과공부는 기독교적 지식이나 성경의 내용을 전달하는 것 이상이다. 거기에서는 선생님을 통해서 직접적으로 인격적인 관계가 형성되고, 사회문제나 세계에 대한 이야기들도 담아진다. 공과공부가 없어진다는 것은 바로 이러한 것들의 상실이다. 그런 의미에서 공과공부의 모습에서 한국교회, 특히 교회학교의 위기를 논하는 것이 과한 것은 아닐 것이다.

3) 신앙은 현실을 이기지 못한다

신앙적 질문에 대해서 학생들은 의외로 높은 긍정비율을 보였다. 그런데 현실적인 문제로 들어가 보면 신앙이 작동하지 못한다. 즉 가치관과 인격 형성, 인간관계 형성, 인생의 성공에 신앙생활은 큰 영향력을 끼친다고 대답을 했는데, 진학방향이나 직업선택에 있어서는 그 절반 수준으로 뚝 떨어진다. 즉 일반적인 것은 신앙이 영향력을 끼칠

지 모르지만 현실적인 문제에 있어서는 그것이 작동할 수 없다는 것이다. 그것은 철저히 현실적으로 따져보고 내가 좋은 것으로, 즉 자신에게 실제적으로 유익한 쪽으로 가겠다는 것이다. 이런 것을 보면 학생들은 상당히 현실적이다. 이익을 따져야 하고 자신의 삶에 실제적인 영향을 끼치는 문제에 있어서는 신앙을 옆자리로 슬쩍 밀어 놓는 것이다.

우리들은 청소년들에게 교육을 하면서 알게 모르게 신앙은 현실과 별개라는 것을 가르쳤다. 이것은 현실적 이원론이다. 신앙의 영역은 인정하지만 그것이 현실적인 문제에까지 영향을 끼치지 않도록 하는 것이다. 즉 신앙은 우리가 긍정하지만 우리 삶의 너무 깊숙한 곳까지 쫓아오지는 말아달라는 것이다.

4) 의식의 차이가 행동의 차이로 나타나지 않는다

이것은 앞부분과 연관된 것이다. 이번 조사에서 특이한 부분이다. 기독청소년들은 윤리문제에 대해서 상당히 보수적인 입장을 가지고 있었다. 음주, 이혼, 낙태, 혼전 성관계, 동성애 등에서 비기독청소년들에 비해 아주 현격한 사고의 차이를 보였다. 그런데 놀라운 것은 실제적인 행동에 있어서는 별 다른 차이를 보이지 않는다는 것이다. 음주 경험도 그랬고, 성관계, 자살 등의 문제에서도 차이를 나타내지 않았다. 즉 생각은 보수적인데 행동은 전혀 보수적이지 않은 양상을 보인 것이다.

이런 부분들을 보면 교회교육이 어디까지 가야할지에 대해서 생각해 보게 된다. 즉 아주 현실적인, 그래서 현실적 이원론에 빠져 있는 청소년들에게 신앙이라고 하는 것이 바로 그 현실로 나타나야함을 가르

처야 한다. 또한 의식의 차이를 행동의 차이로 가져오지 못하는 청소년들에게도 생각은 곧 행동으로 나타나야 함을 바르게 가르쳐야 한다.

이를 위해서 무엇보다 기독교라는 것이 단순히 소원성취의 수단이 아니라 삶을 총체적으로 바꾸는 것이라고 가르쳐야 한다. 이를 위해서 교회교육의 내용은 성경의 스토리에서 멈추는 것이 아니라 좀 더 실제적이고 구체적인 삶의 정황을 다루고, 청소년들이 직접 그 상황에서 고백할 수 있도록 해야 한다. 직업선택에 있어서 기독교인은 어떤 기준을 가져야 하는지, 상급학교로 진학하는데 있어서 기독교인은 어떤 방향을 향해야 하는지를 나누어야 한다. 그 뿐만 아니라 사고만의 건전성이 아니라 행동의 건전성이 뒤따를 수 있도록 인도해야 한다. 이 사회의 윤리적 문제에 대해 피하지 말고, 토론하고 나눌 수 있는 교육의 장이 필요하다. 무엇보다 청소년들과 상호작용하는 기독 성인들의 거울효과에 대해서 나누고 강조해야 한다.

5) 집단따돌림의 문제를 보면 공동체는 실종됐다

집단따돌림을 당한 자나 시킨 자나 약 13% 수준이다. 내가 당하지 않기 위해 남을 따돌린 이들은 21.3%였다. 피해자가 문제라고 지적한 이도 20%나 되었다. 이러한 수치들을 보면 우리 청소년들에게 정말 공동체라는 것이 존재하는가하는 의문이 생긴다. 서로 돌아보고 나눌 수 있는 삶의 태도를 한참 배워야할 시기에 내가 살기 위해 남을 죽이는 이러한 행동들이 서슴지 않고 벌어지는 이러한 교실이 정글이 아니고 무엇이겠는가?

교회는 공동체이다. 믿는 이들의 공동체, 즉 코이노니아 하기온이다. 이는 우리가 사도신경 가운데 성도의 교제라며 항상 고백하는 바이다. 이 공동체가 교회당 안에서만 이루어지는 것이 아니라 더 나아가서 이 사회에서도 동일하게 이루어져 한다. 이를 위해서 기독청소년들이 도덕공동체에 대한 생각을 갖고 헌신하고 나눌 수 있는 자들이 되어야 한다. 공동체라는 것이 이상이 아니라 바로 교실 안에서 이루어질 수 있도록 기독청소년들이 밀알의 역할을 할 수 있도록 가르치고 인도해야 한다.

6) 청소년 자살의 현실이다

지난 1년 동안 청소년의 30%가 죽고자 하는 마음을 품었다는 것이다. 또 이들은 지난 1년간 4번에 걸쳐 죽음의 유혹을 받았다고 한다. 이것이 지금 대한민국의 현실이다. 이는 삶의 만족도와 연관되어 있다. 43.3%의 만족도. 세계 최악의 청소년 삶의 만족도. 이것이 대한민국의 현실이다. 이런 상황에서 청소년들이 죽음의 유혹에서 벗어나질 못한다. 이것은 기독청소년과 비기독청소년의 차이가 없다. 일반학교에서도 30%이지만, 교회교실에서도 30%인 것이다.

이렇게 죽음의 유혹을 경험한 학생들은 평생 이 어두움을 짊어지고 산다. 생명이 아니라 죽음이 그 삶을 지배할 확률이 아주 높다. 이 학생들을 놔둔다면 결국 이 사회는 죽음의 문화를 벗어날 길이 없다. 어려서부터 생명문화 교육을 실시해야 한다. 삶의 방향을 틀어 놓아야 한다. 이것이 기독교가 할 수 있는 정말 소중한 일이다. 생명 그 자체이시며, 믿음의 주요, 온전케 하시는 주님의 그 가르침과 능력을 바르게 전하고 나누어야 한다. 그것은 교회 안에서 뿐만 아니라 이 사회에서도 동일하게 나누어져야 한다. 그래서 죽음의 문화가 팽배한 이 사회에서 교회를 통해 생명의 문화가 승리를 얻어야 한다.

7) 청소년들에게 최고의 종교는 기독교이다

청소년들은 가장 호감이 가는 종교로 기독교를 꼽았다. 그런데 성인이 되면 기독교는 곧바로 비호감으로 변하고 만다. 결국 청소년의 시기에 이들을 잡아야 한다. 호감을 가지고 있는 그 때에 이들의 마음에 자리를 잡아야 한다. 이것이 실패하고 있기 때문에 오늘날 한국교회가 감소하는 현실을 맞고 있다. 바로 이 부분이 이 조사에서 가장 큰 희망이었다. 학생들은 아직 기독교에 대해서 호감을 가지고 있다는 이 사실 말이다. 이때를 잘 선용하면 앞으로 한국교회가 새로운 가능성을 가질 것이라는 기대가 생겼다.

청소년들의 신앙과 세계를 들여다보며 마음이 아프기도 하고, 실망하기도 하며, 분노하기도 했다. 물론 희망을 보는 부분들도 있었다. 바라기는 이 조사를 보며 오늘날 청소년들이 못 됐다고 질책하는 자료가 되지 않았으면 한다. 중요한 것은 이 조사를 보며 그들의 신앙과 세계에 더욱 다가갈 수 있어야 한다는 것이다. 그들을 가르쳐서 20년 전, 30년 전 내가 받았던 그 교육의 기준으로 이들을 이끌어야겠다는 결의가 아니라 이 학생들의 삶에서 이제 어떤 교육과 가르침을 나누어야 할 것인가를 고민해야 한다는 것이다.

오늘날 진작 필요한 것은 아이들의 변화 이전에 어른들의 거울역할이다. 어른들의 가치관을 배워오는 이 청소년들에게 '이런 못된 것들'하는 것은 결국 우리의 모습에 욕하는 것과 별반 다를 바 없는 것이다. 청소년들이 보아야 할 거울을 먼저 잘 준비하는 것이 필요하다.

제5장

한국 대학생들의 의식과 생활(종교 부분)
- '가정종교'의 발견과 대응 -

　대학생이라는 명칭은 한 때 상당히 무거운 단어였다. 그것은 시대를 이끌어야했고, 고뇌하고, 아파해야했던 한 시대의 상징이었다. 1970년대를 상징했던 전태일은 "내게 대학생 친구가 한 명만 있으면 소원이 없겠다"고 했다. 그 이야기 때문에 1970년대와 80년대를 산 대학생들은 상당히 큰 시대적 요구를 짊어지고 살았다. 그리고 이들의 민주화에 대한 수고와 희생이 있었기에 1987년 대한민국은 민주주의의 씨앗을 경험하게 되었다.

　이 비슷한 시기 한국교회도 대학생들에 의해서 신앙의 전환과 함께 부흥의 시대를 맞이했다. 특히 1970년대 초 한국교회는 대형집회를 통해 새로운 국면을 맞이했다. 1973년 빌리 그래함의 여의도집회와 1974년 익스플로 74와 같은 대형집회가 성공리에 치러졌다. 특히 익스플로74는 CCC의 김준곤 목사가 주도한 것으로 대학생들에 의해서 이루어진 대형집회였다. 이후 대학생선교단체들은 한국교회에 새로운 신앙의 형태를 가져왔고, 그러한 단체 출신들이 현재 한국교회에 중추적인 역할들을 감당하며 리더의 역할들을 하고 있다.

이러한 기성세대, 어쩌면 기성세대 중에서도 좀 나이가 있는 세대들의 입장에서 현재의 대학생들을 보면 항상 어려보이고, 불안했던 것이 사실이다. 이들이 도대체 인생에 대한 고민이 있을까, 나라와 민족, 민주라고 하는 거대담론까지는 아니더라도 자신이 누구인지에 대한 생각이라도 있는 것일까하는 생각이 드는 것이다.

특히 신앙인의 입장에서 요즘 대학생들을 보면 '우리'가 젊었을 때와 비교해 볼 때 그러한 열정과 진지함이 없어 보인다. 더군다나 각 교회들을 보면 청년부가 너무 적어서 유지조차 어렵게 된 곳이 많은데 현재 대학생 가운데 과연 교인은 얼마나 될까하는 우려가 있었다. 요즘 들리는 괴담에 의하면 대학생 중에 개신교인의 비율이 4-5%정도일 것이라고 하기도 하고, 군대에서 개신교인을 조사해 보았더니 5%밖에 되지 않더라는 이야기도 있었다. 그러한 숫자들로 인해서 많은 사람들은 걱정을 했고, 위기감에 새로운 대책이 필요하다는 의견도 있었다.

그런데 이번 조사에서 보면 대학생 중에 개신교인의 비율은 일반적인 조사와 그렇게 큰 차이가 나지 않았다. 그렇게 비극적인 상황은 아니라는 것이다. 더군다나 신앙생활이나 의식에서도 생각보다 건전해 보였다. 그런데 기존 목회현장에서는 많은 우려가 있었던 것이 사실이다. 현장과 이번 조사의 결과가 다소간 차이가 있어 보이는 것이다. 이러한 차이를 규명해 보는 것이 이번 조사에서는 아주 중요한 부분이 될 것 같다. 도대체 기독대학생들은 어떤 신앙의 색깔과 모양을 가지고 있는지 이 글을 통해 한 번 분석해 보고자 한다.

1. 응답자의 종교

응답자의 종교비율이 이번에 조사되었다. 이미 서론에 밝힌바와 같이 조사를 시작하면서 개신교인의 비율은 5% 정도일 것이라고 미리 예측을 했다. 이것은 여러 가지 이야기가 있는데 현장에서 경험하는 캠퍼스 사역자들의 일반적인 의견이기도 했다. 그리고 군인들을 상대로 사역하고 있는 한 사역자의 이야기도 들었는데 4-5% 정도일 거라고 했다. 그래서 이번 조사가 시작되면서 함께 설문을 준비했던 사람들 사이에서 개신교인의 비율은 5% 정도일 거라고 이야기된 것이다. 솔직히 이번 조사에서 이 참담한 결과가 수치로 드러날 때 우리에게 닥칠 충격을 걱정할 정도였다.

그런데 이번 조사에서 나타난 결과는 개신교인 17.2%였다. 지난 2005년도에 행해졌던 인구센서스를 기준 한다면 개신교인은 18.3%였다. 전체 비율에 비추어 볼 때 대학생 중에서 개신교인이 17.2%였다고 하는 것은 결코 적지 않은 숫자이다. 특히 2005년도에 비해 6년이 지난 지금 개신교인 숫자가 줄어들었을 것이라는 예측을 하게 되는데 그렇게 본다면 이 숫자는 오히려 평균보다도 더 높을 수 있다.

종교 2	기독교(개신교)	172	17.2
	천주교	73	7.3
	불교	88	8.8
	종교 없음	667	66.7

일단 가설은 깨졌다. 5%라고 하는 숫자와는 차이가 나도 너무 많이 나고 있다. 이번 연구는 어쩌면 바로 이 5%와 17.2%의 차이를 밝히는데 그 중심이 있다고 할 수 있다. 간단한 추측을 나열해 본다면

먼저 명목상의 그리스도인이 많다는 것이다. 개신교인 5%를 추정하는 그룹에서 생각하는 기독교인과 설문조사에서 자신이 그리스도인이라고 대답한 사람 사이에 그리스도인의 정체성이 다르다는 것이다. 자신은 그리스도인이라고 하지만 사역자들의 입장에서 볼 때 그들이 다 그리스도인이라고 볼 수 없는 것이다. 아니면 다른 추측도 가능하다. 그것은 드러나지는 않지만 캠퍼스에 그리스도인이 의외로 많다는 것이다. 우리의 눈에 보이지는 않지만 그들은 그리스도인으로 살고 있고, 그러한 신앙생활을 하고 있지만 드러내지는 않고 있다는 것이다. 이 둘의 다른 입장은 다른 설문조사 결과를 살피면서 결론에서 이야기해 보도록 하겠다.

좀 더 구체적으로 살펴보면 흥미로운 사실이 하나 더 나온다. 종교별 인구비율이다. 개신교는 전체 종교인구비율과 비슷하다고 이미 이야기했다. 그런데 천주교와 불교는 전체 종교인구비율과 비교했을 때 상당한 차이를 보이고 있다. 이번 조사에서 천주교는 7.3%, 불교는 8.8%가 나왔다. 일반적인 종교인구비율로 본다면 천주교는 10.9%, 불교는 22.8%이다. 그런데 대학생 중에 이들 종교인구의 비율은 극히 저조하다고 할 수 있다. 그래도 천주교는 그 차이가 적다고 할 수 있고, 불교의 경우는 전체 불교인구 대비로 살펴본다면 거의 3분의 1 수준이다. 이렇게 본다면 아직 개신교가 젊은 사람들의 종교로 볼 수 있다. 즉 젊은 사람들이 많이 찾는 종교라고 할 수 있다는 것이다. 그 동안 우리는 개신교가 청년들에게, 특히 대학생들에게 매력이 없는, 그래서 가장 적대시되고, 비호감으로 여겨지는 종교라고 생각을 했다. 그런데 이번 조사를 보면 그래도 대학생 중에서는 가장 많이 찾는 종교이고, 실제적으로 가장 많은 종교인구를 가지고 있는 것으로 드러났다.

이와 비교해 볼 수 있는 통계가 있다. 기윤실에서 2008년, 2009년,

2010년 3년간 실행 했었던 '한국교회의 사회적 신뢰도 조사'이다. 이 조사에서는 신뢰도 조사와 함께 호감도에 대한 질문이 있었다. 즉 자신이 호감이 가는 종교에 대한 질문이었다. 여기서 20대는 개신교, 천주교, 불교 중에서 개신교에 대해 가장 낮은 호감도를 보여 주었다. 구체적으로 2010년 기준 개신교는 23.6%, 천주교는 38.1%, 그리고 불교는 29.8%였다. 3년간의 조사에서 2009년 한 해 개신교는 불교를 한 번 앞지른 적이 있지만 대체적으로 그 호감도에서 낮았다. 특히 천주교의 경우는 압도적으로 높았다.

이러한 결과로 인해서 한국교회는 청년, 대학생 층에서 개신교가 계속 축소될 것으로 예상하고 있었다. 그리고 그러한 예측에 따라 청년, 대학생의 교인비율이 급격히 줄어들 것이라고 예상한 것이었다. 그런데 이번 결과를 보면 그렇게 비관적인 상태는 아닌 것으로 나타난 것이다. 물론 이 나이 대에서 개신교인이 늘어난 것은 아니다. 2005년 인구센서스에서 20세에서 24세까지의 인구에서 개신교인의 비율은 18.7%였다. 이렇게 보면 개신교인 인구는 줄어든 것이다. 하지만 전체적으로 개신교인이 줄어들고 있는 추세를 감안한다면 그렇게 비관적인 상황은 아니라고 볼 수 있다.

그런데 여기서 또 눈여겨볼 부분은 종교 없음을 응답한 무종교인이다. 인구센서스를 기준으로 한다면 무종교인은 46.9%이다. 인구의 절반이 안 되는 수치이다. 그런데 대학생을 대상으로 한 이 조사에서는 무종교인이라고 대답한 사람이 66.7%에 달했다. 대학생들이 종교에 관심이 없다는 것이다. 그런데 개신교에 유독 높게 나온 것에 주목해야한다. 어쩌면 여기서 우리의 질문에 한 실마리가 나올 수 있다. 그것은 가정종교에 대한 충성도와 관련이 있지 않을까하는 것이다. 물론 정확한 수치가 나오지 않아서 확증할 수는 없지만 다른 종교들이 일반적인 비율로 나오지 않는 것은 그 종교들과 비교할 때 개신교가 가지고 있는 특성과 연관이 있다고 본다. 그것은 한 가족 가운데 종교적 유대감이다. 다른 종교는 부모가 가진 종교를 반드시, 또는 대체적으로 따라가지는 않는다는 것이다. 물론 이것도 추정에 의한 것이지만 이에 반해서 개신교는 부모의 종교생활을 많이 따라가게 된다는 것이다. 이 부분은 아직 가족에 대한 소속감, 특히 부모에 대한 소속감이 큰 이 나이대의 학생들에게서 충분히 발견될 수 있다고 본다. 특히 한국교회에서 어린 시절, 또는 태어나면서부터 교회를 다니는 세대들이 늘고 있는데 이것도 같은 시각에서 볼 수 있는 대목이라고 생각한다. 본 조사에서도 태어나면서부터 중학교 이전에 교회를 다니기 시작한 인구가 65.1%에 달하는 것으로 보았을 때 충분한 개연성이 있다고 본다.

2. 세상이 보는 개신교의 이미지

각 종교에 대한 이미지 조사를 하였다. 종교와 연관된 이미지 단어 22개를 주고, 각 종교에 어울리는 단어를 모두 표시하도록 한 것이다. 이러한 단어들을 선택함으로써 각 종교에 대해 대학생들이 가지고 있는 이미지를 그려보고자 한 것이다.

첫째, 개신교에서 대학생들은 압도적으로 사랑(60.4%)을 꼽았다.

같은 뿌리를 가지고 있는 천주교 역시 사랑이 가장 높게 나왔지만 42.3%에 그쳤다. 불교에서 가장 높게 나온 단어는 마음의 안정이었는데 37.7%였다. 다시 말해서 대학생들은 개신교라고 하면 '사랑'이라는 단어가 아주 크게 다가왔다는 것이다. 이것은 개신교가 그래도 사랑의 종교라는 이미지를 굳게 가지고 있음을 보여준다.

둘째, 마음의 안정(38.6%)이었다.

개신교에 비해서 천주교는 마음의 안정이 34.6%였고, 불교는 37.7%였다. 개신교가 다른 종교와 비교해 보았을 때 약간 높은 수준이라고 할 수 있다. 다른 종교들이 일반적인 상식으로는 더 마음의 안정을 줄 수 있을 것이라는 생각이 드는데 개신교가 다른 종교보다도 이 부분이 더 높게 나왔다는 것은 의외이다.

셋째, 맹목적인 추종(35.0%)이 높게 나왔다.

다른 종교에서는 이 부분이 상당히 적게 나왔는데 비해서 아주 높게 나왔다고 볼 수 있다. 즉 천주교는 14번째로 11.9%, 불교는 18번째로 9.9% 밖에 안 나온 것에 비해 아주 높은 것이다. 아마 일반적인 대학생들에게 개신교인들은 이성적이기 보다는 생각 없이, 맹목적으로 종교를 따르는 사람으로 비춰지고 있다고 볼 수 있다. 이것이 바로 개신교인들을 규정하는 한 틀이라는 생각이 든다. 자신들의 교리, 자신들의 전통 등을 가지고 이 사회에서 소통을 하려하지 않고, 오히려 강요하는 모양을 보면서 대학생들은 이 종교는 '맹목적인 추종'의 종교라고 규정한 것이다.

그리고 잇따르는 것은 '사회구제 및 봉사'(34.7%)와 '희생'(31.2%) 이다. 이 부분은 다른 종교와 비교하여 우리가 생각해 볼 여지가 많다. 천주교는 희생(41.9%)이 두 번째로 많은 응답을 받았다. 불교는 이 부분에서 역시 두 번째로 36.1%의 응답을 받았다. 또 '사회구제 및 봉사'에서는 천주교는 세 번째로 35.9%로 높게 나왔고, 불교는 오히려 21.8%로 6번째로 많은 응답을 받았다. 먼저는 개신교에서 행하는 '사회구제 및 봉사'에 대해서 꽤 높게 평가 받은 것은 긍정적이라고 할 수 있다. 천주교 역시 이 부분에서는 비슷한 수준이라고 할 수 있다. 그런데 불교는 이 두 종교에 비해서 상당히 낮게 나왔다. 개신교회에서 행하고 있는 선행을 사람들이 알아주지 않는다고 생각을 했는데 이 조사를 보면 적어도 대학생들은 명확하게 이 부분을 지켜보고 있다는 것을 느꼈다.

그런데 간과해서는 안 되는 부분이 있다. '희생'이라는 가치로 들어가면 타 종교에 비해서 현저히 낮다. 사회구제 및 봉사라고 하는 것이 행위라면, 희생은 그러한 것이 가능하게 하는 가치라고 볼 수 있는데 이 둘이 평행하게 가지 않고 다르게 나타난 것이다. 이것을 달리 보면 개신교인들은 행위는 있는데 그 원동력이라고도 할 수 있는 가치부분에서는 이를 뒷받침하고 있지 않다는 것이다. 조금은 비약적으로 들릴 수 있지만 어떻게 보면 맹목적 추종이라는 판단과 연결이 된 것이 아닌가하는 생각조차도 든다. 단체로 행하고는 있지만 각 개인은 희생이라는 가치에 기반을 두고 있지 않다는 것이다.

또 타종교와 비교해 볼 수 있는 부분은 사회적 가치판단이라고 할 수 있는 진보적이라는 단어와 보수적이라는 단어이다. 개신교는 의외로 보수적이라는 판단과 진보적이라는 판단이 큰 차이가 없다. '보수적'은 12.8%였고, '진보적'은 11.7%였다. 그런데 천주교는 '보수적'이 15.2%에 달해서 아홉 번째로 많은 응답을 받았고, '진보적'은 11.3%로 개신교와 별 다른 차이를 보이지 않았다. 이에 비해서 불교는 '진보적'은 8.8%에 불과했고, '보수적'이라는 응답은 25.5%에 달해 아주 높게 나타났다. 의외로 천주교와 불교에 대해서 대학생들은 보수적이라는 응답을 많이 하였다. 개신교는 오히려 이 부분에서는 보수적이라는 대답이 적었다고 할 수 있다. 학생들에게 '진보'라는 단어는 상당히 긍정적인 이미지를 가지고 있다고 할 때 이러한 결과는 상당히 고무적인 결과라고 할 수 있다.

전반적으로 보았을 때 개신교는 상당히 긍정적인 평가를 받고 있다. 모든 부분에서 높은 응답을 받았다. 그런데 이미지 부분으로 들어가면 사랑이라는 하나의 가치가 높게 나온 것은 긍정적으로 볼 수 있지만 다른 종교에 비해서 '맹목적 추종', '비합리적 조직', '비이성적인 믿음' 등으로 나타나는 것처럼 합리성과는 좀 먼 비이성적인 조직으로 비춰지고 있다. 이것은 종교의 계층성이라는 측면에서 볼 때 아주 부정적인 결과라고 할 수 있다. 이러한 이미지를 가지고 이 사회에서 존재한다면 앞으로 전도의 문이 많이 막히게 되지 않을까 싶다.

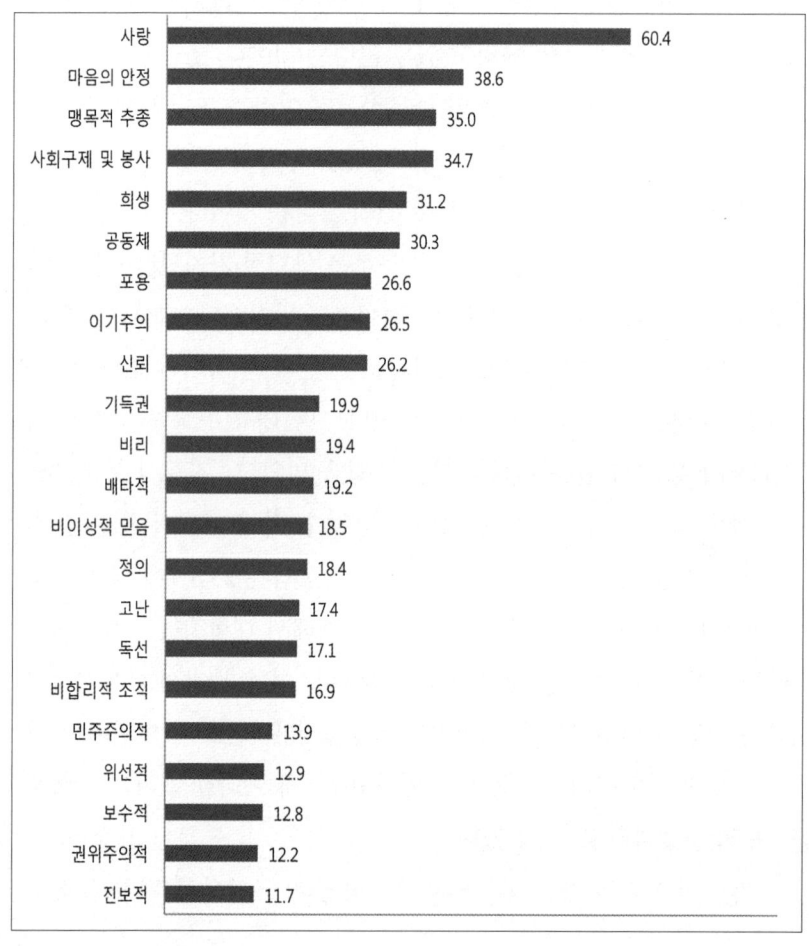

3. 사람들은 왜 개신교를 떠나는가?

최근 개신교인이 줄어들고 있다는 사실을 명시하면서 왜 줄어들고 있다고 생각하는가를 물어 보았다. 그 원인에 대해서 대학생들은 명확하게 짚어 내었다. 무려 61.6%가 '기득권층 옹호, 교회 세습, 비리 연루 등 이미지 실추 때문'이라고 하였다. 이것은 두 번째인 '기독교의 교리만 옳다고 주장하는 독선적인 포교활동 때문'(38.8%)에 비해 압도적인 응답이다. 결국 개신교가 최근에 급하게 나락의 길을 걷고 있는 이유는 그 자체가 가지고 있는 여러 문제들이었고, 그것이 이 사회에서 보여주고 있는 이미지 때문이라고 할 수 있다. 그런데 이 질문이 좀 복잡하기는 하다.

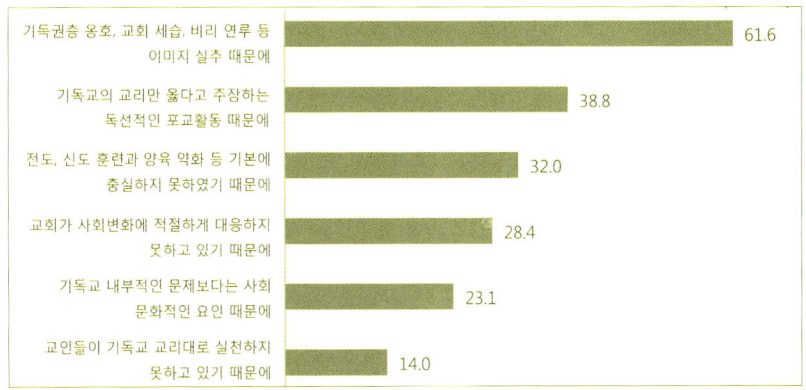

첫째, 기득권층 옹호라고 하는 것은 아마 이 정부 들어와서 더욱 커진 부분이라고 할 수 있을 것이다.

대통령이 장로이고, 그가 대통령이 되는 과정에서 적지 않은 개신교인들이, 특히 목회자들이 앞장섰던 것이 사실이다. 이러한 것이 종교편향과 연관이 되어서 이러한 이미지가 생겨났다고 볼 수 있다.

그리고 최근 교계에서 크게 문제시 되고 있는 교회 세습도 큰 문제이다. 타 종교에서는 이러한 문제가 없다. 자손이 없으니 세습이라고 할 수 있는 것이 없다. 그런데 유독 개신교만 세습이라는 이야기가 따라붙어 온다. 그래서 더욱 부각이 될 것이다. 어쨌거나 종교기관인 교회가 특정인에 의해서 주고받는, 그래서 자녀에게 세습되어지는 모습을 보이고, 문제가 됨에도 불구하고 강행되어질 때 세상에서는 손가락질 받을 수밖에 없다. 교회라는 것이 과연 어떤 존재인가에 대해서 깊이 생각해 보아야할 때라고 생각한다.

이러한 이유들로 인해서 결국 사람들은 교회를 떠나는 것이라고 응답자들은 이야기하고 있다. 그것도 압도적으로 이런 문제들로 인해서 사람들은 교회에 대해서 실망하고 교회를 떠나고 있다는 것이다. 결국 교회가 바르게 서는 것이 부흥하는 전략이다. 낮은 자들을 찾아가고, 그들과 함께 있는 모습을 찾고, 그들의 목소리를 대변하는 것이 교회의 부흥전략이다. 교회를 한 개인의 소유가 아니라 하나님의 소유로, 사적기관이 아니라 공적기관으로 세우고 만들어 가는 것이 바로 교회의 부흥전략이다. 이렇게 교회가 바르게 서고, 부끄러운 모습들을 제해나갈 때 한국교회가 다시 설 기회를 얻게 될 것이다. 이를 위해서는 우리가 무엇을 해야하는가에 대한 질문을 하게 된다. 다시 나를, 우리를 돌아볼 수 있는 영적 분위기를 만들어 가는 것이 현재 절실히 필요하다.

둘째, 응답자들이 지적한 것은 '기독교의 교리만 옳다고 주장하는 독선적인 포교활동 때문'이라고 했다.

약 40%에 가까운 38.8%가 이렇게 응답을 했다. 최근에도 비슷한 일이 있었지만 개별적인 교인들이나 단체들이 다른 종교단체를 찾아가서 땅밟기를 한다거나 그곳의 신상을 훼손하는 일들이 가끔씩 일어 나는데 그런 모습을 볼 때마다 국민들은 개신교에 대해서 안 좋은 인 상을 갖게 된다. 특히 다종교 사회를 이루고 있는 한국사회에서 이러 한 모습은 상당한 반감을 가져오게 된다. 다른 종교에 대해서 적대감 보다는 공존의 자세를 갖는 것은 상당히 중요하다고 본다. 과기와 같 이 개신교가 소수였을 때는 다른 종교와 비교하여 차별화하는 것이 중요했지만 현재와 같이 개신교가 적지 않은 수를 가졌을 때는 다른 태도가 필요하다.

셋째, '전도, 신도 훈련과 양육 약화 등 기본에 충실하지 못했기 때문' 이라고 지적하고 있다.

기본이 되어 있지 못하다는 것이다. 이것은 기독교인들이 응답할 만한 대답이라고 생각하는데 32%로 개신교인 17.2%에 비해 상당히 높게 응답되었다. 즉 개신교인뿐만 아니라 다른 이들이 볼 때도 이러 한 기본이 더 필요하다는 것이다.

넷째, '교회가 사회변화에 적절하게 대응하지 못하고 있기 때문'이라 고 한다.

개신교가 다른 종교에 비해서는 항상 사회변화에 민감하게 대응 해 왔다고 생각했는데 충분하지 못했던가, 아니면 현재 한국교회가 이러한 변화에 대응하지 못하고 있는 것이라고 생각한다.

다섯째, '기독교 내부적인 문제보다는 사회문화적 요인 때문'이다.

이 응답이 이렇게 낮게 나왔다는 것은 결국 개신교의 문제는 외 부적인 것보다는 내부적인 문제라는 지적으로 보인다. 달리 말한다 면 내부적인 건강성이 확보되지 않고서는 교인들의 이탈을 막을 길이 없다는 것이다. 그래서 이 응답이 적게 나온 것이 아쉽다.

4. 당신이 교회를 떠난 이유는?

곧 이어서 질문은 당신이 교회를 떠난 이유를 묻는다. 앞에서는 다른 사람이 교회를 왜 떠난다고 생각하느냐를 물었다면 이번에는 당신은 왜 교회를 떠났느냐는 질문이다. 이에 앞서 설문은 당신은 교회를 다닌 적이 있느냐를 물었다. 개신교인 외에, 즉 17.2%를 뺀 82.8%의 사람들에게 물었다.

"귀하께서는 혹시 이전에 교회를 다니신 적이 있으십니까?"

이 질문에 겨우 13.7%만 전에 교회를 다닌 적이 있었다고 대답을 했고, 86.3%는 그러한 경험이 없다고 대답을 했다.

솔직히 이 수치는 상당히 충격적이다. 우리 세대들은 대부분 어렸을 때 어떤 모양으로든 교회를 다닌 적이 있다. 크리스마스 때나 추수감사절, 부활절 등을 통해서 교회를 가거나, 대부분 이럴 때는 간식이 나왔기 때문에 그 이야기에 혹해서 교회를 다닌 사람들이 꽤 있다. 또는 수양회나 여름과 겨울 성경학교, 또는 문학의 밤 등을 통해서 교회를 가기도 한다. 이도 아니면 중, 고등학교 때 여학생을 보려고 가기도 했다. 이유야 어떻게 되었든 기성세대들에게 교회는 자신들의 어린 시절 추억의 한 조각이다. 그것은 현재 교회를 다니는 사람이든, 안 다니는 사람이든 다 동일하다고 할 수 있다. 그러한 추억이 후에 종교를 찾을 때 중요한 역할을 하고 있다고 생각한다.

그런데 이번 조사를 보면 이러한 추억이 없는 사람이 대부분이라는 것이다. 82.8%의 86%, 즉 전체의 71.4%가 교회를 전혀 경험해 본 적이 없다는 것이다. 이것은 이 시대만의 문제가 아니라 앞으로의 문제다. 전도를 하려고 해도 매개점이 없는 것이다. 현재의 기성세대는 교회 그러면 그래도 무언가 나눌 것이 있고, 추억이 있는데 이 세대가 자라날수록 교회는 낯선 곳이 될 것이다.

　이것은 결국 가정종교의 문제로 귀결되어진다. 부모가 아이를 데리고 교회를 가는 경우가 아니면 일반적인 아이들은 교회를 경험할 기회조차 없다는 것이다. 주일학교에 어떻게 불신가정에 있는 아이들을 데려올 수 있을지를 생각해 보아야한다. 부모의 차를 타고 교회를 오는 아이들이 아니라, 자신이 직접 걸어서, 또는 대중교통을 이용해서 교회를 올 수 있는 기회를 넓혀 나가야한다. 더 이상 주일학교가 탁아소의 역할에만 그친다면 한국교회의 미래는 결코 밝다고 할 수 없다.

　이 질문에 따라 개신교를 떠난 이유를 물었다. 제일 많은 대답은 '신앙생활에 회의가 들어서'(34%)이다. 이해가 되는 부분이다. 어떻게 보면 아주 당연한 응답이라고 생각한다. 그 뒤를 잇는 것은 '교회 밖에 대해 지나치게 배타적이어서'(28%), '율법적/강압적이어서'(15.7%), '비도덕적인 모습 때문에(교회 세습, 헌금 남용등)'(15.1%), '의심하는 사람에 대해 우호적이지 않기 때문에'(14.8%), '헌금을 강요해서'(13.9%) 등으로 나타났다. 좀 특이한 점은 앞에서 사람들이 이탈하는 이유라고 지적한 것과 직접 교회를 떠난 사람들이 지적한 이유가 다르다는 것이다. 이탈하는 사람들은 결국 자신이 회의가 들어서 교회를 떠났다는 것을 더 중요하게 여기고 있는 것 같다.

5. 기독교(개신교)인의 신앙생활

이 부분에서는 기독교인들이 신앙생활을 어떻게 하고 있는지를 알아보는 것이다. 교회에 처음 나온 시기, 영접에 대한 부분, 신앙생활을 하는 이유, 신앙생활 만족도, 개인 신앙생활, 선교단체 활동 등에 대한 질문과 응답이 이어진다.

1) 교회 출석

보통 대학생들은 교회를 언제부터 다니기 시작할까?
이 조사에 의하면 중학교 이전에 이미 65.1%가 교회를 다니기 시작했다. 중학교까지 합친다면 84.5%가 아직 생각이 생기기 이전이라고 할 수 있는 나이에 교회를 다니기 시작한 것으로 보인다. 1998년에 '한국교회 미래를 준비하는 모임'(한미준)이 실시한 조사에 의하면 중학교까지의 나이에 최초 신앙을 시작한 사람의 비율은 50.5%였다. 이것이 약 14년 전 일반인을 대상으로 한 조사이고, 점점 어려서부터 신앙생활을 시작한 사람들이 생겨난다는 것을 고려해 본다면 이번 조사의 비율이 상당히 의미 있다고 본다.

이러한 것을 볼 때 역시 가정종교가 큰 역할을 하는 것이라고 볼 수 있다. 어린 나이에 부모에 의해서 교회를 다니기 시작한 사람들이 현재에도 교회에 많이 남아 있다는 것이다. 이 조사에 의하면 대학을 다니고부터 다닌 사람은 약 5.1%밖에 안 되는 것을 보아도 이러한 경향을 입증하고 있다고 볼 수 있다.

또 주목해서 볼 부분은 태어나면서부터 교회를 다니기 시작한 사람들이 신앙생활도 열심히 한다는 것이다. 청년부 참석하는 비율을 보면 '태어나면서부터'라고 대답한 사람의 비율이 34.4%로 가장 높았다. 그 다음이 '초등학교시절이나 중학교시절'인데 이들의 비율은 18%였다. 즉 약 2배가량 더 높은 것이다. 또 선교단체 활동에 대한 연결에서도 '태어나면서부터'라고 대답한 사람이 54.7%로 압도적으로 높았다. 즉 가정의 신앙교육이 이후의 신앙생활 역시 좌우한다는 것을 의미한다. 역시 이것도 가정종교라는 틀에서 보아야할 부분이다.

이 조사에서 눈에 띄는 것은 '기독교지만 교회는 출석하지 않음'에 응답한 사람이다. 이들은 소위 말하는 '가나안 성도'들이다. 즉 신앙은 있지만 교회라는 조직에는 참여하지 않는 사람들이다. 이 비율이 1.4%에 달하고 있다. 어떻게 보면 그리 높지 않은 비율이지만, 백 명 당 한 명 이상이 신앙은 있지만 교회를 다닐 수 없다는 것은 상당히 높은 수치라고 생각한다. 현재까지 이들에 대한 정확한 수치를 파악하지 못했는데 이번 1.4%는 이들의 비율을 보여주는 아주 중요한 수치라고 본다.

그리고 '교회를 출석하는 사람은 교회를 얼마나 자주 나가고 있을까?'라는 기독대학생들은 보통 1주일에 1회를 교회에 출석하고 있다. 그리고 2회 이상은 28.1%이다. 이번 질문에서 좀 더 세밀했다면 월 몇 회의 출석을 물었으면 좋았을 것인데 준비하는 과정에서 예상을 못했던 부분이다. 왜냐하면, 주 1회라고 대답한 사람이 정말 매주 교회를 나가는 것인가를 확인 못한 것이다. 그렇지만 이렇게 주 1회의 대답이 높은 것은 결국 교회 출석의 의미가 주일예배 1회에 국한되고 있다는 것을 의미하고, 어떤 의미에서 이것은 역시 가족의례로서의 교회참석의 의미가 있는 것은 아닌가하는 생각이 든다.

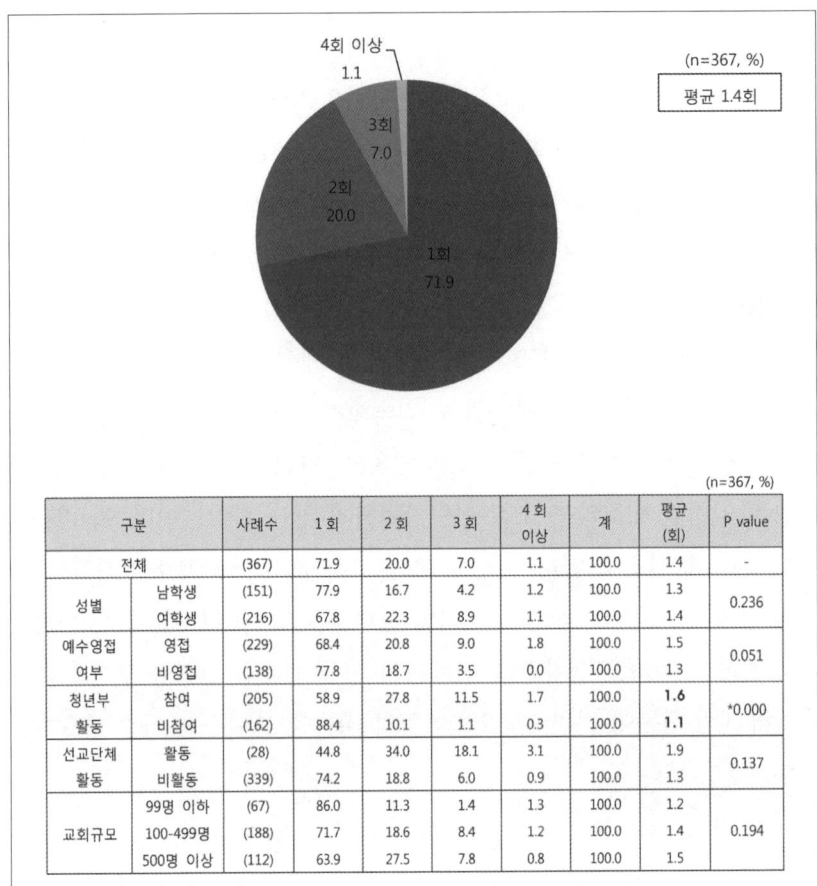

구분		사례수	1회	2회	3회	4회 이상	계	평균 (회)	P value
전체		(367)	71.9	20.0	7.0	1.1	100.0	1.4	-
성별	남학생	(151)	77.9	16.7	4.2	1.2	100.0	1.3	0.236
	여학생	(216)	67.8	22.3	8.9	1.1	100.0	1.4	
예수영접 여부	영접	(229)	68.4	20.8	9.0	1.8	100.0	1.5	0.051
	비영접	(138)	77.8	18.7	3.5	0.0	100.0	1.3	
청년부 활동	참여	(205)	58.9	27.8	11.5	1.7	100.0	**1.6**	*0.000
	비참여	(162)	88.4	10.1	1.1	0.3	100.0	**1.1**	
선교단체 활동	활동	(28)	44.8	34.0	18.1	3.1	100.0	1.9	0.137
	비활동	(339)	74.2	18.8	6.0	0.9	100.0	1.3	
교회규모	99명 이하	(67)	86.0	11.3	1.4	1.3	100.0	1.2	0.194
	100-499명	(188)	71.7	18.6	8.4	1.2	100.0	1.4	
	500명 이상	(112)	63.9	27.5	7.8	0.8	100.0	1.5	

2) 예수 그리스도 영접

'영접'이라는 단어가 우리에게 익숙할 수 있을까?

영접이라는 단어가 상당히 진지한 질문이라고 생각했다. 목회사회학연구소에서 작년에 실시했던 '가나안 성도' 연구에 의하면 "영접 했습니까?"라는 질문은 상당히 폭력적이라고 대답한 사람이 많았다. 그들은 이 질문 자체가 정형화된 신앙을 강요하는 상당히 강압적인 질문으로 보았다. 주변의 경험으로도 어려서부터 교회생활을 한 사람들에게는 좀 낯설은 단어일 것이라고 생각했다. 그런데 이번 조사에 의하면 63%가 영접했다고 대답을 했다. 어려서부터 교회 다닌 사람들의 비율이 아주 높은 것을 감안한다면 상당히 높은 수치라고 생각했다. 특히 질문도 꽤 무게가 있었다.

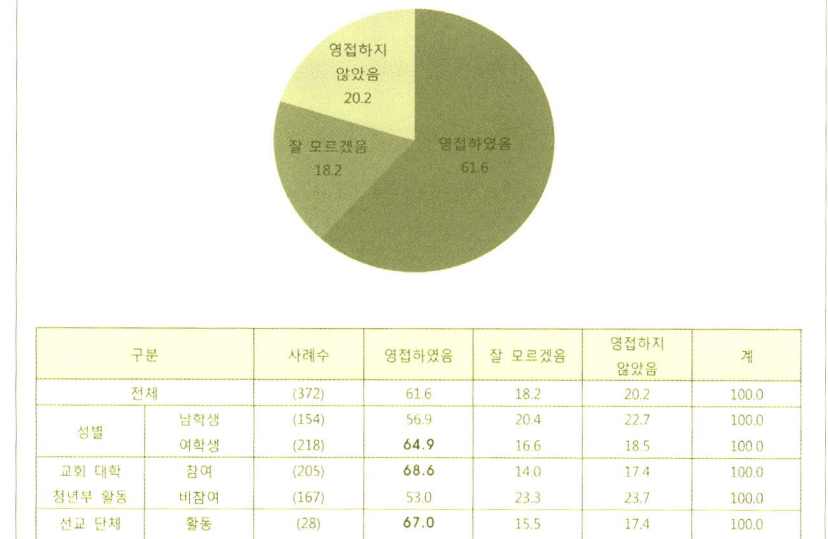

구분		사례수	영접하였음	잘 모르겠음	영접하지 않았음	계
전체		(372)	61.6	18.2	20.2	100.0
성별	남학생	(154)	56.9	20.4	22.7	100.0
	여학생	(218)	64.9	16.6	18.5	100.0
교회 대학 청년부 활동	참여	(205)	68.6	14.0	17.4	100.0
	비참여	(167)	53.0	23.3	23.7	100.0
선교 단체 활동	활동	(28)	67.0	15.5	17.4	100.0
	비활동	(343)	61.1	18.4	20.5	100.0
교회 규모	99명 이하	(68)	66.4	16.1	17.5	100.0
	100-499명	(191)	63.8	16.7	19.4	100.0
	500명 이상	(112)	54.8	21.9	23.3	100.0

'귀하는 예수 그리스도를 구세주와 주님으로 영접하셨습니까?' 이다. 그런데 이러한 수치가 나왔다는 것은 꽤 높은 것으로 생각한다. 이런 의견을 피력했을 때 같이 논의하던 학복협의 간사는 과거와 달리

요즘은 교회에서 영접여부를 확인하는 기초과정이 잘 되어 있기 때문에 이러한 고백이 가능하다고 한다. 그런 의견에 일견 동의하게 된다.

좀 더 자세히 보면 특히 교회규모가 영접여부에 영향을 주고 있다. 500명 이상 되는 교회를 다니는 사람들 중에는 55.2%가 영접하였다고 대답했고, 100~499명 규모의 교회에서는 65.5%, 그리고 99명 이하의 교회를 다니는 사람들 중에는 68.1%가 영접하였다고 대답했다. 결국 작은 공동체에서 좀 더 확실한 신앙생활이 가능하다는 가설이 성립될 수 있다고 본다. 또 선교단체에 참여하는 사람들 중에는 85.4%가 영접하였다고 대답하는 것으로 보아서 역시 선교단체의 훈련이 큰 의미가 있음을 알 수 있다.

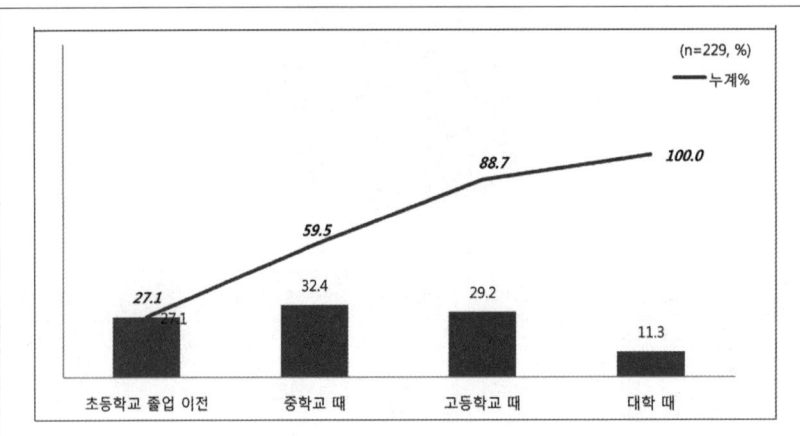

구분		사례수	초등학교 졸업 이전	중학교 때	고등학교 때	대학 때	계
전체		(229)	27.1	32.4	29.2	11.3	100.0
누계		(229)	27.1	59.5	88.7	100.0	100.0
성별	남학생	(87)	19.5	30.7	35.9	13.9	100.0
	여학생	(141)	31.8	33.5	25.0	9.7	100.0
교회대학 청년부 활동	참여	(141)	31.9	28.2	27.2	12.8	100.0
	비참여	(88)	19.4	39.2	32.4	9.0	100.0
교회규모	99명 이하	(46)	18.4	53.8	18.0	9.8	100.0
	100-499명	(122)	32.9	28.8	32.6	5.7	100.0
	500명 이상	(62)	21.9	23.7	30.8	23.6	100.0

영접 시기는 초등학교, 중학교, 고등학교가 큰 의미가 없이 고르게 분포되어 있었다. 그런데 영접계기를 물으니 90%가 교회에서라고 대답을 하고 있다. 또 영접계기를 물어 보니 57.1%가 '정규 예배, 기도회'에서라고 대답을 했다. 그리고 특별집회(부흥회, 사경회, 수련회 등)이 20.7%, 성경공부, 제자훈련 프로그램이 14.8%가 나왔다.

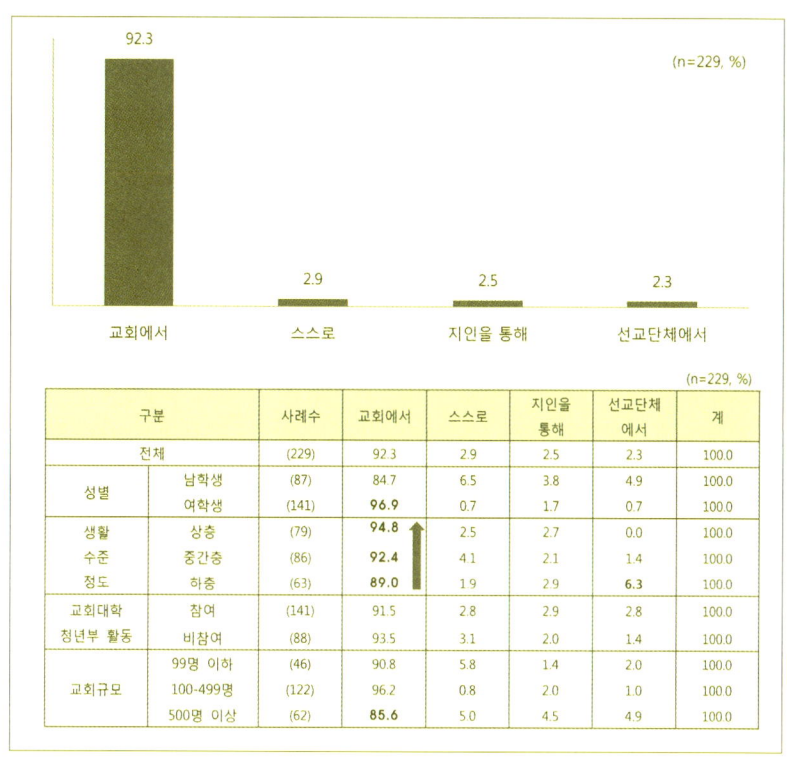

이런 통계들을 보면서 과거에 '영접'이라고 하는 의미와 현재의 의미가 좀 달라진 것이 아닐까하는 생각이 들었다. 현대인들의 종교성이 정체성의 약화로 특징된다고 한 적이 있다. 현대인들이 종교라는 것에 큰 의미를 부여하고 있지 않다는 것이다(참고:『그들은 왜 가톨릭 교회로 갔을까?』) 혹시 영접이라는 것도 좀 그러한 의미로 대답하고 있는 것은 아닌가하는 생각이 든다.

3) 신앙생활을 하는 중요한 이유

신앙생활을 하는 이유를 물었다. 8가지의 예시를 주고 2가지를 선택하도록 하였다. 그런데 상당히 골고루 응답되었다.

구분		사례수	마음의 평안을 위해	예수 그리스도의 사랑 때문에	성경의 내용을 믿으므로	인간관계를 돈독히 하기 위해서	가족, 친한 친구 등의 권유로	폭 넓은 인맥을 형성하기 위해서	사후의 세계를 믿으므로	성공적인 인생을 위해서
전체		(372)	51.8	50.9	47.3	15.0	10.6	9.7	7.4	3.0
성별	남학생	(154)	52.8	49.1	48.5	15.1	9.0	10.6	8.1	3.5
	여학생	(218)	51.0	52.2	46.5	14.9	11.8	9.0	6.9	2.6
학년	1, 2학년	(160)	52.1	50.5	48.5	12.1	12.3	5.6	11.5	2.5
	3, 4학년	(163)	49.4	51.6	46.5	18.3	9.0	14.0	3.2	3.2
	석박사	(49)	58.6	50.0	46.2	13.4	10.4	8.5	7.7	4.0
예수영 접여부	영접	(229)	44.5	59.8	54.9	14.6	5.5	6.3	8.7	2.8
	비영접	(143)	63.5	36.8	35.1	15.7	18.8	15.1	5.2	3.3
교회 규모	99명 이하	(68)	64.5	34.7	42.1	19.8	18.4	7.4	9.2	2.6
	100-499명	(191)	50.3	51.5	48.2	15.7	9.0	10.8	5.9	4.0
	500명 이상	(112)	46.4	59.9	48.9	10.9	8.7	9.2	8.7	1.5

제일 많은 응답은 '마음의 평안을 얻기 위해'로 51.4%이고, 이와 비슷한 비율의 대답은 51.3%가 대답한 '예수 그리스도의 사랑 때문

에'이다. 그리고 곧 이어서는 '성경의 내용을 믿으므로'가 48.3%이다. '마음의 평안을 얻기 위해'는 역시 비영접자가 많이 대답을 했다. 그들 중 65.3%가 이 이유로 인해서 신앙생활을 한다고 대답했다. 영접자들 역시 '마음의 평안을 얻기 위해서'가 적지는 않다. 43.3%가 응답했다. 그러나 예수 그리스도의 사랑 때문이라고 대답한 사람이 61.0%, 그리고 성경의 내용을 믿어서가 56.0%로 높게 나왔다.

4) 성경 내용에 대한 견해

기독대학생 중에 성경을 믿지 못하겠다고 대답한 사람은 5.7%밖에 안 된다. 이 수치에 만족해야하는 것인가에 대해서는 논의의 여지가 있다고 본다. 더 생각해 보아야할 부분은 그래도 94.3%가 성경을 성경의 내용이 진리라고 믿는다는 것이다. 그런데 58.9%가 '어느 정도 진리라고' 믿는다는 것이다. 이러한 수치에 만족해야하는가에 대해서는 질문을 던져 본다.

(n=372, %)

구분		사례수	마음의 평안을 위해	예수 그리스도의 사랑 때문에	성경의 내용을 믿으므로	인간관계를 돈독히 하기 위해서	가족, 친한 친구 등의 권유로	폭 넓은 인맥을 형성하기 위해서	사후의 세계를 믿으므로	성공적인 인생을 위해서
전체		(372)	51.8	50.9	47.3	15.0	10.6	9.7	7.4	3.0
성별	남학생	(154)	52.8	49.1	48.5	15.1	9.0	10.6	8.1	3.5
	여학생	(218)	51.0	52.2	46.5	14.9	11.8	9.0	6.9	2.6
학년	1, 2학년	(160)	52.1	50.5	48.5	12.1	12.3	5.6	11.5	2.5
	3, 4학년	(163)	49.4	51.6	46.5	**18.3**	9.0	**14.0**	3.2	3.2
	석박사	(49)	58.6	50.0	46.2	13.4	10.4	8.5	7.7	4.0
예수영 접여부	영접	(229)	44.5	**59.8**	49.5	14.6	5.5	6.3	8.7	2.8
	비영접	(143)	**63.5**	36.8	35.1	15.7	18.8	15.1	5.2	3.3
교회 규모	99명 이하	(68)	**64.5**	34.7	42.1	19.8	18.4	7.4	9.2	2.6
	100-499명	(191)	50.3	**51.5**	48.2	15.7	9.0	10.8	5.9	4.0
	500명 이상	(112)	46.4	**59.9**	48.9	10.9	8.7	9.2	8.7	1.5

5) 신앙생활 만족도

신앙생활 만족도는 세 가지로 물었다.

첫 번째는 '기독교(개신교)를 믿는 것에 만족한다'는 질문이었다. 여기에 96.8%가 만족한다고 대답을 했다.

두 번째는 '현재 출석하고 있는 교회에 만족한다'는 질문인데 여기서도 높게 나왔다. 92.1%가 만족한다고 대답을 했다.

세 번째는 '교회에서 맺는 교우관계가 신앙성장과 삶에 도움이 된다'에 93.1%가 그러하다고 대답을 했다.

이 세 질문의 대답을 보면 기독대학생들은 대체적으로 현재의 신앙생활에 만족하고 있는 것으로 나온다. 조금은 선의의 대답이 있다는 생각이 들지만 그래도 90% 이상의 높은 만족도는 의미 있다고 본다.

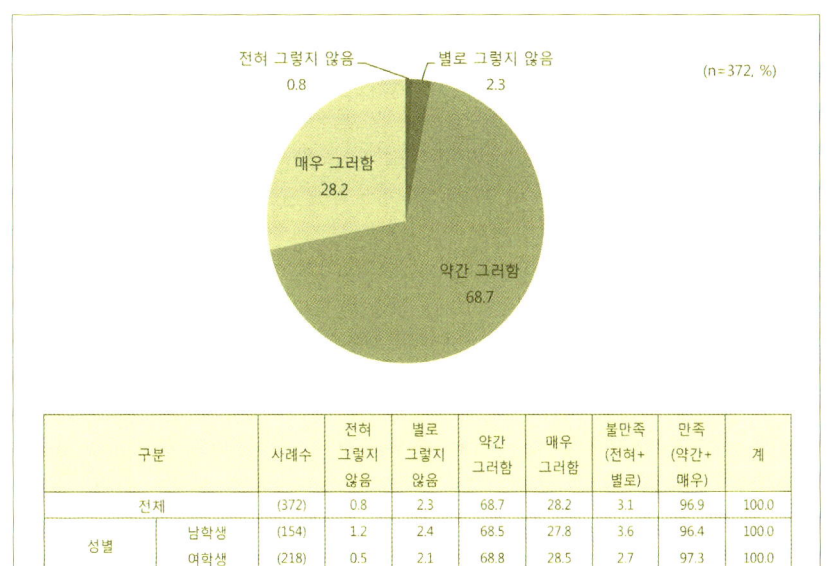

6) 개인 신앙생활

한 달 간 참석한 교회 예배에 대한 질문을 해 보았다. 주일대예배에 참석하는 사람은 75.9%였다. 일반적인 수준이라고 생각이 든다. 그런데 56.7%가 청년예배에 참석한다고 한다. 생각보다 높다. 교회규모로 볼 때 큰 교회일수록 청년예배 참석률이 높다. 청년들이 큰 교회로 쏠리는 이유가 될 수 있을 것이다.

일주일 간 성경을 읽은 시간을 물었다. '읽지 않는다'고 대답한 사람은 44.8%이다. 그런데 '읽었다'고 한 사람은 55.2%였다. 거기에 '1

시간 이상 읽은 사람'도 34.6%나 되었다. 상당히 열심이 있는 사람들이라는 생각이 든다. 대학생 시절에 신앙을 그래도 진지하게 생각하는 사람들의 비율이 그래도 이 정도는 되는 것으로 이해하고 싶다. 그래서 평균 1주일간 성경을 읽은 시간은 64분이다. 그런데 청년부 활동을 하는 사람과 안 하는 사람의 차이가 꽤 있다. 72분과 49분이다. 그리고 선교단체활동을 하는 사람은 83분이고 안 하는 사람은 62분이다.

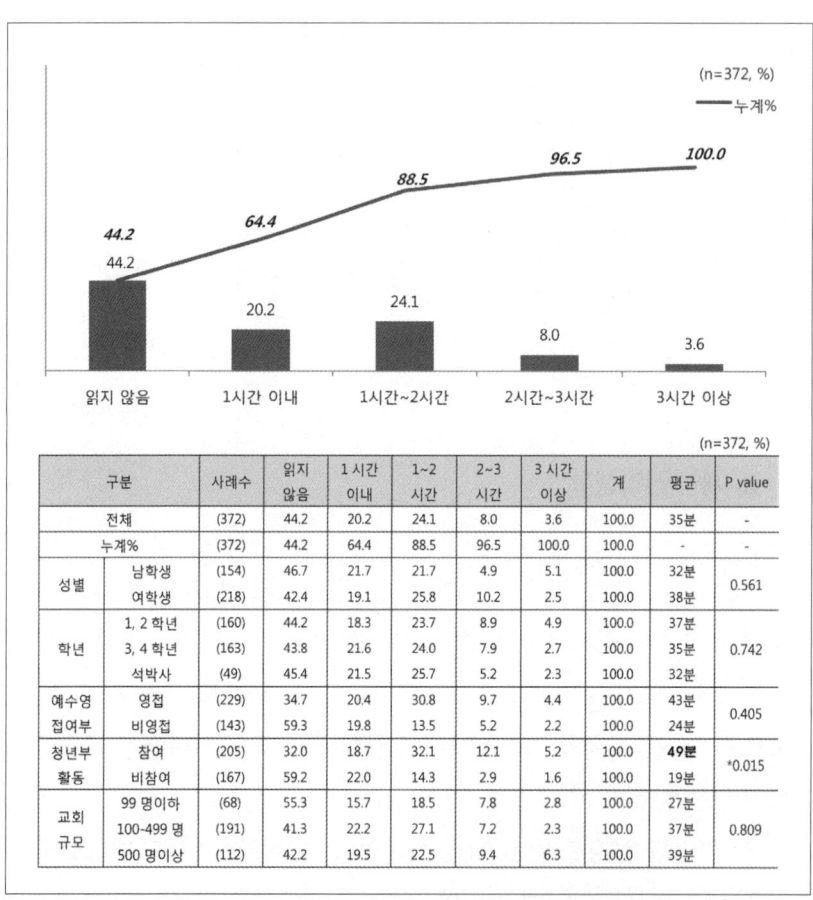

구분		사례수	읽지 않음	1시간 이내	1~2 시간	2~3 시간	3시간 이상	계	평균	P value
전체		(372)	44.2	20.2	24.1	8.0	3.6	100.0	35분	-
누계%		(372)	44.2	64.4	88.5	96.5	100.0	100.0	-	-
성별	남학생	(154)	46.7	21.7	21.7	4.9	5.1	100.0	32분	0.561
	여학생	(218)	42.4	19.1	25.8	10.2	2.5	100.0	38분	
학년	1, 2학년	(160)	44.2	18.3	23.7	8.9	4.9	100.0	37분	0.742
	3, 4학년	(163)	43.8	21.6	24.0	7.9	2.7	100.0	35분	
	석박사	(49)	45.4	21.5	25.7	5.2	2.3	100.0	32분	
예수영 접여부	영접	(229)	34.7	20.4	30.8	9.7	4.4	100.0	43분	0.405
	비영접	(143)	59.3	19.8	13.5	5.2	2.2	100.0	24분	
청년부 활동	참여	(205)	32.0	18.7	32.1	12.1	5.2	100.0	**49분**	*0.015
	비참여	(167)	59.2	22.0	14.3	2.9	1.6	100.0	19분	
교회 규모	99 명이하	(68)	55.3	15.7	18.5	7.8	2.8	100.0	27분	0.809
	100-499 명	(191)	41.3	22.2	27.1	7.2	2.3	100.0	37분	
	500 명이상	(112)	42.2	19.5	22.5	9.4	6.3	100.0	39분	

그리고 성경을 읽는 방식에 대해서도 물었다. 부정기적으로 읽는다는 사람이 45.3%나 되었다. 하지만 일정한 방법이나 정기적으로 읽는다는 사람도 많았다. 'QT 책을 통해서'라고 대답한 사람이 32.1%로 높게 나왔다. 특히 선교단체에 참여하고 있는 학생은 53.6%가 'QT 책을 통해서'라고 응답을 했다. 즉 선교단체를 통해서 성경을 정기적으로 읽고 묵상하는 사람이 많이 생기고 있다는 것이다. 그리고 그룹 성경읽기를 통해서도 21.4%가 참여하고 있었다.

기도하는 시간을 물었다. 일주일간 기도한 시간이다. '하지 않는다'고 대답한 학생도 16.5%가 되었다. 주로 '1시간 이내'와 '1-2시간 정도'를 대답한 사람이 많았다. 즉 38.1%와 34.3%이다. 이들을 합치면 72.4%이다. 평균도 역시 59분이다. 1998년도 한미준 조사에 비슷한 문항이 있었는데 일반 교인들은 하루 평균 19분이었다. 이를 일주일로 하면 133분이다. 두 배 이상 차이가 나는 것으로 보아 학생들의 기도 시간이 상당히 적다.

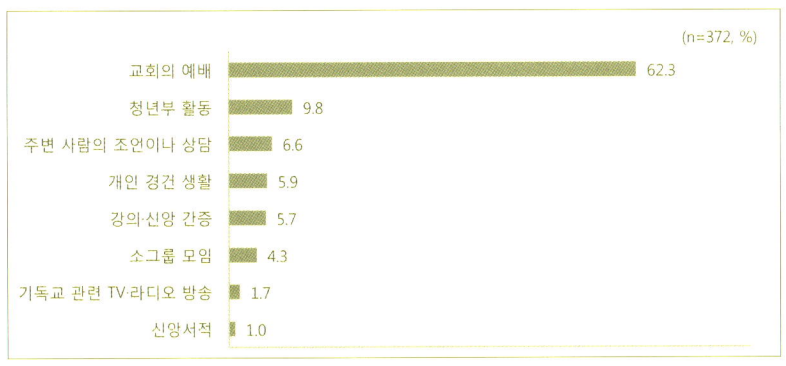

신앙생활을 하면서 가장 크게 도움을 받고 있는 것에 대해 물었다. 압도적으로 '교회의 예배'를 꼽았다. 61.4%가 이런 대답을 했다. 한국의 신앙은 역시 주일을 중심으로 하는 예배에 있다고 할 수 있다. 그 뒤를 비슷비슷하게 '청년부 활동'(7.8%), '주변 사람의 조언이나 상담' (6.8%), '개인 경건 생활'(6.4%), '강의/신앙 간증'(5.7) 등으로 나왔다.

(n=372, %)

구분		사례수	교회의 예배	청년부 활동	주변 사람 조언/ 상담	개인 경건 생활	강의/ 신앙 간증	소그룹 모임	기독교 관련 TV/ 라디오 방송	신앙 서적	계
전체		(372)	62.3	9.8	6.6	5.9	5.7	4.3	1.7	1.0	100.0
성별	남학생	(154)	61.8	10.0	5.7	7.2	3.4	5.6	1.5	1.4	100.0
	여학생	(218)	62.7	9.7	7.3	5.0	7.3	3.4	1.8	0.7	100.0
학년	1, 2학년	(160)	61.3	8.3	7.1	7.7	4.7	5.4	2.2	0.7	100.0
	3, 4학년	(163)	62.8	**12.7**	5.4	3.6	6.4	3.8	1.3	1.3	100.0
	석박사	(49)	64.1	5.1	9.3	7.6	6.4	2.5	1.4	0.8	100.0
예수 영접여부	영접	(229)	**67.8**	7.9	4.2	4.3	7.5	3.7	2.4	0.5	100.0
	비영접	(143)	53.6	12.9	10.6	8.4	2.8	5.2	0.5	1.6	100.0
교회 규모	99명 이하	(68)	60.2	**2.9**	9.8	5.3	12.8	3.0	0.0	0.5	100.0
	100-499명	(191)	63.5	9.7	7.2	7.0	4.1	4.0	2.0	1.1	100.0
	500명 이상	(112)	61.7	**14.2**	3.8	4.3	4.0	5.7	2.2	1.0	100.0

(모름/무응답, 1%미만 응답 제외)

대학/청년부 활동에는 54.4%가 현재 참여하고 있다고 대답을 했고, 23.6%는 참여한 적은 있지만 현재는 아니라고 대답을 했다. 이를 통해 본다면 청년부를 떠나는 사람이 꽤 많은데 그 이유를 살펴볼 필요가 있다.

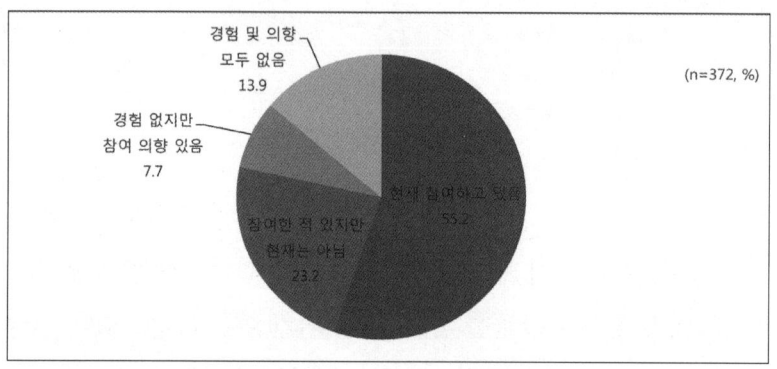

구분		사례수	현재 참여하고 있음	참여한 적 있지만 현재는 아님	경험 없지만 참여 의향 있음	경험 및 의향 모두 없음	계
전체		(372)	55.2	23.2	7.7	13.9	100.0
성별	남학생	(154)	46.5	31.5	11.7	10.3	100.0
	여학생	(218)	61.3	17.3	5.0	16.5	100.0
학년	1, 2학년	(160)	57.3	20.1	6.2	16.4	100.0
	3, 4학년	(163)	55.2	24.0	8.4	12.4	100.0
	석박사	(49)	48.0	30.5	10.5	11.0	100.0
예수 영접여부	영접	(229)	61.4	22.7	4.8	11.0	100.0
	비영접	(143)	45.1	23.9	12.4	18.6	100.0
교회 규모	99명 이하	(68)	43.1	30.4	11.0	15.6	100.0
	100-499명	(191)	53.4	26.1	7.0	13.5	100.0
	500명 이상	(112)	65.5	13.8	7.1	13.7	100.0

(n=372, %)

전체적으로 살펴보았을 때 개인 신앙생활은 평균적인 수준에 이르지는 못하지만 대학생들의 평균적인 생활을 보았을 때는 그래도 상당히 양호하다고 평하고 싶다. 이를 이끈 것은 아무래도 선교단체라고 볼 수 있고, 큰 교회의 청년부도 역할이 있다고 보여진다.

7) 선교단체 활동

현재 참여하고 있는 비율은 7.6%였다. 생각보다는 그렇게 많지는 않았다. 오히려 참여한 적이 있지만 현재는 아니다고 대답한 학생이 13.9%였다. 즉 현재 참여하고 있는 학생에 거의 두 배 정도의 숫자이다. 일단 참여된 학생들을 계속 참여할 수 있도록 하는 방안을 모색해 볼 필요가 있다. 그리고 '경험 없지만 참여 의사가 있는 학생'이 그래도 29.6%에 이르렀다. 그러나 믿는 학생들임에도 불구하고 '경험 및 의향이 모두 없다'고 대답한 학생이 48.9%에 이르렀다. 약 50%에 이르는 기독학생이 참여 의향조차 없다는 것에 대해서는 선교단체도 경각심을 가질 필요가 있다. 어떻게 하면 이 학생들이 선교단체에 대해서 매력을 느낄 수 있게 할 것인지를 고민해 보아야할 단계라고 본다.

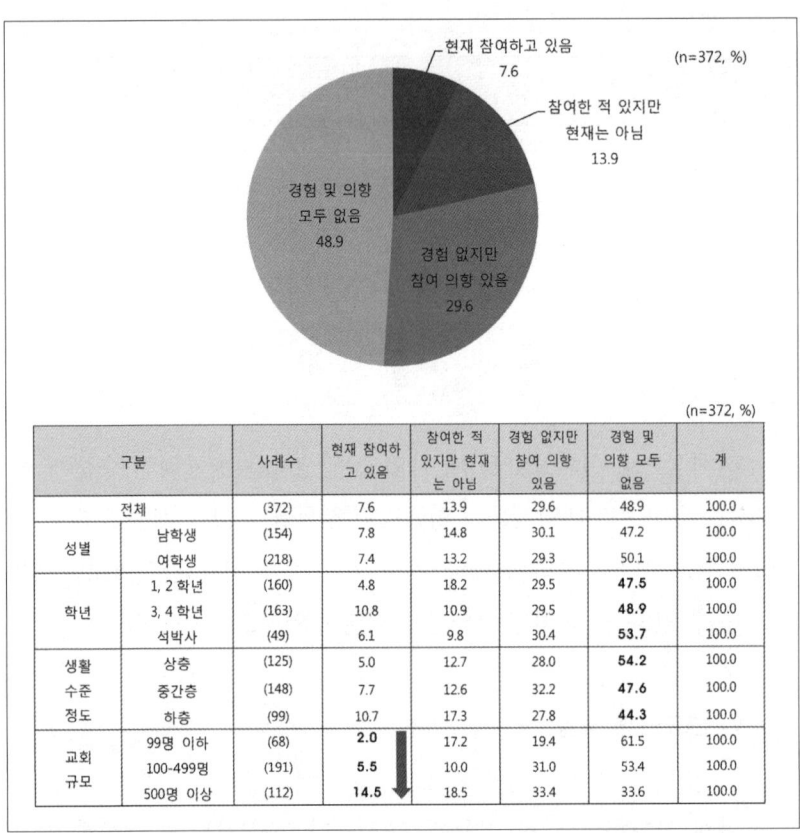

구분		사례수	현재 참여하고 있음	참여한 적 있지만 현재는 아님	경험 없지만 참여 의향 있음	경험 및 의향 모두 없음	계
전체		(372)	7.6	13.9	29.6	48.9	100.0
성별	남학생	(154)	7.8	14.8	30.1	47.2	100.0
	여학생	(218)	7.4	13.2	29.3	50.1	100.0
학년	1, 2 학년	(160)	4.8	18.2	29.5	**47.5**	100.0
	3, 4 학년	(163)	10.8	10.9	29.5	**48.9**	100.0
	석박사	(49)	6.1	9.8	30.4	**53.7**	100.0
생활 수준 정도	상층	(125)	5.0	12.7	28.0	**54.2**	100.0
	중간층	(148)	7.7	12.6	32.2	**47.6**	100.0
	하층	(99)	10.7	17.3	27.8	**44.3**	100.0
교회 규모	99명 이하	(68)	**2.0**	17.2	19.4	61.5	100.0
	100-499명	(191)	**5.5**	10.0	31.0	53.4	100.0
	500명 이상	(112)	**14.5**	18.5	33.4	33.6	100.0

선교단체 참여계기는 '지인의 소개'(52.7%)가 가장 많았고, 이후 '전도를 통해'(21.5%), '스스로'(18.9%), '선교단체 관련 행사에 초대 받아서'(6.9%) 순으로 나타났다. 아무래도 선교단체는 관계에 의해서 오게 되는 경우가 많은 것 같다. 전도가 그래도 많은 것은 고무적이다.

선교단체 참석 이전의 종교에 대해서는 역시 기독교(개신교)가 68.1%로 높았고, 종교 없음도 27.1%로 높았다.

일주일 중 선교단체 모임 참석 횟수를 물었는데 평균 2.5회로 나타났다. 가장 많은 대답은 1회로 26.3%였고, 그 다음이 3회로 23.8%로 나타났다.

선교단체에서 활동하고 있는 학생들에게 교회와 선교단체 중 더 큰 비중을 두는 것은 무엇인지를 물었다. 이에 40.2%가 주로 교회를, 39.2%가 주로 선교단체로 대답을 하여 비슷한 것으로 나타났다. 현재 선교단체에서 활동하는 학생들의 응답이기 때문에 이런 균형이 있다는 것은 의미가 있다고 본다.

　조금 민감한 질문일 수 있다. 선교단체 활동에 관한 교회지도자의 반응을 물었다. 이에 이해하는 편(긍정적)이라고 응답한 사람이 80.6%였다. 과거에는 상당히 부정적인 시각이 많았던 것으로 생각되는데 요즘은 많이 긍정적으로 변하였다고 보여 진다. 아무래도 선교단체들이 일반 교회에 친화적인 제스처를 많이 보여준 결과라고 생각된다. 그리고 현재 선교단체 출신들이 성인이 되어 교회에서 중추적인 역할을 하며 긍정적인 반응을 만들어 내었다고 본다.

　선교단체 활동에 대한 만족도에 있어서는 상당히 높다. 긍정적 대답이 97.1%나 나왔다. 이것은 교회 만족도와 비교해 보았을 때보다 좀 더 높다. 특히 부정적으로 대답한 비율은 1%밖에 안 되는 것으로 보아 만족도는 아주 높다.

　선교단체 활동에 있어서 가장 큰 어려움을 묻는 질문에 대해서는 '시간적인 부담'을 꼽은 학생이 55.6%이다. 이외에는 '물질적인 부담'이 21.3%였고, '교회와의 갈등'도 5.5%가 응답을 했다. 요즘은 대학생들도 시간적인 부담이 크기 때문에 아무래도 선교단체의 활동이 위축될 확률이 높다.

　일반 기독학생들에게 '지난 1년간 개인적으로 전도하여 교회나 선교단체로 인도한 적이 있는지'를 물었다. 절반이 넘는 57.5%가 '경험 자체가 없다'고 대답을 했고, 22.5%는 '전도는 했지만 인도는 못했다'고 대답했다. 그리고 20.6%만이 '경험이 있다'고 대답했다. 이에 반해서 선교단체에 참여하고 있는 학생들은 '경험이 있다'가 39.6%이고, '전도는 했지만 인도는 못했다'가 36.4%, 그리고 '경험이 없다'고 대답한 경우는 22.6%였다. 역시 선교단체에 참여하고 있는 학생들이 전도에도 열심히 있었다.

해외선교에 대해서도 물었다. 이에 대한 응답은 상당히 소극적이라고 표현하는 것이 옳을 것 같다. '기독교인이라면 무조건 해야 하는 소명'이라고 대답한 사람은 9.5%밖에 안 됐다. 가장 많은 대답은 '해외선교는 해야 하지만 신중한 접근이 필요함'(64.1%)이다. 이에 반해서 선교단체에서 활동하고 있는 학생들은 '무조건 해야 하는 사명'이라고 대답한 것이 27.9%, '신중한 접근이 필요하다'가 70.2%로 나타났다. 이렇게 보면 선교에 대해서 긍정적으로 대답한 비율이 98.1%로 아주 높게 나타나고 있는 것을 볼 수 있다. 선교가 역시 선교단체에서 중요한 주제임을 보여주고 있다.

또 해외선교에 긍정적으로 대답한 사람들을 대상으로 해외선교와 관련된 경험 및 의향을 묻는 질문에서 44.9%가 직접 해외 선교사로 나갈 예정(또는 다녀옴)이라고 대답했다. 상당히 높은 비율이라고 생각한다. 이러한 것을 보았을 때 현재 해외선교에 대한 합리적 대응이 대세를 이루고 있다고 보아야한다.

해외선교에 대해서 부정적인 응답을 준 사람들에게 그 이유를 물었다. 그랬더니 30.8%가 '우리나라에도 여전히 복음전도 대상자가 많아 해외선교는 우선순위가 아니므로'라고 대답을 했다. 그리고 29.8%는 '타문화권 선교에 대해 잘 모르기 때문'이라고 대답을 했다. 이 두 응답을 살펴보면서 선교에 대한 인식이 좀 부족한 것은 아닌가하는 생각을 한다.

7. 나가며

　이 글을 시작하는 단계에서 가장 큰 질문은 대학생 중에 기독교인의 비율이 얼마일까였다. 그간 걱정했던 5%대의 숫자는 아니었다. 오히려 일반 평균에 가깝다고 할 수 있는 17.2%가 개신교인이라고 응답을 했다. 생각보다, 또는 현장전문가들의 진단보다는 상당히 높은 이 숫자를 필자는 '가정종교'의 영향력이라고 판단했다. 부모가 개신교인이기 때문에 어려서부터 교회를 다녔고, 그래서 자신은 기독교인이라고 대답하는 것이 아닐까하는 것이다. 실제로 보면 주일대예배만 참석하는 인원이 많은 것에서도 그 단초를 볼 수 있다.

　개신교에 대한 이미지는 사랑이 가장 크게 나타났다. 이러한 것은 다른 종교와 비교할 때 큰 강점이 될 수 있으리라 생각한다. 아쉬운 점은 개신교를 희생으로 연결해서 보지는 않는다는 것이다. 그럼에도 불구하고 사회봉사는 인정 받은 것 같아 위로를 받게 된다.

　또 중요한 질문은 한국교회가 줄어들고 있는 이유에 대한 질문이었다. 이에 대해서 '기득권 옹호, 교회 세습, 비루 연루 등 이미지 실추 때문'이라고 대답한 사람이 압도적으로 많았다. 한국교회가 이렇게 비춰지고 있다는 것에 대해서 우리는 심각한 반성을 해야 할 것이다. 특히 요즘 세습에 대한 논의가 많아지고 있는데 이것은 한국교회의 존립에 관한 문제로 보아야할 근거라고 본다.

　그래도 개인 신앙생활을 보았을 때 그렇게 우려할 수준은 아니라고 본다. 각자 기도하고, 성경 읽는 훈련이 어느 정도 이루어지고 있다고 본다. 청년 대학생에 대한 교회 지도자들의 자포자기한 모습은 극복되어야 할 것이다. 덧붙이자면 대학 선교단체들의 활동이 여기에 있지 않을까하는 생각이 든다. 선교단체들에 유입되는 인원들이 전도를 통해 새롭게 신앙을 갖게 된 사람들보다는 어려서 교회에서 성장하고, 가정에서 신앙생활을 시작한 사람들이 대부분이다. 이에 선교단체들 역시 지역교회와의 연대와 협력이 필수적이라고 생각한다. 또한 지역교회 역시 대학 선교단체를 단지 파라처지로서만 바라보고, 교회 공동체에 위해된 세력으로 볼 것이 아니라 협력하고 위탁하는 입장을 견지해야할 것이다. 그래도 선교단체에 대한 지도자들의 인식이 많이 개선된 것은 그래도 고무적이라고 볼 수 있다.

전체적인 제안을 하나 더 한다면 '가정종교'의 영향력이 확대되고 있는 상황에서 이 굴레를 벗어나 더 많은 사람들에게 교회를 접촉할 수 있도록 하고, 장성하여서도 복음을 접할 수 있는 기회를 더 많이 제공해야한다는 것이다. 가정종교의 형태를 벗어나지 못한다면 결국 현 상황의 유지 내지는 감소를 넘어설 수 없기 때문이다. 이에 대해서 한국교회를 심각하게 생각하고, 이를 넘어설 수 있는 전략을 짜야할 것이다.

제2부 목회자들의 종교적 실태

제6장 목회자의 이중직 어떻게 생각하십니까?
제7장 한국교회 부교역자의 사역 현황에 대한 설문조사 결과 분석
제8장 한국교회의 회중성 조사 및 가능성
제9장 대한예수장로회 통합 총회 2015 총대인식 조사
제10장 기독신문 창사 50주년 기념 목회자(예장 합동)
　　　　인식조사

제6장

목회자의 이중직 어떻게 생각하십니까?

목회자 이중직에 대한 목회자 의식조사

소명이 아니라 보증금이 목회를 허한다
가정이 무너지는데 목회만 붙잡고 있을 수는 없습니다.
목회자 66.7% 최저생계비 이하

목회자에 대해서 우리는 성직으로 인식한다. 그래서 그들은 이 세상과는 다른 삶의 방식과 여건 가운데 있는 것으로 기대한다. 그런데 개신교의 성직자는 여타 종교의 성직자와는 다른 면이 있다. 그것은 가정을 꾸리고 있다는 것이다. 다른 종교의 성직자들의 경우 가족을 포기하고 산사나 수도원에 들어가서 수도에 정진한다. 세속으로 내려와 있을지라도 삶의 형편이나 방법이 다를 수밖에 없다. 그러나 개신교의 목회자는 성직이면서 동시에 가정에서 가장으로서의 역할을 감당해야 한다. 종교개혁가들은 목회자의 가정 역시 목회의 연장으로 보았다. 루터교의 경우는 목회자의 사택을 교회당의 연장으로 여긴다. 그러면서 그 가정은 모범된 가정으로, 교인들의 귀감이 되어야 함을 강조하고 있는 것이다. 이러한 면에서 그 가정생활을 교회가 책임지는 것을 당연한 것으로 여겼다.

한국교회에서도 선배목사들은 목사는 목회에 전념해야한다고 강조해 왔다. 일반적으로 목회자는 성도들의 헌금으로 살아야 함을 당연시 해왔다. 그러나 한국교회에 새로운 방향이 나타나고 있다. 이미 알려져 있듯이 한국교회는 마이너스 성장을 하고 있고, 그럼에도 불구하고 목회자들은 대량으로 양산되고 있다. 많은 신학교들이 최근 종합대학교로 발전하고, 또 다수는 대학원대학교로 성장했다. 그러다 보니 신학교를 졸업한 목사후보생 및 목사들의 숫자가 기하급수적으로 늘어난 것이 사실이다. 이러다 보니 교회 수는 늘었는데 자립할 수 있는 교회가 적어진 것이다.

대략적인 가늠이지만 현재 자립교회의 비율은 20%가 채 안 되는 것으로 보고 있다. 한국교회의 약 80% 정도는 목사의 생계비조차 책임질 수 없는 상황이라는 것이다. 이러한 상황에서 많은 목회자들이 교회가 아닌 곳에서 생계비를 구해야 하는 것으로 나타났다. 듣기는 어느 지역의 목회자들의 다수가 택시 운전을 한다고 하고, 또 다수는 대리운전을 하고 있다고 한다. 이렇게 떠도는 이야기들이 다 사실일 수는 없겠지만 현실적으로 높은 개연성을 가지고 있는 것이 현실이다.

본 조사는 이러한 상황의 현실을 보기 위해서 시작되었다. 조사는 두 가지가 병행되었다.

첫째, 설문조사이다.

이것은 이메일과 페이스북 등을 통한 인터넷과 전화, 두 가지를 병행했다. 대상은 「목회와 신학」과 「생명의 삶 플러스」 독자와 목회사회학연구소의 데이터베이스, 그리고 페이북 등을 통했다. 이를 통해서 목회자 904명의 유효한 설문을 얻을 수 있었다. 일반적으로 목회자만의 설문이 쉽지 않기 때문에 300명 이상이면 신뢰성을 얻게 되는데 생각보다 훨씬 많은 이들의 응답이 있었다.

둘째, 목회자 이중직을 경험했거나 현재 이중직을 하고 있는 이들 5명과의 심층인터뷰이다.

심층인터뷰는 설문조사에서 나온 결과에 덧붙여 좀 더 심도 있는 이야기를 이끌어 내 줄 것이다.

이번 조사와 관련하여서, 기초조사 중 눈에 띄는 부분은 월 사례비이다.

이중직에 대한 설문조사

> 5. 귀하가 교회에서 받는 월 사례비는 얼마입니까?
> ① 80만원 미만 : 145명(16.0%)
> ② 80만원-120만원 미만 : 127명(14.0%)
> ③ 120만원-180만원 미만 : 196명(21.7%)
> ④ 180만원-250만원 미만 : 171명(18.9%)
> ⑤ 250만원-300만원 미만 : 71명(7.9%)
> ⑥ 300만원-400만원 미만 : 44명(4.9%)
> ⑦ 400만원-500만원 미만 : 9명(1.0%)
> ⑧ 500만원 이상 : 5명(0.6%)
> ⑨ 받지 않는다 : 136명(15.0%)

여기서 보면 '120-180만원'이 21.7%로 가장 많았다. 그리고 '180-250만원'이 18.9%으로 두 번째, '80만원 미만'이 16%로 세 번째였다. 그 외에도 '받지 않는다'고 응답한 사람이 15%였고, '80-120

만원'이 14%였다. 2014년 보건복지부에서 4인 가족 최저 생계비는 163만원이었다. 4명이 최소한 살 수 있으려면 이 정도의 돈이 필요하다는 것이다. 그런데 개인파산의 기준이 되는 대법원의 기준을 보면 244만원이다. 적어도 이 정도 돈은 있어야 4인 가족이 살 수 있으니 이 돈은 남겨두고 빚을 갚아도 된다는 것이다. 이 기준으로 볼 때 대법원이 보는 최저생계비 244만원보다 못하게 받는 목회자는 250만원 미만으로 보아 85.6%에 이른다. 또 보건복지부의 최저생계비인 163만원을 기준으로 했을 때 180만원 이하로 보면 66.7%에 이른다.

물론 이 조사의 취지에 따라 응답한 사람들이 이중직에 평소 관심을 가질 수밖에 없는 저소득의 목회자들이라고 해도 900명이 넘는 인원이 응답한 설문조사라는 신뢰성을 가지고 볼 때에 한국교회 목회자들의 현실과 그렇게 많이 다르지 않을 것이라고 본다. 이렇게 볼 때 목회자 가정을 4인으로 기준할 때 교회에서 주는 사례로 생활이 정상적으로, 물론 법적인 측면에서 볼 때, 꾸릴 수 있는 목회자는 14.4%밖에 안 된다. 즉 설문에 응답한 904명의 목회자 가운데 겨우 129명인 것이다.

이제 구체적인 조사의 내용을 살펴보도록 하겠다.

먼저 '경제적인 이유로 목회자가 이중직하는 것에 찬성하느냐'는 질문이었다. '적극 찬성한다'(21.5%)와 '찬성한다'(52.4%)의 비율을 합치면 찬성한다고 대답한 인원은 73.9%였다. 이에 반해 '반대한다'(22.9%)와 '적극 반대한다'(3.2%)로 반대의견은 26.1%에 그쳤다. 이에 따르면 절대다수는 목회자도 경제적인 이유, 즉 생계를 위해서 이중직을 할 수 있다고 대답이 나왔다. 그간 우리가 가지고 있었던 목회자는 제사장으로서 헌금만으로 살아야 한다는 생각을 뒤집는 의견이다. 특히 자세히 보면 적극 반대한다는 의견은 3.2%로 아주 적은 것을 볼 수 있다. 그러나 적극 찬성한다는 의견은 21.5%로 상당히 높게 나온 것을 볼 수 있다.

이 통계를 분석해 보면 젊은 목회자들의 경우, 특히 20대의 경우는 이중직을 찬성하는 비율이 92.3%로 아주 높게 나왔다. 연령별 조사를 보면 나이가 젊을수록 찬성비율이 높게 나오는데 이는 아무래도 연령에 비례하여 사례비가 함께 올라가는 것도 영향을 미칠 것으로 보인다. 또 직분별로 볼 때 담임은 68.8%, 전임사역자는 72.32%, 파트사역자는 88.8%, 협력목회자는 89.5%로 나와서 그 지위에 따라서 인식의 차이가 상당히 두르러지고 있음을 볼 수 있다. 교단별로 볼 때는 그 비율이 그렇게 큰 차이가 나지 않고 있는데 유일하게 고신교단만이 찬성한다는 의견보다 반대한다는 의견이 높게 나왔다(찬성 21, 반대 19명). 아무래도 보수적인 교단의 영향이 나타나고 있다고 할 수 있다. 합동교단의 경우는 반대가 61명, 찬성이 139명으로 2배 이상 차이가 났다.

이 질문에 더해서 전임사역자의 이중직에 대해서 물었다.

이에 대해서도 이중직해도 무방하다고 대답한 사람이 53.4%로 절반 이상이 되었고 이중직해서는 안 된다고 대답한 사람은 41.2%였다. 전임사역자라고 하면 교회에서 사역하는 것을 전적으로 해야 하는 상황임에도 불구하고 절반 이상이 이중직이 무방하다고 대답했다는 것은 이중직에 대한 사람들의 인식이 많이 열려 있음을 볼 수 있다.

이 조사는 무엇보다 연령별로 볼 때 의미 있는 것을 발견할 수 있는데, 60대 이상만 반대의견이 높았고 나머지 연령에서는 이중직해도 무방하다는 의견이 더 많았다. 특히 40대와 50대에서 58%, 51.9%로 평균 이상의 긍정적 대답을 했다. 이들의 경우는 거의 전임일 확률이 높은데 이들이 이렇게 대답한 것을 보면 현실을 반영한 것이라고 볼 수 있다.

1. 경제적인 이유로 목회자 이중직에 대해서 찬성하십니까?

① 적극 찬성한다. - 194명(21.5%)

② 찬성한다. - 474명(52.4%)

③ 반대한다. - 207명(22.9%)

④ 적극 반대한다. - 29명(3.2%)

연령대별

구분	반대	적극반대	적극찬성	찬성	찬성율(%)
20대	2		12	12	92.3
30대	62	3	63	162	77.6
40대	83	14	73	192	73
50대	52	8	42	94	69.4
60대이상	8	4	4	14	60
계	207	29	194	474	

직분별

구분	반대	적극반대	적극찬성	찬성	찬성율(%)
담임	110	19	84	201	68.8
전임사역자	79	9	54	176	72.32
파트사역자	14	1	43	76	88.8
협력목회자	4		13	21	89.5
계	207	29	194	474	

주요 교단별(가장 많이 응답한 10교단)

구분	반대	적극반대	적극찬성	찬성
합동	52	9	41	98
통합	39	4	47	106
감리	24	4	22	67
침례	11	2	19	31
기성	11	2	11	37
고신	18	3	5	14
기하성	11		7	22
예장백석	6		7	16
예장대신	5		4	17
예성	5	2	2	8

이번에는 파트 사역자의 이중직에 대해서 물었다.

이 질문에는 91.4%가 무방하다고 대답했고 반대는 6.4%밖에 안 됐다. 전임사역자에 대한 질문과 비교해 볼 때 긍정응답이 월등히 높게 나온 것이다. 이렇게 보면 이것은 신학적인 논쟁 이전에 생계에 관한 문제로 이해하는 것 같다. 파트 사역자의 경우는 아무래도 생계 이상의 급여를 받기 어려운 것이 현실이니 이들에게는 이중직을 허용해도 된다는 표현이라고 보인다.

또 목회자 사모의 경제활동에 대해서 물었는데 무방하다고 대답한 사람은 88.8%였고, 반대는 7.9%였다. 즉 사모의 경우는 경제활동을 하는 것에 대해서 아주 높게 지지를 받는 것으로 보인다. 과거 사모는 항상 현모양처의 전형이었다. 눈에 띄지 아니하며 가정을 돌보고, 교회에서도 어머니의 역할을 감당해 주기를 바랐다. 그런데 요즘은 사모가 경제적인 뒷받침을 해주기를 바라고 있는 것이다. 요즘 젊은 목회자들을 살펴보면 교사나 간호사와 결혼하는 사람들이 많다. 그 배경을 보면 목회자들이 스스로의 벌이로는 가정을 꾸려나갈 수가 없을 것 같으니까 현실적인 선택으로 안정적인 직업을 가지고 있으면서 교회에서 보기에 좋은 교사나 간호사를 배우자로 선택하고 있는 것으로 보인다.

교회개척 시 자립할 때까지 목사가 이중직하는 것에 대한 질문도 있었다. 이에 대해서는 63.1%가 무방하다고 대답을 했고, 조건부 이중직이 가능하다고 대답한 사람이 22.4%였다. 이 둘을 긍정응답으로 보면 85.5%가 긍정적인 대답을 한 것으로 볼 수 있다. 일반적인 질문에서 73.9%가 나왔던 것을 감안하면 상당히 높은 비율이라고 본다. 역시 생계의 문제로 볼 때 가능한 응답이라고 본다.

5. 교회개척 시 자립할 때까지 목사가 이중직하는 것은 어떻게 생각하십니까?
① 이중직해도 무방하다. - 570명(63.1%)
② 이중직해서는 안 된다. - 131명(14.5%)
③ 조건부 이중직 가능하다. - 203명(22.4%)

사례별

구분	이중직 무방	이중직해서는 안 된다	조건부 이중직 가능
안받는다	99	16	32
80만원미만	92	24	29
80-120만원	84	10	33
120-180만원	118	32	46
180-250만원	102	26	44
250-300만원	41	15	15
300-400만원	29	7	8
400-500만원	2	2	5
500만원이상	4		1
계	570	131	203

이제 좀 더 구체적으로 경제적인 이유로 목회자 이중직을 찬성하는 이유에 대해서 물었다. 70.4%가 '목회자가 가족의 생계를 책임져야 하기 때문'이라고 대답을 했고, 20.4%는 '신학적으로 가능하다'고 생각한다고 대답했다. 나머지는 기타로 '둘 다 가능하다'는 응답이 18명, '교회에 부담을 주지 않기 위해서,' 또는 '교회가 형편이 안 되어서'라는 응답이 각각 4명씩 나왔다. 좀 마음이 아프게 다가오는 응답은 '경제문제로 사역에 방해를 받거나 포기하는 것 보다는 낫다'고 응답한 사람이 3명이 있었다는 것이다.

6. 경제적인 이유로 목회자 이중직을 찬성하는 이유는 무엇입니까?
   – (696명 응답)   2번 찬성자(658명)
   ① 목회자가 가족의 생계를 책임져야 하기 때문이다.
   – 490명(70.4%)   459명(69.8%)
   ② 신학적으로 가능하다고 생각하기 때문이다.
   – 142명(20.4%)   137명(20.8%)
   ③ 기타
   – 64명(9.2%)   62명 (9.4%)
   둘 다 가능 18명
   교회에 부담을 줘서는 안돼 4명
   교회가 넉넉히 후원하지 못함 4명
   목회 복음을 위해서 어떤 것도 가능함 3명
   목회지장이 없는 범위에서 이중직가능 3명
   경제문제로 사역에 방해받거나 포기하는 것 보다는 낫다 3명
   성도와 세상의 삶을 경험하고 이해할 수 있다 2명
   교회에 매이지 않기 위해서 2명
   만인 제사설, 목회자와 평신도는 역할의 문제일 뿐이다 2명
   가족의 희생과 고통이 크다 2명
   이중직이 모두에게 유익할 때 1명
   경제적 책임과 사회성을 위해 1명
   경제적 목적은 반대, 목회영역과 발전 찬성 1명
   교회운영과 사역을 위해 1명
   노후생활대책 및 자녀교육 1명
   교회가 자립할때까지만 가능 1명
   당연함 1명
   목회자가 재정에서 자유로워야 소신있게 목회할 있다 <u>1명</u>
   목회자도 가장이며, 교회가 넉넉해도 목회자가 직업 수입으로 물질을 돌릴 수 있다 1명
   사도바울도 직업이 있었다 1명
   사역을 위해서도 필요함. 일하는 것도 하나님이 책임지시는 방법 1명
   소명과 부르심 1명
   신학과 현실의 필요 1명

> 신학적, 선교적, 현실적으로 무방 1명
>
> 이미 이중직하고 있음 1명
>
> 자비량선교의 차원에서 1명
>
> 전임이 되기까지만 1명
>
> 이중직을 통해 생활안정과 교회결속력강화 1명
>
> 이중직도 하나님의 뜻 1명
>
> 목회자의 부익부 빈익빈 현상보완 1명
>
> 현실적으로 할 수 밖에 1명

결국 가족의 생계를 위해서 목회자라도 경제문제를 해결하기 위해서 생업, 즉 부업에 나서야 된다는 의견이 다수였다. 안타까운 것은 교회가 해줄 수 없는 형편이기 때문에 이중직을 해야한다는 것이고, 더 마음이 아픈 것은 부업을 안 하면 목회 자체를 유지할 수 없다는 것이다. 즉 목회를 잘 하기 위해서 부업을 안 하고 목회에 전념해야 한다는 것이 아니라 겸업을 통해 돈을 벌지 않으면 목회를 유지할 수 조차 없다는 것이다.

이와 반대로 이중직에 대해서 반대한 사람들에게 그 반대이유를 물었다. 절대다수라고 할 수 있는 90.5%가 '목회사역에 전념해야 하기 때문'이라고 대답했다. 아무래도 시간과 마음을 빼앗기게 되는 것이 현실이기 때문에 이런 대답이 나왔다고 볼 수 있다. 이외 2.8%가 '교회에서 주는 사례만 받아야 한다'고 대답했고, '기타 응답'은 6.7%가 나왔는데 대부분 하나님이 채워주신다는 의견이라고 볼 수 있다.

이중직이 가능하다고 했을 때 어떤 상황에서 가능하다고 보느냐를 물었다.

이에 대해서는 의견이 좀 분산되었다. 무엇보다 '생계적인 이유 때문'이라고 한 사람이 43.1%로 아무래도 가장 많았다. 그런데 '특별한 소명이 있을 때 가능하다'고 대답한 사람도 31.6%에 이르렀고, '전문직일 때 가능하다'고 대답한 사람도 16.5%였다. 이 응답은 아무래도 목회자들의 경우 이중직을 한다는 것이 부담스러운 사실임을 드러내고 있다고 볼 수 있다. 이중직을 하되 특별한 소명에 따른다면 의미가 있을 것으로 보는 것이나 전문직일 경우에 가능하다고 대답한 것도 비슷한 맥락이라고 본다.

실제적으로 이중직이라는 주제를 가지고 조사를 시작할 때 내부적으로 토론을 벌였고, 주의를 기울인 부분은 특별한 소명에 따라서 기관사역을 하는 사람들의 경우를 이중직이라고 볼 수 있을까하는 것이었고, 또 하나는 이중직임에도 불구하고 허용되어지는 직업들, 대표적인 경우라면 신학대학교의 교수들에 대해서는 어떻게 볼 것이냐는 것이다. 특히 신학대학 교수뿐만 아니라 일반대학의 교수나 의사, 또는 변호사와 같은 경우는 교회에서 허용하는 분위기가 있는데 과연 옳은 것인가하는 질문이 있었다. 따라서 질문을 경제적인 이유로 하는 이중직이라고 못을 박고 그 범위를 축소한 것이다. 우리 가운데는 그러나 이러한 의식들이 존재하고 있는 것이 사실이다. 그 일이 전문직일 경우는 허용 가능하다는 것, 그리고 기관사역의 경우는 허용해도 될 것이라는 생각이다. 이러한 것은 후에 다시 논의하겠지만 직업에 대한 편견이 작용한 것은 아닌가 싶다.

또 다른 질문으로 목회자의 완전 자비량 목회, 즉 생활비 전체를 벌어서 하는 무보수 목회에 대해서 어떻게 생각하는가를 물었다.

이에 '할 수 있는 상황이 된다면 하는 것도 좋다'고 응답한 사람이 48.8%이고, '특별한 소명이나 독특한 상황에서는 할 수 있다'는 응답도 47%가 나왔다. 이렇게 긍정적인 대답을 한 사람은 합하여 95.8%에 이른다. 즉 절대다수가 가능하다면 하는 것이 좋다고 응답한 것이다. 이것은 상당히 특별한 대답이라고 본다. 경제적 이유로 하는 이중직에 대해서 일반적으로 70%를 약간 상회하게 대답한 사람들이 완전 자비량 목회에 대해서는 절대적인 지지를 보여준 것이다. 이것은 어떻게 보면 완전 자비량 목회가 목회자들의 로망, 즉 동경의 대상이 아닌가하는 생각이 들도록 하는 대목이다. 목회를 하면서 경제적인 이유로 인해 어려움을 겪고, 때로는 경제적인 문제 때문에 교회에서 얼굴 붉히고 자존심을 상하느니 내가 직접 벌어서 생활하고 목회는 여유롭게, 또는 소신 있게 하고 싶다는 목회자들의 바램이 투영된 결과라고 생각한다.

> 9. 목회자의 완전 자비량 목회(생활비 전체를 벌어서 하는 무보수 목회)에 대해서 어떻게 생각하십니까? (904명)
> ① 할 수 있는 상황이 된다면 하는 것도 좋다. - 441명(48.8%)
> ② 특별한 소명이나 독특한 상황에서는 할 수 있다. - 425명(47.0%)
> ③ 안 된다. - 34명(3.8%)
> ④ 잘 모르겠다. - 4명(0.4%)

목회자들 실태 조사

이제 응답자들을 중심으로 하는 실태조사형 질문을 다루게 될 것이다.

앞의 질문들이 주로 의식조사가 되었다면 이제 목회자들이 실제적으로 이중직을 하고 있는지, 그리고 어떤 일을 하고 있고, 그 가운데 어려움은 어떤 것인지를 알아보도록 할 것이다.

처음 질문은 교회사역 외에 다른 경제적 활동을 하고 있는가를 물었다. 이 질문에 37.9%가 예라고 대답을 했다. 교역자들 가운데 약 40%정도가 현재 실제적으로 경제적 이유로 이중직을 하고 있다는 것이다. 이중직을 하고 있는 사람들이 많다고는 들었는데 40%라면 상당히 높은 것이라고 할 수 있다. 이것을 직분별로 살펴보면 담임목사의 경우는 35.2%가 현재 이중직 중이고, 전임사역자는 27.3%, 파트사역자는 62.3%, 협력목회자는 73.7%가 현재 이중직 중이라고 대답을 했다. 파트사역자나 협력목회자의 경우는 현재 한국교회에서 일반적인 생계가 불가능하다는 것이 여기서 보여지고 있다.

그런데 특이한 점은 전임사역자들보다 담임목사의 경우가 더 이중직비율이 높다는 것이다. 물론 전임사역자들이 시간에 매이는 상황이라 그럴 수도 있지만, 어떻게 보며 담임목사의 경우 생활이 더 어렵다는 것을 반증하는 결과라고 생각한다. 또 80만원 미만의 사례를 받는 경우는 아무래도 현재 이중직 상태인 목회자가 훨씬 더 많이 나오고 있다. 80-120만원의 경우는 40.1%이고 120-180만원의 경우는 27%밖에 안 되었다. 그 이상의 사례를 받는 경우는 급격하게 그 비율이 떨어지고 있다. 이를 볼 때 한국교회의 목회자들의 경우는 이 사회가 이야기하는, 더 정확히는 보건복지부가 정하는 최저생계비만 보장이 되어도 이중직보다는 목회에 전념하고 있다는 것이다. 즉 목회자들의 대다수는 풍족한 생활을 위한 이중직이 아니라 생존을 위한 이중직을 하고 있다고 보아야 할 것이다. 그럼 경제활동의 분류를 시도해 보았다.

이 질문에는 기관사역, 즉 선교단체나 신학교 등에서 하는 사역을 하고 있다고 대답한 사람이 23.1%였다. 사역과 무관한 경제활동이라고 대답한 사람은 36.9%였다. 그 외에 목회를 시작한 이후로 다른 경제적인 활동을 해 본적이 없다고 대답한 사람도 40%였다. 이것도 우리가 상당히 주목할 부분이라고 본다. 목회를 시작하고 다른 일을 안 하고 목회만 했다는 사람이 40%밖에 안 되었다는 것이다. 물론 보기에 따라서 다른 평가를 할 수 있을지 모르지만 그간 일반적인 상식으로 목회자들은 교회의 사역만 할 것이라는 기대를 하고 있다고 볼 때 60%는 그 외의 일을 했었다는 것을 의미한다. 즉 한국교회는 60% 정도의 목회자들에 대해서 그들의 생계를 책임지지 않았다. 좀 더 정확히 말하면 목회를 목회자 개인의 일로 보았지, 공동체로서 그들의 삶을 책임져 주지 않았다는 것이다.

이제 좀 더 구체적으로 그러면 어떠한 일을 하고 있는가를 물었다.

이것은 보기를 주지 않고 주관식으로 대답하도록 했다. 여기에 대해서는 273명이 대답을 했는데 정말 다양한 직종이 언급되었다. 그런데 그 중에서 가장 많은 직종은 78명이 응답한 교육 쪽이었다. 물론 교육에는 신학교 교수부터 학원, 공부방, 학원강사, 유치원 운영 등이 다 포함되는데, 특이한 점은 과외가 9명이나 되었다는 것이다. 아무래도 시간을 유동적으로 사용할 수 있는 장점이 있기 때문에 응답한 사람이 많았던 것 같다. 사무직이나 교회에서 사용하는 기술들, 즉 음향이나 디자인 등을 이용한 직종들이 꽤 있었다.

그러나 대부분은 우리가 일반적으로 말하는 아르바이트가 많았다. 즉 일용직이나 비정규직이라고 할 수 있는 것들이다. 예를 들어서 택배나 대리운전, 편의점 파트타임, 심지어 일용직 노동도 포함되는 것이다. 우리들은 이 부분을 명확히 봐야할 것인데 이것이 현재 목회자들의 현주소라는 것이다. 주일은 교회에서 성직을 하고 있지만 적지 않은 우리 목회자들은 주중에 육체노동으로 생계를 만들어 간다는 것이다.

그 다음 질문은 주로 경제적 활동을 하는 이유를 물었다.

13. 귀하는 생계의 도움을 받는 것을 목적으로 경제적인 활동을 하고 계십니까?
(661명응답)
① 예 - 239명(36.2%)
② 아니오 - 422명(63.8%)

14. 귀하는 자녀 교육비 보충을 목적으로 경제적인 활동을 하고 계십니까?
(665명)
① 네 - 149명(22.4%)
② 아니오 - 516명(77.6%)

15. 귀하는 교회 운영비에 보탬이 될 목적으로 경제적인 활동을 하고 계십니까?
(653명)
① 예 - 140명
② 아니오 - 513명

이 질문은 세 가지로 나누었다.

첫째, 생계에 도움을 받는 것을 목적으로 했느냐는 것이다.

이에 대해 긍정대답을 한 사람은 36.2%였다. 그런데 실제적으로 현재 이중직을 하고 있는 사람들의 경우만 본다면 69.8%에 이르렀다. 즉 일을 하는 사람들의 경우는 결국 생계 때문에 일을 하고 있는 사람들이 대다수라고 할 수 있다.

둘째, 자녀 교육비를 보충하기 위해 일을 하느냐고 물었다.

이에 대해서는 22.4%가 긍정응답을 했고, 또 똑같이 이중직을 하고 있는 사람들만 나누어 보았을 때 42.3%가 긍정대답을 했다.

셋째, 교회 운영비에 보탬이 되기 위해서 경제적 활동을 하고 있는가를 물었다.

이에 대해서는 21.4%의 긍정대답이 나왔고, 이중직을 하는 사람들은 40.9%가 그렇게 대답을 했다. 이것을 종합해 보면 자녀 교육비마저도 목회자들에게는 좀 관심 외라는 생각이 들고, 현재 가족의 생계를 책임져야하는 입장에서 이중직을 하고 있는 것으로 볼 수 있다. 더군다나 교회 운영비를 보태겠다고 하는 사람이 이중직자 중 40.9%에 이른 것을 볼 때 가족뿐만 아니라 교회까지 생각하는 목회자의 마음을 읽을 수 있었다.

넷째, 애로사항이 무엇인지를 물었다.

이에 대해서 46.7%가 '목회사역을 하기에 시간이 부족하다'고 대답을 했다. 그 다음이 '목회자로서 정체성의 혼란을 느낀다'로 23.3%가 응답을 했다. 그 외 18.1%가 '별다른 애로사항이 없다'고 대답을 했고, 12%가 '교인들이 좋아하지 않는다'고 대답을 했다. 아무래도 이중직을 하면 목회사역에 절대적인 시간이 부족한 것이 사실일 것이다. 또 목회에 전념할 수 없으니 목회자로서의 정체성에 혼란이 올 수도 있다. 특히 주일에 존중받는 목회자에서 주중에 일용직 근로자가 된다는 것이 그렇게 쉽게 오갈 수 있는 영역은 아니라고 본다.

그런데 특이한 점은 18.1%가 애로사항이 없다며 만족을 나타냈다는 것이다. 그런데 더 눈에 띄는 부분은 교인들이 좋아하지 않는다고 대답한 사람이 12%밖에 안 됐다는 것이다. 목회자가 교회를 비우고, 자신들이 필요할 때 볼 수 없고, 아무래도 설교나 목회사역에 소홀해질 수밖에 없을텐데 교인들은 거기에 대해서 별로 불만을 표시하고 있지 않다는 것이다. 이것은 아무래도 교회가 어려우니 교인들도 이를 용납하고 받아들인 결과가 아닌가하는 생각이 든다.

> 17. 교회사역과 경제적인 목적의 활동을 병행했을 때 가장 애로 사항은 무엇입니까? (총 576명 응답)
> ① 교인들이 좋아하지 않는다. - 69명(12.0%)
> ② 목회자로서 정체성의 혼란을 느낀다. - 134명(23.3%)
> ③ 목회사역을 하기에 시간이 부족하다. - 269명(46.7%)
> ④ 별다른 애로사항이 없다. - 104명(18.1%)

이제부터는 현재 생계를 목적으로 이중직을 하고 있는 목회자 5인과의 인터뷰를 나누려고 한다. 설문조사는 이중직에 대한 목회자들의 일반적인 의식을 살펴보고, 목회자들의 이중직상황 등에 대해서 알아본 것이라면 이 심층인터뷰는 정말 이중직을 하고 있는 목회자들의 현실이 어떤지, 그리고 어떤 생각을 가지고 있는지에 대해서 살펴보고자 한다.

이중직 목회자 5인 인터뷰

5명의 목회자 중에 교회에서 사례를 받는 이는 한 사람뿐이었다.

4명은 아예 교회에서 사례를 받을 형편이 안 되었다. 한 사람은 기존 교회에 부임하여 14년 목회를 하였는데 120만원을 사례로 받고 있었다. 그 돈으로 대학생과 고등학생, 두 명의 자녀 정규 학비를 대는 것도 감당이 안 되었다. 이것이 요즘 작은 교회들의 현실이라고 생각한다. 경제적으로 어려운 교회들이 어떻게 해서든지 목회자의 생계를 책임지겠다는 것이 아니라, 노회나 다른 교회가 목회자를 돌보겠다는 것이 아니라 목회자의 생계를 외면하는 것이다. 물론 부임을 하거나 개척을 할 때 그것을 명시하지는 않지만, 암묵적으로 교회가 목사의 사례를 줄 수 없으니 알아서 사시라는 것이다. 기존 교회에 부임한 목사도 어떤 절차를 거친 것은 아니지만 결국 교회가 명목적인 사례를 주면서 나머지는 목사가 알아서 하는 것으로 되었다는 것이다.

이들에게 처음 이중직을 시작하게 된 계기를 물었다.
마음 아픈 이야기들이 터져 나왔다. 무엇보다 가정을 지켜야 한다는 절박한 심정에서 시작들을 했다.

> "가정이 무너지니까. 물론 교회도 중요하지만 가정을 먼저 세워야죠. 가정이 무너지고 교회가 선다. 저는 그것은 반대예요. 가정이 먼저 세워지고 교회가 세워져야 된다는 입장이라서."

한 목사의 고백은 더 절박했다.

> "내가 일을 나갈 생각은 안하고 제 아내가 청소부터 시작해서 닥치는 대로 가정부도 했었고 급식하는데 가서도 하고 식당도하고 그렇게 고생을 했습니다. 나중에 제 아내도 힘이 들어서 그때 고민이 들었습니다. 목회자도 가장이고, 남편인데 이게 과연 좋은 걸까, 바람직한 걸까 고민 많이 했습니다. 그러다가 하나님은 어제나 오늘이나 동일하게 일하시고 예수님도 일하시는데 목회자는 목회가 일이라지만 목회만이 일은 아닌 거 같고 또 나름대로 느낀 것은 막스 베버의 청지기직. 하나님께서 직업을 주신 그 청지기직이라면 목회자도 일하는 것 괜찮지 않을까 고민하면서 망설였죠."

남자로서 아내가 가족들 생계를 책임지겠다고 가정부도 하고, 식당 종업원도 하고, 청소도 하는 모습을 지켜본다는 것은 쉽지 않았을 것이다. 또 다른 목사도 사모가 파출부를 했다.

"(사모가) 가정부도 했구요. 가정부는 조금 했는데 파출부를 할 때는 자존심이 상하더라고요. 그냥 그렇게 아이들 어린이집에서 보조교사를 할 때는 괜찮은데 가사도우미를 잠깐 했는데 그때는 약간 자존심이 상하더라고요."

앞의 목사는 아내의 모습을 보며 목회만 전념하겠다고 하는 생각을 내어버린다.

"우리가 그런 어려움을 많이 겪었어요. 어렵게 하다하다가 너무 지쳐 탈진 되서 죽을 지경까지 고비를 넘겼었는데, 그건 아닌 거 같더라고요. 목회의 일을 저에게 맡겨 주신거지만 만약에 가정과 목회를 택한다면 둘 다 선택할 수 있으면 좋은데 안 되면 가정을 먼저 살려야 하는 거 아닌가하는 생각을 했습니다. 왜냐하면 우리 가정도 하나님께서 주신 공동체의 한부분이기 때문이에요."

이들이 한 일은 정말 다양했다. 아무래도 시간의 압박을 받으니 밤에 하는 일을 선호했다. 대표적인 것이 택배물류센터에서 물건을 내리는 일이었다. 두 명이 이 일을 해 보았다고 하는데, 너무 일이 고되어서 사람들은 쉽게 포기하고 이직을 하는데 이들은 그래도 시간이 여유로워 고되도 참고 했다는 것이다. 그런데 이 택배물류센터의 일은 새벽녘에 한다. 5시에 일을 한다니 집을 나서는 시간은 4시다. 때로는 이 일이

밤새 이어진다고 한다. 그럼에도 불구하고 낮시간에는 자유로우니 이 일을 선택한다. 이외에도 과외교사, 한약관리, NGO 사무, 문화센터, 공공근로, 전기기사, 학원운영, 퀵서비스, 우유-녹즙 배달 등이다. 이들이 하는 일들은 무엇보다 정규직은 없다. 아무래도 교회사역을 중심으로 하려고 하니 정규직으로 하는 일은 어렵다. 그렇다면 비정규직인데 그것도 쉽지 않은 것이 주일이라고 쉬는 비정규직은 없다. 대개 주일을 끼거나 교대로 가능하다. 그러다 보니 밤새 일하는 일용직이나 새벽에 하는 일들을 감당한다. 그런데 그런 고된 일을 하니 체력에 한계를 느낀다. 낮 시간도 결국 체력 때문에 정상적이지 않다.

이들의 이야기를 들으면서 든 생각은 목회자들이 할 수 있는 일들을 마련해 주는 것이 좋겠다는 것이다. 아무래도 일을 해야 하는 상황인데 목회와 병행할 수 있는 일자리를 창출하는 것도 한국교회가 풀어야할 숙제가 될 것이다. 한 목사는 북한인권 관련된 NGO에서 일을 한 경험을 이야기하는데, 목사로서 행정능력도 있고, 의식도 있고 하니 그러한 일이 잘 맞았다고 한다.

어떻게 보면 목회자들이 지역에 있는 NGO에서 사역을 한다면 시민사회의 활성화와 교회와 사회의 소통에 이바지할 수 있는 새로운 가능성이 열릴 수 있을 것으로 보인다. 특히 주중에 열려 있는 교회당의 공간을 함께 사용할 수 있도록 배려하고, 목사도 NGO에 참여할 수 있다면 좋은 기회가 될 것으로 보인다.

이렇게 일을 하면서 이들에게 좋은 점이 하나 있다. 성도들의 삶을 이해한다는 것이다. 노동을 하며 돈을 벌어 교회에 헌금하는 것이 얼마나 힘들고 어려운 일인가를 보는 것이다.

"일하니까 성도들의 아픔을 알겠더라고요. 내가 직접 일하고 뛰어

보니까 성도들이 그 일 속에서 얼마나 힘들게 직장생활하고 있는 지를요. 목회자들은 성도들 헌금 들어오는 것에서 사례비를 받지만 성도들은 갖은 수모와 상사로부터 모욕도 당하면서 번 월급으로 헌금을 낸다는 것 그것 자체가 피와 땀이잖아요. 더 치열한 영적인 전투는 성도들이 하는 거지 목회자는 그런 거 같지 않더라고요."

자립이 안 되는 교회의 목회자가 생존하기 위해서는 큰 교회 찾아다니며 후원요청을 하는 길 밖에 없다. 그런데 과연 그것이 목회자가 이중직하는 일과 비교해 볼 때 더 좋다고 할 수 있을까하는 생각이 든다.

"지금 현실적으로 맞닥뜨리는 문제들을 보면 생계, 아이들 교육비가 교회에서 충당이 안 되면 목회자가 일일이 다른 큰 교회에 가서 손을 벌려야 되는데 그것도 쉽지 않고 손을 벌린다고 해서 후원을 무조건 받을 수 있는 것도 아니고…목회자 스스로 알아서 해야 된다면 이중직이 어느 정도는 허용되어야 하지 않을까 생각합니다."

현재 많은 미자립 교회들이 큰 교회의 후원에 의존해 있다. 이런 후원으로 인해서 교회가 자립해 나갈 수 있는 토대를 마련할 수 있으면 좋겠지만 현실적으로 어렵다. 그렇다면 결국 이러한 교회들이 성장하는데 있어서 오히려 독이 되는 경우들도 있다. 자립보다는 의존에 물드는 것이다.

소명이 아니라 보증금이 목회를 허한다

이번 인터뷰를 진행하면서 가장 마음이 아팠던 대목은 경제적인 문제 때문에 교회를 유지하지 못하는 것이다.

임대료를 내야 하는데 그것을 감당하지 못하니 보증금에서 까먹고, 그것도 다 하면 교회당에서 쫓겨나는 것이다.

"전에 어떤 분이 전화를 다른 사람에게 하려고 하다가 저에게 했어요. 전에 저희 교회 여자 성도 분이었는데 '목사님 교회 문 아직 안닫으셨죠?' 그래요. 그래서 제가 '교회가 수퍼마켓이에요? 열었다 닫았다하게?' 그랬어요. 그런데 그런 게 많아요. 간판 내리고 그런 게. 그게 임대료 감당도 안 되고 자기 생활이 안돼서 그래요. 그리고 목사라는 이름을 떼버리죠. 직업인으로 돌아서 살아가는 신학교 동기들도 많이 있어요. 그럴 바에는 일을 하면서 본인이 생각하는 그런 목회를 하면서 얼마든지 목회를 유지할 수 있도록 하는 게 좋지 않을까 그런 생각이 들더라고요."

목사가 교인이 안 모여서 폐교회 하는 경우가 있다. 또는 목회를 하다가 이 길이 자신이 갈 수 있는 길이 아니란 것을 깨닫고 그만 둘 수도 있다. 그런데 소명이 다 하여 목회의 길을 포기하는 것이 아니라 밀린 월세로 보증금 다 까먹고 나서 별 수 없이 목회를 접어야 한다는 것이 너무 충격적이다.

"나중에 교회에서 사례를 받겠다고 생각해도 초기에는 자비량을 생각했으면 좋겠어요. 대부분 중간에 보면 신학교 동기도 보고 그러면 처음에 시작할 때 본인이 가지고 있던 돈 조금하고 개척자금하고 주변에서 해주시는 것 하고 건물 한 층에 임대받아서 시작하다가 성도가 안 늘어나면 나중에 접고 하신 분들이 계세요."

대부분 개척을 하는 목회자들은 이러한 패턴으로 시작을 할 것이다. 자신이 가진 모든 재산과 미래의 모든 것들, 그리고 신용대출은 안 되니 가족, 친지들, 그리고 지인들의 돈을 빌려서 시작을 한다. 그러나 교인은 안 모이고, 월세는 꼬박꼬박 나가야 하고, 교회당에서 열심히 기도는 하는데 현실은 보증금이 다 없어진 것이다. 결국 빚에 빚을 지고 카드빚까지 늘어나고, 교회당에서 쫓겨나고, 목회자로서 설 자리를 잃어버리고 빚더미만 껴안고 빚 갚는 일만 하는 것이다.

현재 대부분의 교단은 목회자의 이중직을 금지하고 있다.
생계를 책임져 주지도 않으면서 금지조항만 만들어 놓은 것이다. 이미 설문조사에서 보았지만 목회자들의 다수인 73.9%가 이중직을 지지하고 있다. 현실적으로 목회자들은 교회의 사례만으로 살 수 있는 형편은 아니다. 설문에 응한 목회자들을 기준으로 볼 때에 보건복지부가 제시하는 4인 가족의 최저생계비 163만원에 못 미치는 사례를 받는 목회자가 66.7%에 이른다. 또 대법원이 제시하는 최저생계비인 244만원에 이르지 못하는 이들은 무려 85.6%나 된다. 심지어 목회자의 15%는 교회로부터 어떤 사례도 받지 못하며 사역을 하고 있다. 이러한 상황에서 목회자의 이중직금지 조항이 과연 현실적이라고 할 수 있을 것인가 하는 의문이 든다.

따라서 현실적으로 각 교단이 유지하고 있는 이중직 조항을 해지해야한다고 믿는다. 더 이상 목회자를 범법자로 몰아가지 말고 떳떳하게 일을 하면서 사역을 감당할 수 있는 길을 열어 주어야 한다. 그래야 사람들 눈을 피해서 야간과 새벽에 일을 하는 것을 피할 수 있을 것이다. 육체적 피로뿐만 아니라 실제적 위험에 처해 있는 그러한 일에서 벗어날 수 있도록 돕는 것이 더 현실적이다.

또 이를 통해서 목사로서 일자리를 찾아가도록 해야 한다. 오히려 그 일자리가 선교적 자리가 될 수 있다. 인터뷰에 응한 한 목사는 어디를 가든지 자신은 목사라고 밝힌다는 것이다. 그러면 사람들이 힘들고 어려울 때 찾아온다는 것이다. 그들을 상담하고 위로하고, 기도해 주는 가운데 그는 깨달았다고 한다. 바로 자신이 하나님의 양떼들을 돌보는 그곳이 교회라는 것이다. 그것이 자신이 하는 목회라는 것을 깨달았다고 한다.

또 현실적으로 이제는 목회자의 일자리 창출에 힘써야 한다.

이미 언급했듯이 의미 있는 일자리들이 있을 수 있다. 학교의 교양 강사로 나서는 일이나 시민단체에서 일하는 것 등은 좋은 사례가 될 수 있을 것이다. 물론 지금도 교회에서 많이 실시하고 있는 공부방이나 사회복지활동도 좋은 예가 될 것이다. 이러한 것을 개인들이 알아서 하도록 놔두는 것이 아니라 교단이나 지방노회가 적극적으로 나서서 교육하고, 일자리 만들어주는 일을 하면 좋을 것 같다. 굳이 그 일이 전업일 필요는 없다. 전업일 경우 더 어려울 수 있다. 파트사역으로 생계에 도움이 되면서도 목회에 큰 부담이 없는 일들을 개발해 나가야 할 것이다. 더 바란다면 교단들이 목회자들의 최저생계비를 보장해 주어야 한다.

교단의 교세를 늘려가기 위해서 목회자들을 많이 배출하고, 그들이 개척하는 것을 장려하지만 정작 그들이 생존하는 것에 대해서는 무관심한 것이 지금의 현실이다. 교단이 그들을 목회자로서 자신들의 공동체에 편입했다면 그들의 삶도 책임져 주어야 한다. 목회자로서 자존심을 지키며 살 수 있도록 교단이 노력해야 한다는 것이다. 이러한 최저생계비 외에 더 큰 문제는 이들의 노후대책이다.

이제 이렇게 폭발적으로 늘어난 목회자들이 은퇴하게 되면 교단뿐만 아니라 한국교회, 더 나아가서는 한국사회에 큰 문제가 될 것이다. 생계도 힘든 이들이 노후대책이란 것은 생각도 못해 보았을 것이고, 이들이 더 나이가 들어가면 경제생활은 더욱 어려워질 것인데 이들의 남은 삶에 대해서 한국교회는 진지하게 고심해 보아야 한다.

이번 조사를 하면서 가장 가슴 아팠던 것은 가정을 가진 가장으로서 경제적인 문제 때문에 가정이 무너져가는 모습을 지켜보아야 한다는 것이다.

자신은 대학을 나오고, 대학원까지 공부를 해서 목사가 되었는데 자녀들 학비를 감당하지 못하게 될 때 그가 겪게 될 그 갈등을 같이 경험한다는 것이 너무 힘들었다. 또 소명이 있음에도 불구하고 보증금을 다 까먹어서 목회를 접고, 심지어는 사역자가 아닌 교회를 떠난 자로 살아가는 이들이 상당 수 있다는 것을 듣고 마음이 아팠다.

이 변화되어진 세상에서 우리는 이제 목회자의 정체성에 대해서 물어야 한다.

소명 가운데 제사장으로 하나님의 공급만으로 살 수 있을지에 대한 의문 가운데 경제적인 면에서 목사는 누구인가를 묻는 것이다. 오늘날 경제적 이중직이 오히려 목회를 유지하는 길이 되고 있다. 이 현실 앞에서 한국교회는 진지하게 목회자의 이중직에 대해 전향적인 고민을 시작해야 할 것이다.

제7장

한국교회 부교역자의 사역 현황에 대한 설문조사 결과 분석

어릴 적 다니던 교회에서 담임 목사와 장로들 간의 힘겨루기가 이루어졌다. 이런 연유로 장로들은 연말에 부교역자들을 모두 해임시켰다. 물론 당회를 거친 결과이다. 결국 담임목사는 버티지 못하고 자신이 사임하고 말았다. 이러한 일로 인해서 모르던 사실 하나를 알았는데, 그것은 부교역자들은 1년마다 신임을 얻어야 한다는 것이다. 당시 이것은 어린 마음에 큰 충격이었다. 그 당시 목사라고 하면 너무 큰 존재였는데, 그 분들이 1년짜리 고용자라는 것이다.

이후 독일에서 유학을 하며 전도사를 10년 했다. 한 목사님의 지도아래 한 교회에서 7년, 그리고 선교단체에서 10년을 포함한 세월이었다. 감사하게도 전도사를 하면서 그렇게 어려움을 겪었던 적은 없다. 오히려 많은 사랑과 큰 사역의 위임이 있어서 보람되고 행복했던 시기였다. 그러나 다른 곳에서는 담임목사의 시기로 교회를 사임하게 되었다. 마지막 인사도 제대로 못하고 그 교회를 그만 두게 되었다. 그 뿐만 아니라 후에 교인들을 만났는데 냉담한 반응에 놀라게 되었다. 그 이유는 담임목사가 교인들에게 하나씩 전화를 하여 험담을 해 놓은 결과였다.

이러한 경험은 어쩌면 극히 작은 것일 수 있다. 들리는 소문에 의하면 이보다 더한 일은 목회 현장에서 비일비재하다는 것이다. 심지어 금요일 구역장 모임에 출석이 저조하다고 교구장 목사들을 교인들 앞으로 불러 손들고 서있게 했다는 것이다. 자기 교구의 목사가 그런 일을 당하는 모습을 보며 구역장들이 눈물을 흘렸고 그 다음부터는 교구목사를 위해서 출석에 열심을 내었다는 이야기도 있다.

한국교회 부교역자들의 위치는 모두가 생각할 수 있는 바와 같이 결코 녹녹하지 않다. 누구나 부교역자가 겪었던 고생스러운 이야기, 비인간적인 이야기들을 들어서 알고 있을 것이다. 그러나 이 현실을 정확히 밝혀본 적은 없었다. 이에 기윤실에서는 교회 내 인권문제로 부교역자의 사역현황을 살펴보고자 하여 이번 설문조사를 실시하였다.

1. 본 설문조사에 대하여

본 조사는 2014년 12월 8일부터 2015년 1월 11일까지 35일간에 걸쳐서 온라인으로 실시되었다. 이번 조사는 기윤실과 목회사회학연구소의 목회자 데이터베이스, 그리고 페이스북 등을 기반으로 하여 이루어졌다. 설문은 모두 1100여 명이 참여를 했고, 데이터 분석과정에서 949명으로 추려졌다. 이 조사는 엄격하게 본다면 표본추출에서 한계를 가지고 있으나 그 숫자가 많아서 조금 보완되었다고 할 수 있다. 실제적으로 특정계층인 목회자, 그 중에서 부교역자에 한해서 이루어지는 조사에서 샘플 949명은 상당히 많은 분량이다.

또한 본 조사에 참여한 이들은 남성 90.6%, 여성 9.4%이고, 연령상으로 20대 9.2%, 30대 58.7%, 40대 이상 32.1% 등으로 어느 정도 균형을 이루고 있다고 할 수 있다. 지역으로 보아도 대도시가 64.3%, 중소도시 29.7%, 농어촌 6.0% 정도였다. 그리고 사역 형태에서도 전임목사 54.3%, 전임전도사 16.4%, 파트타임전도사 29.3%로 역시 균형이 이루어졌다고 할 수 있다. 교단별로도 예장통합과 예장합동이 각각 30.6%와 28.8%로 다수를 이루고 있기는 하지만 그 외 다양한 교단들이 참여해서 현실을 반영했다고 할 수 있다.

이들은 현재 교회에서 부교역자로서 사역 기간은 평균 32.1개월이었고, 부교역자로서의 전체 기간은 86.5개월이었다. 부양가족은 평균 2.2명이었으나 실제적으로 보면 1명이 13.4%, 2명이 21.4%, 그리고 3명이 29.9%이고, 4명 이상도 18.5%였다. 평균이 낮은 것은 부양가족 없음이 16.8%가 있기 때문이다.

조사는 크게 두 부분으로 나누어서 구성되었다.

첫째, 부교역자들의 생활과 관련하여 사례비, 4대보험 가입여부, 경제활동 등에 대해서 물었다.

둘째, 사역 관련하여 청빙, 고용, 근무, 퇴직 등에 대해서 물었다.

2. 생활 관련

제일 먼저 부교역자들의 월 평균 사례비를 물었다. 사례비는 주거비나 도서비, 학비 등의 여타 혜택이 포함되지 않는 형태이다. 전임목사 평균은 204만원이었고, 전임전도사는 148만원, 파트타임전도사는

78만원이었다. 전임목사는 '150-200만원 미만'이 34.6%로 가장 많았고, 전임전도사는 '100-150만원 미만'이 48.7%, 그리고 파트타임전도사는 '50-100만원 미만'이 81.7%로 가장 많았다.

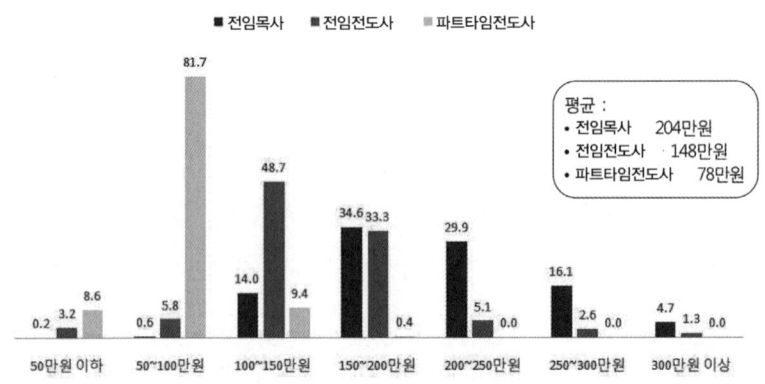

이번 조사를 할 때 부교역자의 사례는 대표적으로 불합리한 결과가 나올 것이라고 생각을 했었다. 결코 안정된 수준의 사례라고 할 수는 없지만 예상보다는 그렇게 낮지만은 않았다. 이렇게 생각하는 이유는 있다. 전년에 이루어졌던 목회자 이중직에 대한 조사에서 보건복지부 기준의 4인 가족 최저생계비 163만원에 가까운 사례비 180만원 이하가 66.7%에 이르고, 대법원 기준 244만원에 가까운 250만원 이하가 85.6%에 이르렀던 것을 생각해 보면 적지 않다는 것이다. 현실적으로 볼 때 부교역자를 고용할 수 있는 교회들의 경우 그 규모가 어느 정도 이상이 되어야 함을 생각할 때 부교역자에 대한 대우도 어느 정도는 이루어지고 있다고 할 수 있다. 물론 이 부분은 상대적이라고 할 수 있지만 그래도 담임목회자와의 비교에서는 어느 정도 우위에 있다고 할 수 있다.

또 비교해 볼 수 있는 것은 2014년 서울 정규직 근로자의 월평균 임금이 320만원이었다는 것이다. 물론 부교역자의 평균 사례비와 비교해 볼 때 큰 차이가 있지만, 일반 근로자의 경우는 여기서 세금과 연금, 보험 등의 각종 공제가 있다. 더 고려할 것은 부교역자의 경우는 다수가 30대라는 것이다. 그리고 부교역자는 모두라고 할 수는 없지만 주거가 제공되거나 보조되고, 여러 가지 지원되는 부분들이 있다는 것이다. 이렇게 보면 평균 서울 정규직 근로자의 수입수준과 큰 차이가 있다고는 할 수 없다.

그럼에도 불구하고 평균 204만원의 사례가 적정하다고는 할 수 없을 것이다. 매년 달라지는 최저생계비를 기준으로 했을 때 2015년도 보건복지부 최저생계비는 4인 가족 기준 166만원, 3인 가족 136만원 정도이다. 또 법원 기준으로 했을 때 4인 가족 250만원, 3인 204만원 정도이다. 이렇게 보면 전임목사의 경우 부양가족이 평균 2.8명이 나오는데, 그러면 4인 가족으로 보고 보건복지부 기준으로 최저생계비는 넘을지 몰라도 법원 기준으로 볼 때는 한참 모자르다고 할 수 있다. 또 전임전도사의 경우 부양가족이 평균 2.0명이고, 그것을 3인 가족으로 볼 때 148만원은 법원 기준에는 훨씬 못 미치고, 거의 보건복지부 기준 최저생계비에 가까운 수준이라고 할 수 있다. 즉 대학원까지 마친 교회의 부교역자들이 기본적인 생활조차도 보장 받을 수 없는 수준이라는 것이다.

그렇다면 현재 사례비에 대해서 본인들은 어떠한 생각을 가지고 있을까?

'충분하다'고 대답한 이들은 9.9%였고, '불충분하다'는 부정응답은 55.7%였고, '보통이다'가 34.4%로 나왔다. 이를 직급별로 보았을 때 상당한 차이를 보인다. 충분하다는 대답은 전임목사(10.5%), 전임전도사(9.6%), 파트타임전도사(9.0%)가 별 차이를 보이지 않았다. 그러나 부정응답에서는 전임목사(50.1%), 전임전도사(59.0%), 파트타임전도사(64.4%)로 큰 차이를 보였다. 이것은 직급별로 사례의 수준이 크게 차이 나는 것에 의한 결과가 아닌가하는 생각이 든다. 실제적으로 사례뿐만 아니라 교회에서 주는 기타혜택에서도 큰 차이가 나기 때문에 이러한 생각이 드는 것은 타당하다고 보인다.

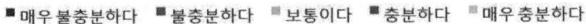

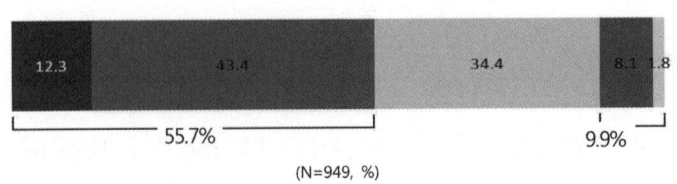

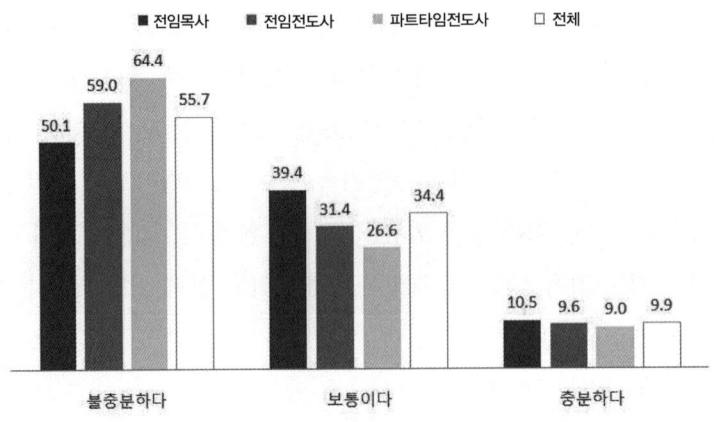

그러면 본인들이 생각하는 적정한 사례비는 얼마일까?

전임목사는 260만원, 전임전도사는 210만원, 파트타임전도사는 125만원이었다. 이를 평균사례비와 비교해 본다면 전임목사는 56만원, 전임전도사는 62만원, 파트타임전도사는 47만원의 차이가 있다.

이러한 희망을 보면 부교역자들은 큰 희망을 가지고 있기 보다는 현실적으로 가능할 수 있는 희망을 가지고 있다고 보인다. 다르게 본다면 교역자로서 자제된 삶의 기준에서 크게 벗어나 있지 않다는 것이다.

여기서 재밌는 질문을 던졌다.

같은 교회에 몸담고 있는 담임목사의 사례비에 대한 것이다. 이에 평균 395만원이 나왔다. 여기에는 '500만원 이상'이 26.4%나 되었다. 그리고 '400-500만원'이 17.4%, '300-400만원'이 21.6%, '300만원 이하'가 17.6%였다. 이러한 비교를 보면 사례비에 있어서 부교역자와 담임목사와의 차이는 2배 가까이 나는 것으로 보인다. 그러나 실제적으로 여러 상여금이나 혜택을 생각해 본다면 훨씬 더 큰 차이가 날 수 있을 것이다. 이렇게 보면 같은 목사의 수준에서 너무 큰 차이가 나는 것으로 보인다.

좀 더 적나라하게 표현한다면 부교역자로 지내다가 어느 날 담임목사로 부임하는 순간 사례와 대접이 현저하게 변하는 것이다. 이것은 어떻게 보면 우리가 소위 말하는 졸부의 형태와 비슷하다고 할 수 있다. 어느 날 갑자기 사업이 잘 되어 부자가 되는 경우나 땅 부자, 로또 당첨자와 비슷한 경우가 되는 것이다. 이는 윤리적인 문제로 이어질 수 있다고 본다. 부교역자 입장에서는 지금은 어렵고 힘들지만 잘 참아서 기성교회의 담임목사로 부임한다면 나도 순간 저렇게 살 수 있다는 마음을 가지게 하는 것이다. 담임목사의 입장에서도 너희도 잘 참으면 나처럼 될 수 있다는 생각을 가질 수 있을 것 같다. 나도 너희처럼 어려운 시절이 있었지만 오늘 이렇게 잘 살고 있지 않느냐는 생각이나 삶의 태도를 부교역자들에게 전달하는 것이다.

현재도 좀 큰 교회들을 보면 부교역자들에게 퇴임 시 소위 말하는 개척자금을 지원하는 교회들이 있다. 어떻게 보면 그것은 상당히 큰 액수일 수 있다. 예를 들어서 5-6년 부교역자로 근무하다가 퇴직하는데 개척자금으로 1-2억을 받는다면 일반적인 직장과는 비교할 수 없는 혜택이라고 할 수 있다. 그러나 이러한 혜택이 모든 교역자들에게 동일하게 적용되는 것은 아니다. 그렇다면 이것은 부교역자들 사이에 경쟁을 유발할 수 있고, 교회의 리더십에서도 적절히 사용할 수 있는 당근이 될 수 있다. 이것은 처음 선한 의도와는 달리 악한 도구가 될 수 있는 메커니즘이 되는 것이다.

이후 부가혜택에 대한 질문이다.

먼저 주거 관련하여 사택을 제공받고 있는가를 물었다. 이에 전임목사의 54.8%, 전임전도사의 34%가 사택을 제공받고 있었다. 이에 반해서 파트타임전도사의 경우는 주거와 관련하여 혜택이라고 할 수 있는 것이 거의 없었다. 이외에도 전월세비용 일체지원은 전임목사가 2.9%, 그리고 전임전도사가 5.1%를 받았고, 전월세비용 일부지원이 전임목사 20%, 전임전도사가 10.3%에 이르렀다. 이에 반해서 혜택이 전혀 없다고 대답한 이도 전임목사가 17.1%, 전임전도사가 43.6%였다. 특히 농어촌의 경우는 사택 제공을 받는 이가 63.2%에 이르러 대도시나 중소도시에 비해서 눈에 띄는 부분이었다.

이 부분은 짚어볼 만한 사항인데, 지방으로 내려가면 부교역자를 구하는 것이 어렵기 때문에 대우가 도시의 사역자들보다 좋다고 한다. 아마 이러한 것이 그러한 방증이 될 수 있을 것 같다.

주거 외에 혜택은 교통비(21.6%), 통신비(19.4%), 도서비(17.5%), 학비(16.5%), 개인차량(6.2%), 현금(1.3%), 기타(7.4%) 등이 있었다. 그러나 아무런 지원도 없다고 응답한 이가 43.9%에 이른 것도 주목해 볼 부분이다.

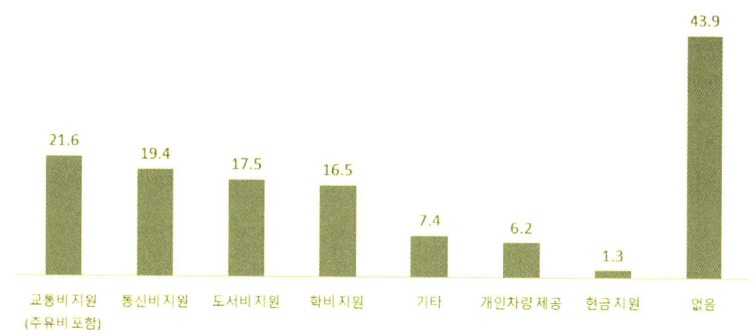

부교역자 중에 4대보험(국민연금, 건강보험, 고용보험, 산재보험) 가입 여부를 물었다. 이 모두를 가입한 경우는 3.2%밖에 안 되었다. 또한 부분적으로 보았을 때 4대보험 중 지역국민연금 비용지원이 되는 경우가 2.8%, 그리고 4대보험 중에서 지역건강보험 비용지원이 되는 경우가 좀 높아서 12%, 그리고 소속교단의 목회자연금 비용지원은 13.9%였다. 또 73.6%는 이 모든 지원 중에 하나도 받는 것이 없다고 대답을 했다.

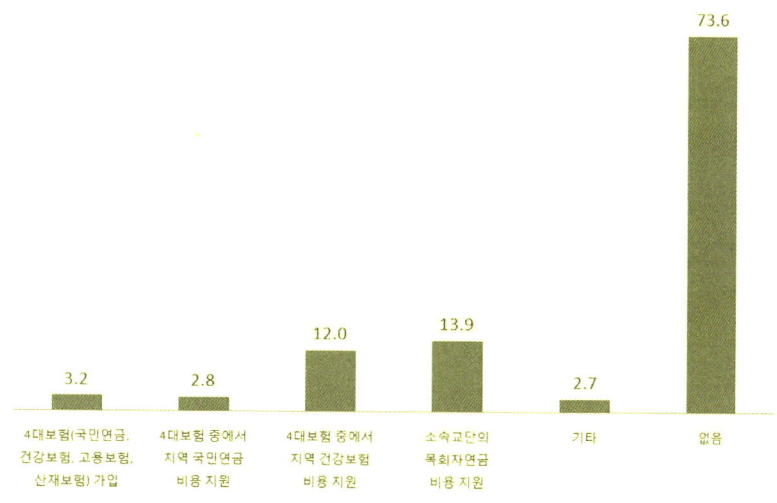

4대보험은 요즘 아무리 작은 기업이라도 기본적으로 가입을 하도록 하고 있다. 그것은 직장생활을 하는 사람들의 입장에서는 가장 기본적인 보호장치라고 할 수 있는 부분이다. 특히 국민연금이나 건강보험 등은 최저의 생활을 약속하는 부분이라고 할 수 있다. 그런데 이러한 부분이 거의 전무한 상태라고 해도 과언이 아닐 정도이다. 이것은 부교역자들의 기본적인 보호가 보장이 안 되는 것을 보여주는 실례라고 할 수 있다. 특히 재직기간이 짧고 고용안정이 안 되는 부교역자들에게 고용보험과 같은 경우는 큰 혜택을 줄 수 있는 부분이 있다.

　이런 것을 생각해 보면 부교역자들에게 4대보험을 제공하는 것은 가장 기본적인 부분이라고 할 수 있다. 이렇게 보면 앞부분에서 사례비가 어느 정도의 수준인가를 논한 부분을 다시 소급해서 생각해 볼 필요가 있다. 비록 부교역자들이 실수령액을 기준으로 해서 보았을 때 서울 정규직 근로자의 평균에 가깝다고 할 수 있을지 모르지만, 이러한 기본적인 것이 제공되지 않는 부분을 생각해 보면 실제적으로 부족한 부분이 있다는 것이다. 또 교회가 부교역자들에게 이러한 것들조차 챙겨주지 못한다면 그것은 부적절한 행위라고 할 수 있다.

　현재 체감하는 경제사정에 대해서는 '어렵다'가 64.2%로 상당히 높게 나왔다. 이에 반해서 '만족한다'는 5.3%밖에 나오지 않았다. '보통'은 30.6%가 나왔다. 이 부분은 상당히 심각하게 돌아보아야 할 부분이라고 생각한다. 특히 20대(67.8%), 파트타임전도사(79.1%), 300명 이하 교회(71.8%)로 어렵다는 대답이 높게 나왔다. 또한 전임목사(55.7%), 전임전도사(65.4%), 파트타임전도사(79.1%)를 비교해 보면 큰 차이가 난다. 이렇게 보면 결국 교회에서 부교역자들 사이의 차별과 구분이 심하다는 것을 볼 수 있다. 세상이 가지고 있는 기준과 비교해 보았을 때 별반 다르지 않는, 어떻게 보면 그 기준이나 차이가 더 심하다는 것을 볼 수 있다.

결국 절대적인 수준에서 한참 모자란 부교역자들의 사례로는 가족들과 함께 살아가기에는 많은 부분 부족하다고 할 수 있다. 물론 교역자들이 청빈한 삶, 자족하는 삶을 살아야하는 것이겠지만, 그것이 강요된 청빈이나 자족이어서는 안 될 것이다.

부교역자들에게 경제적인 이유로 인해서 목회 외에 다른 일을 한 경험이 있는가를 물었다.

이에 26.2%가 '과거에 한 경험이 있다'고 대답했고, 10.7%가 '현재 하고 있다'고 했다. '지금까지는 없으나 향후 할 계획이 있다'고 대답한 이들은 20.4%에 달했고, 전에도 없었고 앞으로도 없을 것이라고 대답한 이도 42%나 되었다. 이러한 수치는 이중직 조사의 평균과 비교해 보면 차이가 느껴진다. 작년에 이루어진 이중직 조사에서는 현재 경제활동을 하고 있는가를 물었을 때 37.2% 긍정응답을 했다. 교역자들의 37.2%, 즉 40% 가까운 사람들이 현재 이중직을 하고 있다고 응답했다.

이에 비하면 이 수치는 상당히 낮은 것이라고 할 수 있다. 특히 전임사역을 감당하고 있는 이들의 경우는 훨씬 더 낮아서, 전임목사는 3.1%, 그리고 전임전도사의 경우는 4.5%로 나왔다. 이것은 이중직을 할 수 있는 시간 여유가 없기에 그럴 수도 있지만, 어떤 면에서는 이 정도 사례만 보장되어도 이중직을 하려하지 않는다고 볼 수 있다. 그런데 지금까지는 이러한 경험이 없지만 앞으로는 할 생각이 있다고 대답한 사람이 더 많은 것을 보면 경제적인 이유보다는 시간적인 제약이 더 크다고 할 수 있다.

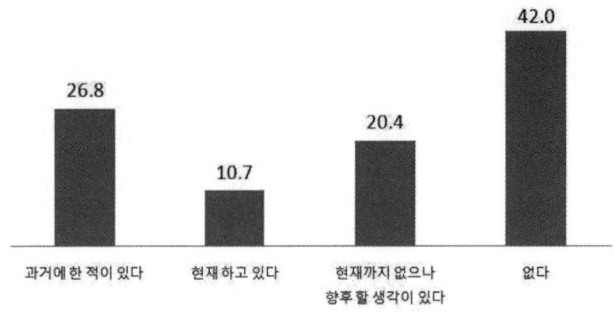

그 다음은 배우자의 경제활동에 대해서 물었다.

'현재 하고 있다'는 응답이 33.3%로 가장 많이 나왔고 '과거 한 적이 있다'는 25.9%, 그리고 '향후 할 생각이 있다'는 응답이 10.6%로 나왔다. 그리고 '없다'는 대답은 30.1% 나왔다. 이 질문에서는 연령별로 비교해 보는 것이 의미가 있다. 20대는 과거(4.6%)와 현재(20.7%) 모두 현저히 낮다. 그러나 30대는 과거(27.5%)와 현재(31.1%), 40대는 과거(29.2%)와 현재(41.0%)으로 나타나 나이가 많을수록 배우자의 경제활동이 현저히 많아지는 것을 알 수 있다. 이것은 배우자가 경제적 능력이 있어서 활동을 하는 것이 아니라 아이들이 자라며 들어가는 비용이 늘어나면서 배우자가 생활전선에 나설 수밖에 없는 상황이 된다는 것을 의미한다.

이러한 목회자나 배우자의 경제활동에 대해서 교회는 어떠한 반응을 보이는가. 목회자의 이중직 활동을 허용하는 경우는 2.3%밖에 안 되고, 배우자에 대해서는 56.5%가 허용한다고 한다. 또 둘 다 허용하는 경우는 22.4%, 그리고 둘 다 허용하지 않는다는 18.8%이다. 이러한 상황을 보면 아직 목회자의 이중직에 대해서는 엄격한 상황이고, 배우자에 대해서는 그래도 관대한 상황이라고 할 수 있을 것이다.

3. 사역 관련

　사역과 관련하여 먼저 청빙이 어떻게 이루어졌는가를 물었다. '공개모집을 통해서 이루어졌다'고 대답한 이가 51.2%고, 44.6%는 '추천을 통해서 이루어졌다'고 했다. 공개모집이 더 많다고 긍정적으로 볼 수 있을지 모르지만 결국 45%에 가까운 사람들은 비공개적인 과정으로 청빙되었다는 것을 의미한다. 좀 더 투명한 과정이 필요하다고 본다.

　청빙과정에서 합의된 계약서를 썼는지를 물었는데, 이에 대해서 93.7%가 계약서를 쓰지 않았다고 했다. 즉 거의 대부분이 계약서를 쓰지 않았다고 볼 수 있다. 계약서 문제는 위의 질문과 무관하지 않다고 본다. 공개모집이 이루어지지 않고, 부교역자 채용이 공개적이지 않다보면 결국 이를 공식화하는 과정인 계약서를 쓴다는 것도 어려울 것이다.

　조사 과정에서 부교역자들과 대화를 나누어 보았는데, 대부분 자신이 얼마의 사례를 받게 될지 모르고 시작한다고 한다. 첫 월급을 타보아야 자신의 사례가 얼마인지를 안다고 한다. 또한 미디어와 같은 특별한 직이 아니고서는 자신이 무슨 일을 하게 될지도 알지 못한다고 한다. 서로가 신뢰한다고 할 수 있지만, 어떻게 보면 항상 '을'의 입장인 부교역자가 나중에 어려움을 겪게 될 수 있고, 실제적으로 그러한 어려움을 호소하는 이들이 많았다.

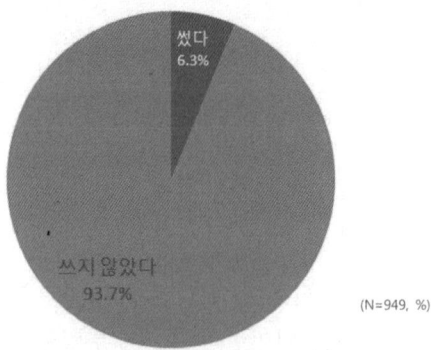

그러면 부교역자들은 계약서의 필요성을 느끼는가?

응답자의 79.3%가 필요하다고 응답을 했다. 즉 계약서를 작성하지 않는 현실은 부교역자의 입장에서가 아니라 교회의 입장에서 이루어진 것을 보여준다. 결국 교회가 '갑'의 입장을 확고히 하기 위해서 기본적인 계약서 작성을 거부하고 있는 것이라고 볼 수 있다.

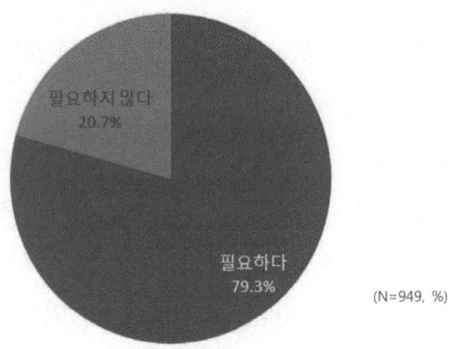

특히 계약서 문제는 연령별로, 그리고 직급별로 차이를 나타내고 있다. 계약서를 썼는가에 대한 질문에서 40대 이상은 8.5%가 썼다고 하고, 30대 5.2%, 20대 5.7%로 작지만 분명한 차이를 보이고 있고, 전임목사의 경우는 8.2%, 전임전도사는 7.1%인데 반해서 파트타임전

도사는 2.5%밖에 안 됐다. 연관하여 계약서의 필요성에 대해서는 거꾸로 40대는 77.7%이고 30대는 79.0%, 20대는 87.4%, 그리고 전임목사는 75.7%, 전임전도사는 79.5%, 파트타임전도사는 86%로 나타났다. 결국 이러한 구조는 40대의 전임목사의 경우는 어느 정도 보장이 되는 반면, 교회 내의 약자라고 할 수 있는 파트타임전도사의 경우는 계약서 작성도 적고, 이들의 요구는 높다는 것을 볼 수 있다.

부교역자들의 근무여건은 어떨까?

먼저 근무시간을 보면 이들은 하루 평균 10.8시간 일을 한다. 그런데 전임사역자의 경우 목사는 11.5시간이고, 전도사는 11.0시간이었다. 이렇게 보면 전임사역자의 경우는 일반적인 근무시간에서 많이 초과하고 있다고 할 수 있을 것이다. 특히 교역자들의 경우는 보통 근로자들에게 허용된 주 5일 근무제는 요원하고, 주중 하루의 휴무도 쉽지 않은 상황이라는 것을 고려해 보면 노동 강도가 상당히 높은 것으로 볼 수 있다.

이어 일일 근무시간이 적절한지에 대해 물었는데 45.8%가 '많다'고 대답을 했고, 16.3%는 '적절하다'고 응답을 했다. 그리고 '보통이다'라고 대답한 이들은 37.9%에 이르렀다. 이를 보면 부교역자들이 임금이나 여건에 의해서 사역을 하는 것이 아니라 많은 헌신성으로 자신들의 일을 감당하고 있다는 것을 느끼게 된다.

교역자들은 일반적으로 월요일 하루가 휴무일이다. 그런데 이를 보장 받는 이들은 46%밖에 안 되었다. 거의 보장받지 못한다고 응답한 이들도 6.1%에 달했고, 때때로 보장받지 못한다고 대답한 이들도 47.8%에 달했다. 물론 목회의 일이란 것이 요일을 정해서 일어나는 것은 아니다. 월요일이라도 장례가 일어날 수 있고, 교회의 행사나 노회 등의 행사가 일어날 수밖에 없다. 그러면 대체휴일이 주어져야 하는데 그런 경우는 극히 드문 것으로 안다.

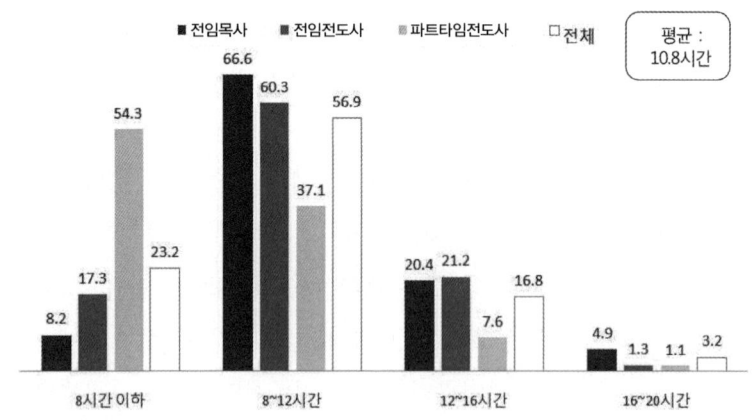

　　그러면 부교역자들의 경우는 가정을 돌보는 것이나 자신의 건강을 돌보는 것, 그리고 자기계발을 할 수 있는 것이 어렵다. 결국 부교역자들의 경우는 스스로가 고갈되고 이용되고 있다는 느낌을 받을 수밖에 없을 것이다. 그리고 실제적으로 건강을 해치고, 가정적으로 건강하지 못한 모습을 나타내는 경우들이 많이 나타나고 있다.

　　사역기간과 관련하여서 협의된 기간이 있는지를 물었다. 이에 대해서 79.8%가 없다고 대답을 했다. 거의 80%의 부교역자들이 자신이 이 교회에서 얼마의 기간 동안 일을 하고, 정착할 수 있는지를 알 수 없는 것이다. 보통 교단의 법에 의하면 부교역자들은 매년 당회나 교회 리더십에 의해서 계약을 연장하는 것으로 되어 있다. 실제적으로 매년 이를 심사하거나 심의하는 일은 현장에서 일어나지는 않는 것으로 알고 있다. 그러나 교회가 어려움이 생기거나 하면 이것은 제도로서 효력을 발휘하기도 한다. 물론 이러한 과정조차 보장되지 않는 경우들이 다수이지만 말이다. 그러면 결국 부교역자들은 교회에서 사역하는 것에 대해서 항상 임시라는 생각을 가질 수밖에 없을 것이다. 1년의 사역조차 제대로 보장받지 못하는 현실에서 책임 있는 사역을 원하는 것은 과욕일 수 있다.

또 협의된 이들의 평균 사역기간은 2.9년이었다. 이 역시 일반적인 직장인들의 입장에서 보면 상당히 짧은 기간이라고 할 수 있다. 그리고 교인들의 입장에서도 믿고 따를 수 있는 여건이 되지 않는 것이다. 교역자들의 경우는 영적인 권위 가운데 교인들의 신뢰를 바탕으로 해서 사역을 감당해야 한다. 교회라는 조직이 어떤 강압이나 힘에 의해서 움직이는 곳이 아니기에 더욱 그러하다. 그런데 부교역자들이 평균 2.9년의 시간밖에 교회에 있지 못한다면 그 가운데 교역자와 교인 사이의 신뢰가 형성될 수는 없을 것이다. 평균 3년 마다 바뀌는 교역자들을 상대로 교인들이 어떤 기대를 할 수 있는지 의문이 들 수밖에 없다.

또 사역기간 관련하여 본인들이 희망하는 사역기간을 물었는데, 평균 4년으로 나타났다. 특이한 것은 없다고 응답한 사람이 30%로 가장 높게 나온 것이다. 그리고 다음이 3년으로 24%가 응답을 했다. 결국 이 부분은 교회나 부교역자 양쪽 모두 기대가 없다는 것이다. 이런 것을 바탕으로 생각해 보면 부교역자의 자리에 대한 정의가 필요한 부분이라고 생각한다. 즉 부교역자가 전문직을 가진 이들인지, 담임목사의 사역을 보조하는 이들인지, 담임목사가 되기 위해서 수련하는 입장인지에 대한 것이다.

과거에 부교역자는 목회를 배우는 이들로 보았다. 즉 스스로가 담임목사가 되기 위해서 목회 실습을 하는 과정으로 보는 것이다. 그러나 요즘은 부교역자의 근무연수가 늘어나고 있다. 부교역자 시간이 10년을 넘기는 이들도 적지 않다. 이번 조사 기간에 조언을 해 준 분의 이야기를 들어보면 자신은 부교역자 생활을 18년을 했다고 한다.

그러면서 자신은 원로부목사급이었다고 한다. 주변에도 부교역자만 20년을 넘게 한 사람들이 꽤 있다고 한다. 이렇게 보면 부교역자는 이제 담임목사가 되기 위한 수련기간이 아니라 또 다른 형태의 사역분야라고 할 수 있다. 그럼 이제 부교역자의 위상이나 사역 형태에 대한 문제제기가 필요한 때라고 본다. 즉 전문직으로서의 부교역자의 사역과 자리가 필요한 것이다.

과거 담임목사로 사역하기 위한 수련기간으로서의 부교역자의 한 교회사역기간은 어쩌면 3년 정도가 적절했는지 모른다. 그러면 2-3개 정도의 교회를 거치며 목회를 경험하고 훈련할 수 있을 것이다. 그러나 현재 부교역자의 사역형태를 볼 때 그것은 불안정한 사역의 형태가 될 것이다. 즉 20년 정도의 부교역자 생활을 한다면 6-7번의 사역 변경을 경험해야 한다는 것인데, 그것은 불안정과 불연속성의 문제가 있다고 본다. 이것에 대한 한국교회의 고민이 필요한 때이다.

부교역자들이 느끼는 가장 큰 문제는 사역종료 때 일 것이다. '계약기간 만료'(3.2%)나 '충분한 합의에 따라'(14.6%)와 같은 정상적인 방법은 드물었다. 가장 많은 것은 '자진사임'(53.4%)이었고 그 다음은 '갑작스러운 통보'(19.5%)였다. 갑작스러운 통보는 특이하게 40대(24.6%)로 전임목사(22.9%)가 많았다. 가장 안정되어 있어야 할 이들이 오히려 가장 불안한 형태라는 것을 알 수 있다.

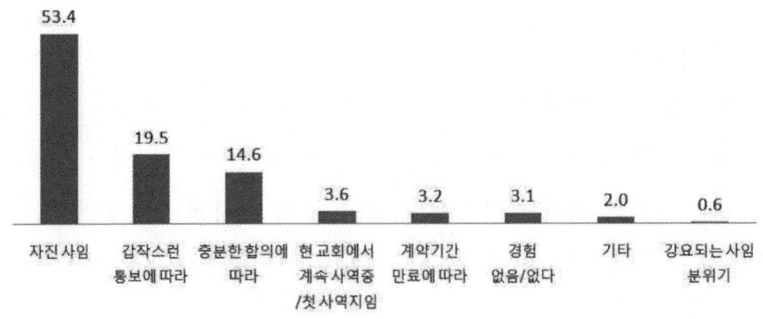

이렇게 관둘 경우 퇴직금은 보장되는가?

퇴직금을 수령했다는 이는 45.1%에 불과했고, 53.6%는 퇴직금을 받지 못했다고 한다. 결국 이렇게 보면 4대보험도 안 되는 형편에서 갑자기 퇴직금도 없이 퇴직통보를 받는 경우들이 많다는 것이다. 즉 아무 보장도 없이 내어 쫓기는 형태가 많다는 것이다.

이런 형태는 여러 교회에서 당연시 되고 있다. 특히 교인들의 동요를 막는다는 핑계로 교인들에게 퇴임인사도 못하고 교회를 떠나는 이들도 많다. 즉 부교역자는 항상 떠날 사람이라는 인식에서, 결국 위의 계약기간과도 연관이 되는데, 떠남도 아주 쉽게 생각한다는 것이다. 이럴 경우 부교역자와 교인들은 인격적이나 목회적인 차원에서 진정한 교제를 기대하기는 어려울 것이다.

그러면 부교역자들이 요구하는 더 나은 사역을 위해 필요한 것은 무엇일까? 가장 많은 것은 '사례비 인상'(67.3%)이었고 다음은 '전문성 향상의 기회제공'(63.9%)이었다. 그 이후로 '목회역할 구체화'(45.6%), '담임목사의 존중'(42.4%), '일정한 근무시간 준수'(39.5%), '사역기간보장'(33.8%), '당회원들의 존중'(27.0%), '팀목회 도입'(25.7%), '교인들의 존중'(22.7%) 등으로 다양하게 나타났다.

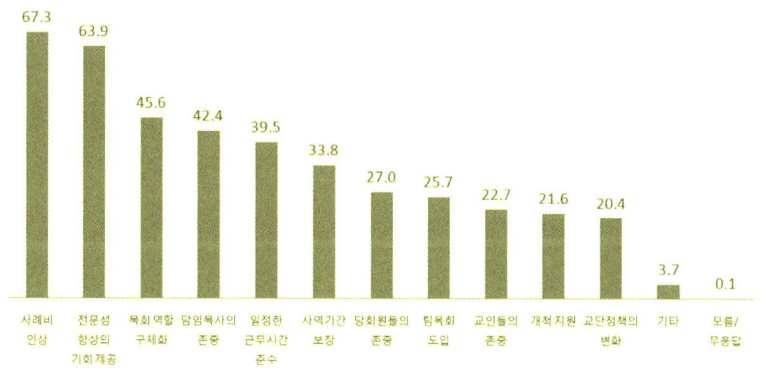

제7장 | 한국교회 부교역자의 사역 현황에 대한 설문조사 결과 분석

4. 기타 질문

기타질문은 예시가 붙은 객관식 질문이 아니라 주관식 질문을 했다.

먼저 부교역자로서 가장 큰 어려움은 무엇이며, 개선을 위해 어떤 조치가 필요한지를 물었다. 이에 대해 응답자의 22.9%가 '담임목사의 부당한 언행,' '권위주의 근절'을 꼽았다. 또 관련하여 '부교역자에 대한 인식개선'이 12.8%, '권위주의적인 교회문화 개선'이 5.4%, '인간적인 대우 및 인격존중'이 4.5%가 나왔다. 이러한 비인격적인 대우를 하는 주체는 무엇보다 담임목사가 많았지만 교회공동체에서도 이루어지고 있는 것을 알 수 있다.

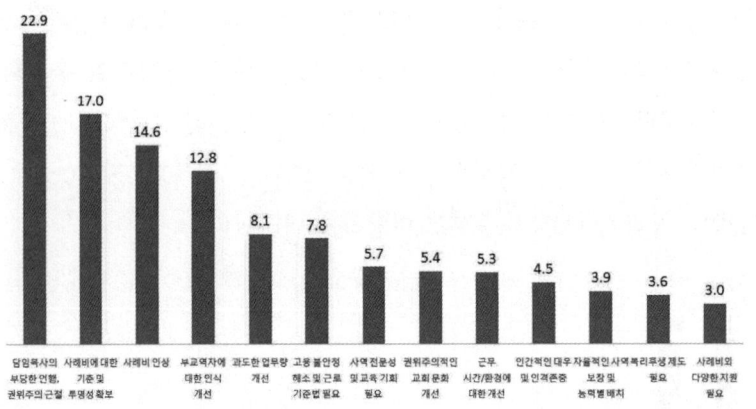

이번 조사를 하면서 제보성으로 들은 많은 이야기들이 있었다. 담임목사에게 공개적인 자리에서 사탄이라는 이야기를 들으며 교인들 앞에서 내어 쫓김을 당한 이들도 있었다. 담임목사의 문제를 보게 되었다는 이유로 인해서 미움을 받아 어려움을 겪기도 한다. 어떤 목사는 사택제공이라는 이야기를 듣고 갔는데 강대상 뒤에 자리한 조그만 방에서 부부가 거처하는 일도 있었다고 한다. 또 우리가 자주 듣는 이 야기지만 설교를 잘 해서 어려움을 겪기도 하고, 교인들이 좋아한다 고 해서 어려움을 겪기도 한다.

부교역자로서 겪는 어려움은 어쩌면 경제적인 면보다는 바로 이 러한 비인격적인, 그래서 교역자로서의 자존심을 모두 내려놓아야 하는 일들이었다. 부교역자는 어쩌면 상당히 애매한 자리라고 할 수 있다. 목회자로서 존중을 받아야하는 자리임에도 불구하고 담임목사 와 비교할 때 그 위치가 애매하고, 그렇다고 성도들의 자리로 내려가 기에는 역시 확실하지 않은 자리이다. 때로 부교역자는 담임목사뿐만 아니라 평신도 지도자들에게도 부림을 당하는 낮은 자의 자리에 있기 도 하다. 그래서 인격적인 모독을 당하고, 교역자로서 뿐만 아니라 인 간적인 존중조차 못 받는 경우들도 생겨나는 것이다.

물론 교역자의 처우개선도 중요한 부분이었다. '사례비에 대한 기 준 및 투명성 확보'가 17%, '사례비 인상'이 14.6%, '고용 불안정 해소 및 근로기준법 필요'가 7.8% 등으로 나타났다. 부교역자들에게 있어 서 더 높은 사례비와 함께 중요하게 여겨지는 것은 합리적이고 확실 한 고용안정이라고 할 수 있을 것이다.

다음은 한국교회에서 부교역자의 삶을 한 마디로 말해 보라고 했다. 그 결과는 참담했다. '종/머슴/노예'라고 대답한 이들이 10.8% 였고, '계약직/비정규직/인턴/일용직/임시직'이라고 대답한 사람도 8.1%였다, 그리고 '담임목사의 종/하인/하수인'이 5.5%, '소모품/부 속품'이라고 하는 이가 5.2%, '을/병/정/갑질당하는 삶'이 4%, '직원/ 회사원/직장인/부하직원'이 3.5%, '고난/고달픈 삶/힘든 자/어려운 삶'이 3.4% 등으로 나왔다. 이러한 정의를 보면 자신을 교역자나 성직자, 또는 목회자로 보는 사람은 없다는 것이다. 모두가 참담한 자신들의 삶을 그야말로 적나라하게 밝힌 것들이다. 어쩌면 설문조사에서 이 질문에 대한 답이 부교역자의 삶을 가장 적실하게 나타내고 있는 것인지 모른다. 그 무엇으로 설명하기보다 결국 자신들의 삶을 종이나 머슴, 계약직이나 회사의 직원쯤으로 밖에 생각할 수 없다는 것이다. 이들이 갖고 있는 자괴감은 결국 건강한 사역이 가능할 수 있을까하는 생각을 품게 한다.

마지막으로 그밖에 하고 싶은 말씀을 적어달라고 했는데 결국 비슷한 이야기들이 나열되었다. 담임목사의 부당한 언행이나 권위주의 근절, 부교역자에 대한 인식개선의 필요 등이다. 그런데 눈에 띄는 부분은 10.8%가 교단의 정책개선 및 목회자를 위한 시스템 개발연구가 필요하다는 의견을 나타낸 것이다. 이것은 정말 중요한 부분이라고 생각한다. 부교역자도 이제 한국교회의 중요한 일원으로서 바라보며 교단이 이들을 위한 정책을 개발해야 한다. 이들의 처우를 개선하는 것, 그 지위에 대한 재정의, 그리고 이들이 교역자로서 인정을 받고 사역할 수 있도록 해 주는 것 등은 결국 교단차원의 대책이 필요한 부분이다. 이에 대한 교단의 움직임이 필요하다.

5. 나가며

기윤실에서는 부교역자들의 어려움에 대해서 많은 제보를 받으며 이들을 도울 수 있는 길을 모색해 보고자 첫 걸음으로 이 설문조사를 실시했다. 이 조사결과를 놓고 보면 그렇게 센세이션한 결과가 나왔다고는 생각하지 않는다. 어쩌면 우리가 생각할 수 있었던 결과들이라고 할 수 있다. 그것은 한편 우리가 몰라서가 아니라 부교역자는 그냥 그렇게 살고, 그렇게 사역하는 것이 당연하다는 인식을 가지고 있어서 일 것이다. 즉 그러한 문제들이 부당하다고 생각하고, 문제가 있다고 생각하면서도 그냥 그러려니 하는 마음으로 바라보았다는 것이다. 이 조사는 이러한 문제에 대해서 지적을 해 보고자하는 마음에서 시작되었고, 이러한 결과를 토대로 하여 앞으로 지속적인 관심과 운동을 펼쳐나갈 것이다.

이 조사를 토대로 보면 처우는 상당히 부족했다. 경제적인 면에서는 그렇게 부당하다고 할 수는 없지만 결코 넉넉하다고 할 수도 없는 수준이었다. 어쩌면 가족들과 함께 근근히 살 수 있는 수준이라고 할 수 있다. 그러나 이러한 관점은 어쩌면 교역자니까 그냥 가난하게 살아야 한다는 전제에서 보는 것일 수 있다.

그러나 중요한 부분은 이들의 고용이 불안정하다는 것이다. 약 3년의 근무기간이 이를 반증해 준다고 본다. 그리고 정해진 계약도 없고, 약속된 것도 없이 그냥 소비되는 인력이 부교역자인지 모르겠다. 이것은 경제적인 불안정과도 맞물려 있다. 4대보험도 없고 퇴직금도 없는 이들이 수시로 이직을 해야 한다면 그것은 많은 비용지출과 삶의 불안정으로 이어질 것이기 때문이다.

부교역자들의 경제적인 대우는 기본적인 측면이 있다. 담임목사와 비교할 때 너무 큰 차이로 인해서 담임목사 자리가 로또 수준이 되면 안 되기 때문이다. 이미 언급한 바와 같이 졸부의 윤리가 똑같이 적용될 수 있다. 담임목사들이 다 부교역자 시절을 겪었을 텐데 결국 부교역자들을 착취하고 괴롭히는 이들도 이 담임목사들이라는 것은 이러한 윤리적인 문제의 반증이라고 본다.

또 중요한 부분은 이러한 경제적 어려움이 부교역자들을 교회 내의 불우이웃으로 바라보는 시선을 만든다는 것이다. 어느 교회에서는 담임목사가 설교 가운데 우리 부교역자들의 사례가 적으니 심방을 오면 잘 챙겨주라고 했다는 것이다. 그러면 이런 경우 이 담임목사는 좋은 분일까하는 의문이 든다. 이 말을 전한 사람은 그래도 이 목사가 부교역자들을 챙겼다는 의미로 이야기했다. 하지만 어떻게 보면 교회가 당연히 챙겨야 할 부분을 안 하고 개인적인 차원의 구제(?)로 만든 것이다. 이렇게 되면 많은 경우 부교역자들과 교인들과의 관계, 특히 돈 많은 교인들과의 관계는 주종관계가 된다. 그리고 교인들은 부교역자들을 교회 내의 불우이웃으로 바라보기도 하고, 얼마의 돈으로 살 수 있는 개인 채플린(chaplain)으로 보기도 한다. 결국 이러한 부분들이 부교역자들의 인격적인 대우에 영향을 끼치기도 한다.

또 지적하고 넘어갈 부분은 부교역자들이 이러한 재정적인 문제보다도 인격적인 대우나 사역자로서의 존중을 원하고 있다는 것이다. 이것은 상당히 슬픈 현실인데, 목회자로서 부름 받고, 영적 권위로 설교하고 목양해야하는 이들이 담임목사나 교회의 리더십들에게 상처를 받고, 비인격적인 대우를 받고 있다는 것이다. 요즘은 많은 직장에서는 인권 차원에서 아랫사람들이 보호를 받고 있다. 그런데 교회에서, 그것도 목회자로 사역을 하는 이들이 이러한 보호를 받지 못한다는 것은 정말 부당하고 슬픈 일이다.

교회 차원에서 이제 부교역자들에 대한 인권을 논해야 한다. 제도적으로 이들에게 계약서에 근거하여 권리를 보장해 주어야 한다. 특히 근무기간이나 근무시간을 명시하여 계약서를 작성하고, 이를 준수해 나가야 한다. 부교역자를 생각해 보면 양복을 입고 마당에 눈을 치우고 있는 모습이 생각난다. 설교를 하고 목양을 해야 하는 입장이기에 교역자들에게 양복은 작업복이나 마찬가지이다. 이들은 이 양복을 입고 해야 하는 일들이 주 업무이다. 그런데 눈이 내리면 이 양복을 입고 마당에서 눈을 치우고 있는 모습을 보게 된다. 이들은 성직자로 존경을 받다가도 어느덧 허드렛일을 해야 하는 입장에 처하기도 한다.

이번 조사를 하면서 부교역자는 누구일까 하는 의문이 더 크게 생겼다. 목회자의 일을 감당하면서 존경을 얻기보다는 교회 내의 불우이웃이 되는 것도 그렇고, 자신을 표현하면서 종, 소모품, 하인 등으로 표현되는 것도 그렇다. 이들은 어떻게 보면 헌신이라는 미명 아래 상처와 소외의 대상이 될 수 있다.

이제 시대는 목회수련생으로서의 부교역자상이 아니라 교회를 세우는 팀목회를 요구하고 있다. 20년 넘게 부교역자 생활을 하는 이들도 늘어나고 있는 상황이고, 50대의 부교역자도 자주 보게 되는 것이 현실이다. 그렇다면 이제 부교역자의 재정의, 그리고 이들의 기본적인 삶과 생활의 보장도 생각해 보아야할 때이다. 이것은 단순히 담임목사나 교회 리더십의 각성으로 끝날 수 있는 문제는 아니고, 부교역자를 바라보는 교회나 담임목사의 인식 전환, 그리고 이들의 권리를 보장해 주는 제도의 개선, 그리고 무엇보다도 완생이 아니라 미생으로 대우되는 현실을 바꾸어 전문목회자로서의 역할 전환도 생각해 보아야 한다. 특히 교단 차원에서 제도를 정비하여 부교역자들의 의미 있는 사역이 가능하도록 해 주어야 할 것이다.

제8장

한국교회의 회중성 조사 및 가능성
- 작은 교회 목회자 인터뷰를 중심으로 -

1. 한국교회의 현실

근래 한국교회의 고민은 성장의 정체이다. 정체된 정도가 아니라 이제 마이너스 성장을 하고 있으니 그 고민의 골이 더 깊어졌다. 통계청이 실시한 2005년 인구주택총조사(Census)에 따르면 개신교는 불교, 천주교를 포함한 대한민국 3대 종교 중에서 지난 10년간 유일하게 마이너스 성장을 하였다. 2005년 11월 1일을 기준으로 하여 10년 전인 1995년도와 비교해볼 때 개신교는 1995년 876만 명으로 인구구성비에서 19.7%였는데 2005년도에 861만 1천 명으로 절대적 인구에서 14만 4천 명이 줄어들고 1.6% 마이너스 성장을 했다. 이러므로 현재 개신교는 인구구성비에서 18.3%를 차지하고 있다. 이에 비해 불교의 인구구성비는 23.2%에서 22.8%로 0.5% 감소하기는 했으나, 절대숫자에 있어서는 1072만 6천 명으로 10년 전에 비해 40만

5천 명이 증가하였으며, 천주교는 놀랍게도 295만여 명에서 514만여 명으로 219만 5천 명이 증가하여 74.4%라는 경이로운 성장을 기록하였다. 이로써 현재 천주교는 10년 전 인구구성비 6.6% 수준에서 10.9%로 급하게 성장하였다.[1]

그동안 한국교회는 전도에 어려운 사회적 환경이나 현실적으로 줄어들고 있는 교인들의 숫자로 인해서 성장에 어려움이 있을 것이라고 대략 생각해 왔다. 그러나 막상 실제적인 숫자로 확인해 볼 때 이러한 우려는 현실이 되어 심각하게 다가왔다. 무엇보다도 불교나 천주교의 경우는 성장을 하였는데 반하여 개신교만이 마이너스 성장을 하였다는 사실에 상당한 충격이 되었음이 사실이다. 특히 천주교의 경이로운 성장은 이 부분에 있어서 종교사회학적인 분석이 필요함을 보여주고 있다.

이것은 단순히 한 종교의 선교적 전략에 따른 성장이라고 하기에는 너무 급격한 변화이기도 하고 더군다나 양적으로도 상당히 커다란 성장이기도 하기 때문에 사회적 환경이나 현대인들의 종교성에 비추어서 살펴보는 것이 타당하다. 즉 개신교회가 지난 시절 성장하였던 데에 비해서 지난 10여 년 동안 한국사회에서 현대인들의 종교성은 분명 변화되었다고 볼 수 있다. 이것은 달리 말하면 지난 1970년대나 1980년대 이루었던 한국교회의 경이적인 성장이 가능했던 사회의 환경이나 현대인들의 종교성과는 다른 양상이 1990년대 이후에 나타난 것으로 보이며 이제 마이너스 성장에 들어선 한국교회가 다시 그 생명력을 회복하려면 새로운 패러다임의 변화가 필요하다는 것이다.

---

1 통계청, 「2005 인구주택총조사. 전수집계결과」, 2006. 5. 32. 통계개발원, 「한국의 인구주택. 인구주택총조사 종합분석보고서」, 2008.11. 8-9.

이러한 사회적 환경을 엿볼 수 있는 중요한 조사가 지난 2008년 11월 기윤실에 의해서 실시되었다. 이 조사에 따르면 한국교회를 신뢰하는가하는 질문에 18.4%만이 신뢰한다고 대답하였다. 개신교인의 비율이 18.3%인 것을 감안한다면 이 숫자는 그야말로 개신교인들의 숫자를 넘지 못하는 정말 처참한 결과이다. 즉 개신교인들 외에 과연 한국교회를 신뢰하는 사람이 있는가하는 의문이 들 정도이다. 그러나 이 결과보다 더 주목하게 되는 것은 같은 질문에서 48.3%가 한국교회를 신뢰하지 않는다고 대답한 것이다. 이 결과에 대해서 주목하는 것은 보편적으로 이러한 설문조사에서는 사람들이 '보통'으로 대답하는 것이 상례인데 대한민국의 국민들은 명확하게 자신의 입장을 한국교회에 대해서 'NO'라고 밝혔다는 것이다. 즉 대한민국 국민의 약 절반에 가까운 48.3%의 사람들은 자신들이 명확히 한국교회를 신뢰하지 않는다고 밝혔다.

과연 이러한 풍토에서 한국교회가 수적인 부흥을 경험할 수 있을까?

수많은 목회자들이 다양한 신학교에서 양산되고 있는 현재의 상황에서 교회개척이 가능할까?

아니, 기존의 작은 교회들은 과연 생존할 수 있을까?

이러한 질문들에 대해서 정직하게 볼 때 우리는 긍정적으로 대답하기가 어렵다. 실제적으로 삶의 현장에서 겪고 있는 기독교에 대한 반감이나 비호감은 우리의 상상을 초월한다. 기독교를 믿는다는 것이나 교회를 다닌다는 것이 이제 상당히 부정적인 이미지로 비쳐질 수 있는 상황에 우리는 와 있다.

이러한 상황 속에서 우리에게 필요한 것은 과감한 패러다임의 전환이다. 지난 한국교회의 성장기에서 경험하였고 득을 보았던 그러한 목회 방법들이 아직 한국교회의 대세를 이루고 있는 상황이지만,

이제 위의 조사들을 볼 때에 한국교회가 전반적인 변화를 겪지 않고는 공멸의 위험에 직면했다고 본다.[2] 지금 이 위기 속에서 필요한 것은 순차적인 변화가 아니라 정말 상전벽해의 과감한 변화이다. 즉 패러다임의 전환이 아니고서는 회복이 불가능한 현실에 한국교회는 직면했다.

실천신학대학원의 종교·목회사회학 연구팀은 이러한 현실 인식 속에서 지난 2008년 10월부터 2009년 3월까지 약 6개월 동안 33개의 교회를 방문하여 목회자들과 심층인터뷰를 진행하였다. 그들은 대부분 작은 교회들이었다. 연구팀은 그들과의 인터뷰를 통하여 한국교회의 밑바닥에서 이루어지고 있는 일들을 적나라하게 목격하였다. 충격적이라기보다는 예상할 수 있었던 어려움들이 현장 목회자들의 입을 통해 증언되었다. 오히려 충격이라면 이러한 현실이 목회자들이나 회중들에 의해서 숙명으로 받아들여지고 있다는 것이다. 이러한 어려운 현실들이 이제 벗어날 수 없는 멍에가 되어서 그들을 짓누르고 있었다는 것이다.

그럼에도 불구하고 곳곳에서 다양한 형태의 새로운 시도들이 이루어지고 있었고, 적지 않은 곳에서 그 결과들이 긍정적으로 나타나고 있었다. 이것은 바로 목회의 새로운 패러다임을 이룬 결과였다. 그 패러다임은 우리가 쉽게 상상할 수 없었던 과감한 변화의 결과였다. 이제 이 연구에서는 이러한 한국교회의 현실에 대한 서술과 새로운 패러다임의 가능성을 함께 제시해 보고자 한다.

---

[2] 조성돈, "종교인구 변동에 대한 분석과 한국교회의 과제," 「사회이론」, 32호 2007, 93-118, 112.

2. 리더십에서의 세대 변화

이번 조사에서 두드러진 현상은 리더십의 유형이 변하고 있다는 것이다. 과거에 목회자들은 카리스마적인 리더십을 행사하였다. 보통 성령운동을 하시는 분들의 경우, 이번 조사에서도 같은 케이스가 나타났는데, 중간 리더를 세우기보다는 직접 권위적으로 성도들을 이끌었다. 그 교회는 아예 장로를 세우지 않았다. 그러나 이 교회는 목회자가 성령의 은사를 보여줄 수 있는 형태였다. 그러한 것들이 그나마 그러한 유형의 목회 리더십을 허용하는 것이었다. 그러나 이번 조사에서 나타나는 현상과 함께 나누어진 조사에서는 근래 10여 년 동안에는 이러한 리더십이 허용되지 않고 있다는 것이다.[3]

도시지역의 경우는 아예 이러한 형태가 나타나지 않고 있고, 그러한 리더십이 받아들여지지 않고 있다. 그러나 아직 농촌 지역과 같은 경우는 그러한 리더십이 보이지만 오히려 회중이 받아들이지 않아 목회에서 어려움을 겪는 경우도 있었다. 도농 지역의 한 목회자는 실제로 권위주의적인 리더십을 발휘하다가 성도들의 참여를 이끌어 내지 못하고 교회에서 어려움을 겪었다. 그 이후 목회자 본인이 슬럼프에 빠졌고 주변의 조언을 따라 깨달음을 얻고 목회 리더십의 변화를 꾀하였다. 이를 본인은 '회심'이라고 표현하고 있다. 그 이후에 교회가 살고, 본인도 목회의 새로운 전환을 맞이하게 되었다.

이러한 현상이 나타나는 것은 두 가지 방향에서 그 이유를 찾을 수 있다.

---

[3] 김형태, 『목회적 신학-바른 목회를 위한 새 패러다임 모색』 (서울: 기독한교, 2006), 126.

첫째, 목회자의 권위의 실추이다.

작은 교회들이 가지고 있는 어려움에 가장 많은 비율을 차지하는 것은 전임자가 남겨둔 문제들이었다. 요즘은 새로운 개척보다는 목회자들이 기존의 교회로 자리를 옮기거나 찾아가고 있다. 이것은 한국교회에 새로운 양상을 내어 놓았다. 이전에는 목회자들이 교회를 개척하여 교회에서 권위를 인정받는 것이 일반적이었는데 이제는 그러한 개척 목회가 흔하지 않다보니 전임자의 문제가 나타나게 되었다. 보통은 전임자가 이임하는 경우 빚을 남겨 놓는 경우가 많았다. 그것은 교회당을 지어놓고 그 과정에서 얻은 대출이 큰 문제였다. 그 외에도 이임자의 퇴직금이 문제가 되기도 하고 전임자가 은퇴하는 경우는 퇴직금이 빚으로 남아 있는 경우들이 있었다.

특히 이임이나 은퇴의 경우 정해진 퇴직금이나 은퇴자금에 대한 명확한 규정이 없는 것이 문제가 되기도 한다. 떠나가는 사람들이 직접 교회와 자신의 퇴직금이나 노후문제를 논의해야 하기 때문이다. 이 과정에서 성도들은 목회자에 대한 기대에서 멀어지는 경우들이 생기게 되고, 목회자 역시 그간의 노력에 비하여 섭섭한 대접을 받고 있다고 느끼는 경우들이 생긴다. 그러나 문제는 떠나는 사람의 생계문제도 있지만 그 이후를 감당해야 하는 작은 교회의 입장에서는 계속적인 어려움이 남게 된다는 것이다.

동해의 한 교회는 부임 당시 4층짜리 단독 건물이 있었다. 그러나 목회자가 이 교회에 부임하고 나서 살펴보니 남은 빚이 2억이 있었고, 후에 나타난 것이 또 1500만원이 있었다. 그런데 이러한 과정에서 교인들은 다 떠나가서 부임한 주일에 교인은 18명밖에 되지 않았고, 그 주일에 헌금은 십 몇 만원이 전부였다. 사례비는 둘째 치고 매달 나가는 이자와 1500만원에 대한 변제금도 채우지 못하는 형편이었다. 이러한 사례는 적지 않게 작은 교회들이 가지고 있는 문제였다.

이러한 경제적인 문제뿐만 아니라 전임자가 떠날 때 윤리적인 문제를 일으키고 간 경우도 심각한 후유증을 남긴다. 그리고 목회자들이 큰 교회를 찾아서 나간 경우도 성도들에게 적지 않은 실망감을 주어, 목회자에 대한 불신이 자리하게 된다. 이러한 상황에서 목회자의 권위는 기대할 수 없고, 새로 부임하게 되는 목회자들의 경우는 교인들의 신뢰를 얻기까지 적지 않은 시간들을 투자해야 한다.

이러한 현상을 반영하여 요즘은 목회자 청빙을 성도들이 주도하고 있다. 퇴임을 앞둔 목사들의 경우는 퇴직금을 주고 손을 떼게 만들고, 후임 목회자에 대해서는 그 영향력을 발휘하지 못하도록 한다. 교회와의 연관성을 완전히 끊어 놓는 의미도 있고, 목회자에 대한 불신을 보여 주는 것이기도 하다. 물론 민주적인 방향으로 선회되었다고 볼 수도 있지만, 그 속내를 보면 그렇게 선한 모습은 아니다.

이러한 청빙에서 새롭게 보이는 대목은 이전에 교회와 연관성을 가지고 있는 사람을 선호한다는 것이다. 이전에는 통상 교회에서 어린 시절을 보냈거나 부목사를 했던 사람들을 담임 목회자로 모시는 것을 피했었다. 이미 잘 알고 있는 사람이거나 어린 시절을 본 사람에게 담임 목사로서의 존경을 보내기는 쉽지 않았을 것이다. 그리고 현실적으로 그런 사람들은 목회자로서의 권위를 인정받거나 내세우기가 쉽지 않았다.

그러나 요즘은 오히려 청빙하려는 교회에서 어린 시절부터 성장했거나 부목사를 했던 사람을 찾는 경우들이 많다. 그 이유에 대해서는 아마 목회자로서의 능력이나 권위보다는 회중들과 친근한 사람을 선호하기 때문일 것이다. 즉 교인들은 목회자의 리더십으로 능력이나 권위보다는 친근감이나 친화력을 보는 것이다. 즉 새로 왔을 때 기존의 회중과의 갈등보다는 나눔이 있기를 바라는 것이다.

실제로 아산의 한 교회를 담임하는 목사는 초등학교 6학년 때 교회가 설립되던 상황을 기억하고 있었다. 그는 그 교회에서 성장했고, 전도사와 부목사를 거쳐서 담임 목사가 된 것이다. 교회 어른들과 장로들을 잘 알고, 교회는 가정 같은 분위기를 가지고 있다고 자부심을 가지고 이야기한다. 그래서 그런지 교회의 대소사가 다 직원회의(세례교인이 모두 참석하는)를 통해서 이루어지고 있고, 교회 내의 갈등도 없었다. 그리고 마을에서 행사를 하면 꼭 참석한다고 한다. 그의 말에 의하면 교회가 참여를 안 하면 동네일이 아니라는 것이다. 아마 그 지역에서 성장한 목회자의 마인드가 녹아 있는 것 같다. 이러한 경향이 바로 리더십의 변화를 잘 보여주는 단면이다.

둘째, 회중세대의 등장이다.

과거 한국교회는 시대를 리드하는 집단이었다. 초기 선교 단계에서는 개화세력을 배출하고, 개화사상을 뒷받침한 것이 기독교였다. 일제 강점기 때는 독립운동을 뒷받침했고 많은 학교를 설립하여 민족의 인재들을 많이 배출했다. 그리고 해방 이후에는 민주주의를 세우는 데 이바지하였고 산업화 시기에는 그 정신적 배경을 이루는데 크게 영향을 미쳤다.

그런데 지금에 이르러서는 시대의 흐름을 따라가지 못하고 있다. 사회는 지금 상당히 민주화되어 국민의 권리가 강조되고 있다. 특히 소비자 중심의 문화가 나타나고, 인터넷이라는 장의 등장으로 사람들은 자연스럽게 자신의 의견을 표현하고, 의사결정 과정에 참여하고 있다. 그런데 교회는 아직 그러한 준비가 되어 있지 않다. 교회에 들어오면 목회자 중심이고, 연장자 중심이고, 남성 중심이다. 의사결정은 비밀리에 이루어지고, 공개적 토론이나 의사결정 과정의 공개는 아직 부담스럽다. 바로 이러한 부분에서 많은 교회의 회중들이 불만을 가지고 있고, 심지어 젊은 세대들은 교회에 실망하고 거리를 두고 있다.

물론 이번 조사에서 발견하게 되는 것은 교회의 의사결정 과정이 많이 공개되어 있다는 것이다. 거의 대부분의 교회들이 임원들이나 전체 회중의 회의를 통해서 의사결정을 하고, 교회의 일들을 공개하여 서로에게 짐을 나누고 있었다. 그럼에도 불구하고 이러한 일들이 아직 사회에서 이루어지고 있는 바에 비하면 미약하다. 특히 학교나 직장에서, 그리고 심지어 동아리나 친목 모임 등에서 이루어지는 민주적 과정들에 비하게 되면 아직 교회의 수준은 멀었다는 것이다. 즉 교인들의 기대는 목회자들이 생각하는 것 이상의 수준에 올라와 있다.

이번 조사에 보면 민주적 의사결정이 이루어지는 교회들이 성장하고 있었다. 작은 교회일수록 이러한 절차들은 중요하게 여겨졌다.

90년 역사가 되는 농어촌 지역의 한 교회는 목회자가 새롭게 들어오면서 교인들의 참여를 위해서 많은 것들을 열어 놓았다. 특히 그가 신경 쓴 부분은 재정을 공개하는 것이었고, 교인회의를 정착시키는 것이었다. 시골 교회의 경우, 특히 교회의 역사가 90년이나 되는 교회의 경우는 아무래도 서열화가 이루어지게 되어 있다. 바로 이러한 부분들을 고치면서 목사는 민주적 절차를 세워 나간 것이다.

> "그랬더니 굉장히 좋아하시더라고요. 교회 일에 자기가 참여를 하고 있다는 것을 굉장히 기뻐하시더라고요. 그러면서 분위기가 좋아지고 흩어졌던 사람들이, 재적에는 있지만 낙오된 사람들이 지금은 출석하는, 그래서 두 배 정도가 출석교인이 된 거죠."

그러나 이러한 경향은 가끔 교회에 갈등을 가져오기도 한다. 특히 세대 차에 의한 갈등이다. 이것은 교회 내의 문제라기보다는 사회적 현상이 반영되면서 나타나는 모습이다. 목회자를 대하는 태도에서 극명하게 드러난다.

> "기존 교인들은 굉장히 '신처럼'이라고 하면 그렇지만 목사님 하시는 말씀에 복종, 무엇을 할까 하고 물어보면 목사님이 알아서 하시라고 하고, 싫든 좋든 하시라고 하고 하는 부류가 있고, 젊은 사람들은 할 얘기를 다 해요. 아니면 아니라고 얘기를 해주고 반응을 해 줘요. 맹목적이지는 않죠."

3. 회중 형성의 어려움 – 작은 교회들을 중심으로

회중을 세우고, 그들로 교회를 이루게 하는 것은 목회의 중요한 부분이다. 그러나 작은 교회들의 경우 회중의 형성이 어렵다. 기본적으로 적은 인원으로 인해서 생기는 것이지만 자세히 들여다보면 여러 가지 조건들이 회중형성에 방해요인이 되기도 한다.

1) 인간관계에 얽매이게 되는 구조

작은 교회들은 구성원이 얼마 없다보니 각각의 개인들이 너무 잘 보이고, 그 개인들의 관계가 쉽지 않다. 시스템 형성이 안 되는 상태에서는 별 수 없이 각각의 개인들이나 그룹에 의지하게 되는 것이다. 서울의 한 교회에서는 한 명의 장로에 크게 의지하고 있었다. 심지어 장로가 목회를 하는 것 같다고 한다. 물론 그 교회의 경우 장로의 역할이 아주 긍정적으로 나타나고 있지만 그 개개인에 너무 의존할 경우에 문제가 될 소지는 있다고 본다.

또 서로 다른 사람이 모이다 보니 다투는 일이 자주 생긴다. 사람이 숨을 곳이 없다 보니 교회 일이나 다른 개인적인 일로 인해서 교회의 다툼이 일어나고 심지어 반목의 단계를 넘어 분열로까지 가게 된다. 특히 개척하는 교회의 경우는 겨우 교회의 그루터기를 형성해 놓은 상태에서 대부분 이러한 문제로 인해서 교회가 첫 번째 시련을 겪게 되고 심지어 장기적인 갈등이나 분열로 이어지기도 한다. 이러한 과정을 통해서 한두 가정이 떠나가는 경우, 작은 교회에는 치명적일 수밖에 없고 교회의 존립에 관한 문제로까지 비화되기도 한다.

이렇게 개개인에 의존하게 되는 작은 교회의 경우는 또 한 가정의 유입이 교회의 성향을 좌우하기도 한다. 특히 그 가정이 열심을 가지고 교회의 일에 참여하는 경우 교회에 활력을 가져오기도 하고 또는 기존 교인들과의 충돌로 인해서 분열을 가져오기도 한다. 이 모든 것이 바로 작은 회중에 의해서 생기는 문제이다. 특히 역사가 좀 오래된 교회의 경우는 작지만 안정적일 수 있고 또는 나름의 정체된 형태의 회중을 형성해 놓았는데, 새로운 사람들이 유입되면서 갈등의 소지가 되기도 한다.

"연말이 되면 임원 세우는 문제가 큰 문제입니다. 소위 말하면 군대로 얘기하면 짬밥, 우리 교회에서 30~40년 신앙생활을 했던 사람인데 그래도 별로 인정을 못 받는 사람이 있잖아요. 그리고 또 이사 오고 그래서 열심히 하는 사람이 있고, 완전히 판이하게 차이나는 그런 어떤 경우. 투표를 하면 당연히 이 사람이 되지만, 30~40

년 신앙생활을 한 사람은 좀 엉성하게 하긴 했지만 저는 그 연륜도
존경하거든요. 한 교회에서 30~40년 신앙생활을 하기가 쉽진 않
잖아요. 그래서 그런 어떤 부분들이 정원이 한 자리 있을 때 우리가
어떻게 뽑을 것인가 그런 것이 상당히 예민한 부분이죠."

즉 회중이 작다보니 작은 변화에도 민감하게 반응하게 되고, 시스템이 없고 사람들이 드러나다 보니 인간적인 관계들이 목회를 좌우하게 되는 것이다. 특히 열심을 내는 사람이 있으면 회중이나 목회자가 그 사람을 의지하게 되고 그러한 의지가 좋은 방향으로 유지되면 좋은데 때로 잘못된 방향으로 나타나기도 한다. 그럴 때면 작은 교회의 경우 위기를 맞이하게 된다.

2) 교인들의 전출과 위기

작은 교회들은 대개 그 역사가 짧다. 대개가 개척의 단계들을 가고 있는 경우들이 많다. 개척 단계에서는 보통 비싼 임대료 등으로 인해서 도시변두리 지역이나 도시 근교에 자리를 하고 있다. 그러다 보니 나타나는 문제점이 교인들의 이동이 잦다는 것이다. 춘천 근교에서 목회를 하는 한 목회자의 이야기이다.

"한 2년 동안 우리 교회에서 도시 지역으로 이사를 간 사람만 25
명입니다. 25명이면 본래 교인들에 거의 반수가 도시로 이사를 간
것인데…."

이러한 문제점 때문에 생기는 것이 목회자의 허탈함이다. 교인이

유입되어 열심히 가르치고 섬겨서 교회의 일꾼을 만들어 놓으면 도시 지역으로 이사를 하는 것이다. 대개 이러한 지역의 사람들은 그곳을 거쳐 가는 곳으로 알지 자신이 살 곳으로 생각하지 않는다. 그러다 보니 교회도 영구히 다니겠다는 생각이 아니라 여기서 복 받아서 더 좋은 집으로, 더 나은 주거 지역으로 이사하겠다는 생각만 가지고 있다.

"이 지역은 한 마디로 말하면 여기 오는 모든 사람들은 애향심이라고는 없어요. 안산을 사랑하는 마음이 없는 것 같아요, 제가 볼 때는 그래요. 이런 표현이 마땅한 표현인지는 모르겠는데 제가 느끼기에는 안산에 오는 모든 사람, 이사 오고, 안산에 있는 사람이 애향심이 없어요, 안산을 사랑하는 마음이 없고. 그러다보니 안산에서 뭘 하려고 하지 않아요. 내가 여기에 뼈를 묻어야 한다는 마음이 없고, 잠깐 있다가 어디로 가야지, 서울로 가야지, 다들 그런 마음이 있고, 물론 모든 사람이 넓은 곳으로 큰 곳으로 가려고 하지만 그런 심리 때문인지 여기 사람들이 조금 나쁘게 얘기를 하면 마음에 쓴 뿌리들이 많은 것 같아요."

"이사를 많이 가요. 천안 지역이 유동인구가 심해요. 저희 교회에 오는 사람들은 주로 젊은 층이에요. 유동이 심한 지역에 가장 유동이 심한 연령층이 저희 교회 구성원들이죠. 서울로 수원으로 대전, 구미, 전주로 이사해요. 내일모레는 부산으로 이사 가는 사람이 있어요. 이렇게 이사가 버리니까 한 사람이 교인으로 정착하기까지는 시간이 오래 걸리는데, 한 번 딱 비어버리면 횅해지죠. 한 가정 빠지면 마음이 이제 횅해지고."

몇 명의 인원에 일희일비할 수밖에 없는 작은 교회의 경우 이러한 이동은 목회자의 심경에 큰 충격을 주기도 한다.

"우선 적고, 큰 변화가 없다보니까 그런 것도 큰 스트레스죠. 그리고 이런 와중에 한두 명이 나간다든가, 학생회 같은 경우는 진도가 되어서 정착이 되나 했는데 안 나오는 상황이 되고, 이런 것들이 이제 내면적인 위기, 혹은 탈진, 이런 것들을 초래하니까 그런 면이 좀 힘든 것 같습니다."

이러한 지역적 특성도 있지만 작은 교회를 벗어나 큰 교회로 가려는 교인들도 적지 않다. 더 많은 종교적 서비스를 받고자 큰 교회를 찾는 것이다. 특히 작은 교회의 인간관계에 얽히기 보다는 익명성이 보장되고 자신의 종교성을 채워줄 수 있는, 특히 아이들의 신앙교육이 잘 이루어지는 곳을 찾아 떠나는 것이다.

"와서 정착하지 못하고 얼마간 머물다가 떠나고, 이런 일들이 벌써 발생하기 시작하거든요. 이런 것이 우리의 과제일 수 있겠습니다. 큰 교회에 가면 누릴 수 있는 것이 많잖아요. 작은 교회 오면 정은 있지만 사람들 생각이 뭔가 부족하지 않나 하는 인식들이 있는 것 같습니다. 그래서 그런 부분에 있어서 저희들이 스트레스라고 할까요, 부담감을 늘 안고 있는 부분 중에 하나입니다."

특히 한 목사는 작은 교회를 떠나는 교인들이 다시 작은 교회를 찾는 법은 없다고 한다. 오히려 떠난 교인들은 대부분 큰 교회로 찾아간다는 것이다. 즉 작은 교회에서 사람이 빠져 나가서 다른 작은 교회를 살리는 것이 아니라 큰 교회만 늘려가는 형편을 만드는 것이다. 이러한 큰 교회에 대한 피해는 실제적으로 나타나기도 한다. 적지 않은 목사들은 주변의 큰 교회에서 당한 현실적 피해와 피해 의식을 가지고 있었다.

"전도를 하려고 하면 큰 교회에서 다 빼 가죠. 큰 교회에서 작은 교회 성도들을 다 빼 가면서 자기들은 아무 말도 안 하면서 큰 교회 성도가 작은 교회에 한 번 나오면 막 죽이려고 했어요. 교회가 이래요. 대부분의 교회가 이래요. 작은 교회는 가서 말을 못해요. 왜 우리 교회 성도를 데리고 갔느냐고 얘기를 못하지만 큰 교회는 작은 교회에 와서 끊임없이 얘기를 합니다. 목사님들이 얼마나 그러는지 말도 못해요. 이것이 현실이에요."

이러한 것들이 목사들을 지치게 하고, 작은 교회의 회중들을 낙망하게 만드는 것 같다.

3. 목사의 탈진

이미 언급하였듯이 작은 교회의 목회자들은 교인들에게 쉽게 타격을 받고 힘들어 한다. 한 가정, 한 명의 성도들을 정성을 다하여 양육하였는데 도시로 떠나거나, 큰 교회로 나가 버리면 목회자들은 아무래도 큰 충격을 받게 된다. 그리고 교회를 개척하는 입장에서는 정체된 인원수가 몇 년이 지나도 변화가 없으면 좌절하게 된다. 새롭게 교회에 부임하는 경우도 다를 것은 없다. 여기서도 목회자는 그 교회를 오래 지키었던 기존의 교인들에 의해서 자신이 생각하는 목회가 아니라 기존 교인들에 의해서 휘둘려 가는 경우들이 자주 생긴다. 농촌 교회의 경우는 또 전도를 하려고 하여도 지역민들이 한정되어 있고 기존의 교인들은 너무 고령이라 이들을 데리고 무엇을 하려는 것이 어렵다.

이러한 상황에서 다른 목사들과 비교 의식이 들면 더욱 힘들어진다. 요즘은 목사들이 많고 목회지는 줄어들고 있는 상황이라 시골의 작은 교회까지 목사들이 찾아간다. 이전에는 목사가 없는 무임 교회였을 법한 교회나 전도사들이 담임했을 법한 작은 교회에 목사들이 찾아가는 것이다. 목회지를 얻기는 했지만 목사들은 변하지 않는 회중 앞에서 좌절하게 되고, 생계가 안 되니 가족들과 함께 더욱 좌절하게 되는 것이다. 거기에 신학교 동기들 중에서 큰 교회를 담임하는 동료들이 나타나기 시작하면 대상이 없는 비교 의식에 마음이 더욱 어려워진다. 목사가 이렇게 낙담하고, 좌절하게 되면 회중이 살지 못하고 더욱 나락으로 빠지게 되는 경우들이 있다. 교회가 아무런 일도 없고 그냥 현상 유지를 하거나, 연세 있으신 성도들을 바라보며 암담한 미래를 그리게 되는 것이다.

이러한 상황을 정리해 보면 작은 교회들의 어려움은 대략 두 가지 정도의 패턴이 나온다.

패턴 1. 교회를 개척하는 경우
성도를 세우면 이사 감
(땅값이 싼 곳에 개척하니 교인들이 돈 벌어서 이사함)
→ 큰 교회로 떠남(교회의 서비스를 바람)
→ 인적 물적 자원 붕괴

→ 회중의 자괴감

→ 목회자 탈진

패턴 2. 기존 교회에 부임하는 경우

회중 연령층이 높고, 믿은 지 오래됨

→ 목사 견제 세력화

→ 비전이 없고 정체됨

→ 젊은 사람들 나감

→ 회중의 자괴감

→ 목회자 탈진

4. 확대된 공동체의 필요 – 지역사회

요즘 목회 현장에서 느끼는 것은 일대일 전도가 어렵다는 것이다. 복음을 제시하고 교회에 다니자고 하는 것이 설득력이 없어지는 것이다. 여기에는 이미 앞에서 언급했듯이 기독교에 대한 비호감이 작용하고 있다. 특히 작은 교회들의 경우 사람들을 교회로 초대하는 일이 더 어렵다. 종교에 대해서 그렇게 헌신할 마음이 없는 현대인들에게 작은 교회는 큰 부담으로 다가오는 것이다. 따라서 예수를 믿으려는 마음이 있을지라도 자신의 선택에 따라 편한 신앙생활이 가능한 큰 교회로 가게 된다.

그러나 이러한 것도 도시 지역의 교회에서나 가능한 일이다. 농촌 교회의 경우는 아예 지역에 사람이 없다. 사람들이 도시로 다 나아가고 농촌 지역에 남아 있는 사람들은 대개 노년층이다. 따라서 농촌 지역은 전도라고 할 수 있는 가능성 자체가 없는 경우들이 많다. 경상도의 한 교회는 15~20년 후면 마을 자체가 존립하기 어려울 것으로 내다보았다. 즉 교회의 존립이 문제가 아니라 교회가 자리하고 있는 마을이 15~20년 후면 자연적으로 사라질 위험에 처해 있다는 것이다. 어쩌면 이런 것이 농촌 지역의 현실이다. 따라서 농촌 지역은 전도보다도 급한 것이 마을을 살리는 것이다. 그래서 농촌 교회 목회자 몇몇은 교회와 지역사회가 운명 공동체라는 말을 사용하기도 했다.

"일단 교회가 존립하려면 지역사회가 살아야 하는데 도시도 먹고 살기가 바쁘겠지만 특별히 농어촌 지역에 보면 경제활동뿐만이 아니라 교육의 문제까지도 병행되어져서 교우들과 마을 공동체 구성원들이 대단히 힘든 가운데 놓여있습니다. 그래서 교회가 단순히 사람들을 끌어 모아서 교회만 채우는, 그런 소극적인 의미의 전도가 아니라 '미시오 데이'에서도 볼 수 있는 것처럼 하나님이 창조하신 형상답게 모든 사람들이 살아갈 수 있게끔 인프라를 만들어가는 것입니다. 그런 프로그램을 조직하고 그래서 교회 주변의 지역공동체가 물질적으로, 정신적으로, 나아가서는 신앙적으로 살 만한 곳을 만들어야합니다. 그래야만 교회도 성장할 수 있기에 저희 교회에서는 그런 지역 공동체운동, 좋은 인프라를 만드는데 교회가 참여하고 또 교회가 그 일을 잘 감당할 수 있게끔 능력을 계발하고, 나아가서 교회라는 조직이 갖고 있는 좋은 인간관계를 통해서 이 지역사회에 도움을 주고 또 함께 이바지 할 수 있는 그런 지인들과 연대합니다. 그래서 교회와 마을이 별개가 아니라 하나의 운명 공동체라는 의식을 가지고 일을 하고 있습니다. 마을 사람들과 같이 공유하는 저의 생각은 지역과 함께 하는 목회, 마을과 함께 하는 교회, 교회와 함께 하는 마을, 그것이 저희 교회의 목표입니다."

따라서 농촌 지역 목회자들의 경우는 보통 교회 안의 목회에서 머무는 것이 아니라 마을을 대상으로 하는 목회를 해야 하는 부담을 가지고 있었다. 그것은 문화 사업이고, 영농 사업, 수익 사업, 교육 사업 등을 포함한다. 일부의 교회는 영농 법인을 만드는 일에 앞장서고 있었다. 단지 농사만 짓는 것이 아니라 그것을 통해 고수익의 사업을 만드는 일도 역시 목사의 일이었다. 이러한 일들을 통해서 마을의 수익을 높이고, 지역이 살만한 동네가 되도록 만드는 일에 앞장서는 것이다. 경상도의 그 교회에서는 귀농 사업을 구상 중이다. 마을 출신으로 은퇴 후의 삶을 살고 있는 분들을 고향으로 오도록 하겠다는 것이다. 면 소재지에는 청소년들의 쉼터도 만들고 공부방도 만들려고 한다. 아이들이 머무를 수 있는 지역으로 만들겠다는 것이다. 이러한 면에 있어서는 역시 농촌 지역이 오히려 더 유리한 면이 있다.

"(농촌목회에서 가장) 신경을 써야 할 부분이라기보다 어려운 부분이 일단 사람들이 많지 않아요. 대부분 노령화가 되어있어요. 그래서 저는 농촌 교회는 지역과 함께, 지역운동을 하지 않으면 안 된다고 생각해요. 그래서 제가 학교 운영위원회나 이런 것을 적극적으로 참여를 하려고 합니다. 그래서 지금 하고 있고, 대부분 농촌의 인구들이 빠져나가는 것이 일단 교육 문제, 의료 문제, 기반 시설 문제잖아요. 기반 시설을 지역에서 같이, 요즘 지자체 시대가 되었으니까 같이 좋은 학교들 만들어내고, 지역 인재를 양성하는 구조로, 지역이 같이 살아야 농촌 교회가 사니까 농촌 교회는 지역과 같이 움직일 수밖에 없다고 생각을 해요. 그 텃밭이 다 죽어 가는데 교회만 살 수가 없는 거잖아요. 어쩔 수 없이 농촌은 지역과 함께 하는 교회가 되어야할 것이라고 생각하고 또 그것이 도시보다 더 유리한 구조에 있어요. 농촌에서는 그 교회라는 구조가 더 인정받기 쉬운, 도시는 너무 교회가 붙어 있고, 한 건물에 여러 개가 있잖아요. 농촌은 마을 중심으로 되어있고, 마을 공동체 속에서 노력만 하면 마을로 봐서는 좋은 기구로서 역할을 해 줄 것 같아요."

이러한 생각을 가지고 있는 교회들은 보통 지역적 어려움에도 불구하고 부흥하고 있었다. 목회자들의 노력이 결실을 맺은 것도 있지만 교인들에게 희망을 주고 비전을 준 것이 큰 의미가 있는 것으로 보인다. 특히 목회자가 이러한 일을 하며 마을에서 인정을 받기 시작하면 사람들이 찾아오기도 하고, 전도에 유리한 조건이 된다. 그리고 교인들 역시 목회자나 교회에 대해서 자긍심을 가지게 되기 때문에 이것 역시 교회에 활력을 만들어 주고 전도할 수 있는 용기를 주는 것이다.

즉 작은 교회의 경우 지역사회와 호흡을 같이 해야 부흥의 기초를 만들 수 있는 것 같다. 이것은 단지 농촌 지역만의 문제는 아니다. 단지 그 영역이 어떠한가에 대한 차이만 있을 뿐이지 도시 지역 역시도 지역사회와 대화하지 않으면 상황이 더욱 어려울 수밖에 없다. 그런데 문제는 이러한 지역사회에 대한 대화와 봉사가 그 영역이 넓어지면서 목회자의 영역 역시 확대되고 있다는 것이다. 보통 사람들이 생각하는 목회자의 고유한 영역, 즉 예배를 인도하고 말씀을 전하는 일에 목회자들이 집중할 수가 없는 것이다. 이러한 기본적인 문제에도 불구하고 교회가 지역사회에 이바지하고, 지역사회의 중요한 한 일원으로 역할을 다하는 것은 교회 고유의 영역에 속한다고 볼 수 있다. 즉 이것은 디아코니아(봉사)의 사역에 속하지만 문제는 더 큰 틀이 필요하다는 것이고, 이러한 이해와 사역이 현대사회에서 절실히 필요해지고 있다는 것이다.

5. 결론 및 제안

위에서 살펴본 바와 같이 작은 교회들의 경우는 여러 가지 것들로 어려움을 가지고 있다. 특히 교회의 회중을 형성하기 위한 그루터기를 마련하기까지의 어려움과 함께 이루어진 회중들을 하나님의 백성으로 세워 나가는 일들을 하기까지 쉽지 않은 여정을 겪어야 한다. 이 과정에서 목회자들에게 기대되는 역할이 변하고 있다. 과거에는 목회자 개인의 카리스마나 능력에 많이 의지했다면 이제는 목회자가 개인적 능력과 함께 회중의 능력을 극대화할 수 있도록 해야 한다. 그래서 목회자 개인에 집중된 교회가 아니라 회중이 살아나고 그 회중의 다이내믹으로 목회가 이루어지는 형태로 변형되고 있는 것이다. 이러한 회중 중심의 목회를 이루기 위해서 아래와 같이 제안한다.

1) 내러티브(Narrative) 형성 – 전환점(Turning Point)을 마련하라

작은 교회들은 안정보다는 항상 모험의 과정에 있다. 시스템이 형성되어 있는 것이 아니라 항상 어떤 사건이 하나 생기면 교회 전체가 흔들리게 되어있다. 그래서 항상 작은 교회는 위기 상황이거나 위기가 생길 수 있는 상황 가운데 있다. 즉 작은 교회의 경우는 위기와 함께 있다고 하여도 과언이 아니다. 그러나 문제는 그러한 위기를 어떻게 넘기느냐 하는 것이다. 적지 아니한 교회들이 바로 이러한 위기를 통해서 교회의 새로운 역사를 만들어가기도 한다. 즉 위기를 극적으로 잘 넘기고 그 과정에서 내러티브(narrative)가 형성되고 이 내러티브가 교회의 근간을 만들어 주는 것이다.

개인들의 경우도 어려움을 넘기면서 하나님의 도움을 경험하게 되고, 그 경험은 신앙의 간증을 만들어 준다. 이러한 간증은 개인의 신앙을 지탱해 주고, 개인의 삶과 신앙을 해석해 주는 중요한 준거가 되기도 한다. 이와 같이 교회의 회중도 공동의 기억과 간증으로 남는 내러티브를 가지게 된다. 이 내러티브가 교회의 역사를 만들어가는 중요한 역할을 감당해 주는 것이다.

서울 근교에 있는 한 교회는 한 여성도의 어려움과 변화를 통해서 교회가 변화하는 계기를 마련했다. 그 여성도는 매력적인 인텔리이고, 직장에서도 일을 잘 감당하고, 교회에서도 당당한 사람이었다. 그러나 그러한 환경은 그 여성도가 좀 도도한 삶의 태도를 가지게 했고 주변에서는 그 여성도를 시기하는 사람도 나타나고 즐거워하지 않는 분위기였다고 한다. 그런데 어느날 이 여성도가 암에 걸렸다. 이 어려움 속에서 이 분은 신앙으로 잘 극복해 나가고 있고 삶과 신앙의 전환점(Turning Point)을 맞이하게 되었다. 그리고 이 분은 교회에서 공적으로 신앙고백을 하게 되었다. 이 여성도의 내러티브는 이렇게 교회에 전파되었고 교회가 변화되기 시작했다. 이것은 여성도의 내러티브가 교회의 내러티브로 전환된 것을 말한다.

교회는 한 성도의 이야기를 받아서 회중의 이야기로 만들었고, 종교적 언어로 회중의 내러티브를 만든 것이다. 이러한 내러티브는 교회의 역사로서만 아니라 교회를 하나의 회중을 만들어 가는데 중요한 역할을 하는 것이다. 즉 교회만의 독특한 역사와 문화를 만들어 가는 데 중요한 단서가 되는 것이다. 회중을 형성해 가는 목회를 만들어 가는데 바로 이러한 내러티브의 발굴과 형성, 그리고 거기에 대한 종교적 의미의 부여는 아주 중요한 역할을 하게 되는 것이다. 목회자는 바로 이러한 내러티브의 이야기꾼이고 이 내러티브에 신학적 해석을 하는 신학자인 것이다.

2) 목회 철학과 비전의 제시

이번 조사에서 목회자들에게 본인의 목회철학에 대해서 공동적으로 물었다. 예상과는 달리 거의 대부분의 목회자들은 자신의 목회철학을 명확히 밝히지 못했다. 특별한 것이 없다고 말하는 사람들과 구호성의 한 문장이나 개념들을 이야기하는 사람들이 대부분이었다. 이것이 한국교회의 큰 문제이지 않을까 싶다. 명확하게 교회의 존재근거는 무엇인지, 사역을 하는데 그 신학적 진술이 무엇인지에 대해서 답변할 것이 없다. 이러한 교회에 대한, 그리고 목회에 대한 생각이 없기 때문에 회중이 함께 고백할 수 있는, 즉 회중을 신학적으로 묶어 줄 수 있는 가치가 없는 것이다. 즉 신학적 구심적이 없는 것이 큰 문제점인 것 같다.

더불어서 목회자가 회중이 동의하고 따를 수 있는 비전을 제시해 주어야할 것이다. 작은 교회지만 그 가운데 성장하고 있는 교회들의 특징은 그 교회 나름의 비전과 사역을 가지고 있다는 것이다. 지역사회 참여, 교회개혁, 시민사회 활동과 참여, 차세대 지원 등의 방법으로 그러한 교회들은 장기적인 비전을 가지고 있었고, 그 비전을 실현할 수 있는 구체적인 사역들을 가지고 있었다. 작은 교회들은 보통 부족한 인적, 물적 자원으로 인해서 현상유지나 생존에 관심을 가지게 되는데 그것은 현상유지가 아니라 오히려 저물어 가는 길이다. 오히려 준비되지 않은 자원이지만 목회자가 제시하고 회중이 동의하게 되는 비전을 따라서 사역을 감당해 나갈 때 회중들은 교회에 대한 자부심을 가지게 되고, 그러한 자부심은 교회에 대한 헌신을 불러오게 된다. 이러한 자부심과 헌신이 교회성장의 밑바탕이 되는 것을 보게 된다.

3) 생계비가 아니라 비전에 투자하라

보통 미자립의 작은 교회들은 큰 교회의 지원을 받는다. 그 형태는 일반적으로 목회자의 생활비에 지원하는 것으로, 월 10만원 정도로 되어 있다. 그러나 문제는 그러한 돈은 정말 목회자의 생존만을 지원하는 것으로 거기에서부터 사역을 시작할 수 있는 씨앗은 안 된다는 것이다. 오히려 작은 교회들이 생존하고 성장하기 위해서는 회중의 비전을 실행할 수 있는 사역을 만들어 가는데 있다. 인터뷰를 진행한 작은 교회의 한 목사는 바로 이 부분을 강력하게 주장했다. 사역을 할 수 있도록 해 달라는 것이다. 매달 10만원의 생계비가 아니라, 회중이 살고 활력을 얻을 수 있는 프로젝트에 투자해 달라고 한다. 그래서 사역을 감당할 수 있는 물적 토대를 마련하고, 가능하다면 10명 정도의 사람을 보내 주어서 인적 자원도 마련할 수 있도록 해 달라는 것이다. 이 부분은 정말 작은 교회를 지원하는 교회들에서 생각을 가지고 고민해 볼 필요가 있는 대목인 것 같다.

한국교회가 처해 있는 이 사회의 환경은 아주 어렵다. 이미 들어오면서 살펴본 바와 같이 한국사회는 기독교에 대해서 심한 반감을 가지고 있고, 신뢰하지도 않는다. 이 열악한 환경에서 작은 교회들이 살아남는다는 것은 여러모로 어려운 일이다. 이러한 상황은 우리들에게 새로운 패러다임으로의 전환을 강력하게 요구하고 있다. 그것은 회중을 중심으로 두는 사역으로의 전환이다. 교회는 목사의 원맨쇼가 진행되는 장이 아니다. 또한 성도들 역시 그러한 쇼에 방청객일 수 없는 것이다. 진정한 회중을 회복하고 세워나가는 일이 현재 한국교회에 시급한 일이며 그러한 패러다임만이 돌아서 있는 그리스도인들을 교회로 다시 초청할 수 있는 길이 될 것이다. 이번 조사를 통해서 한국교회의 어려운 면들을 많이 보았다. 그럼에도 불구하고 새로운 방향으로 길을 모색하는 적지 않은 창조자들을 만나기도 했다. 바로 이러한 창조자들을 통해서 하나님께서 이루어 가실 일들에 대해서 많은 기대를 가지게 된다.

제9장

대한예수장로회 통합 총회
2015 총대인식 조사

예장 총대들의 인식을 조사한다는 것은 무엇보다 이들이 교단을 대표하고, 총회에서 중요 정책과 법률을 입안한다는 점에서 중요하다. 이들의 생각을 살펴보는 것은 앞으로 교단의 나아갈 방향을 살피는 것임과 동시에 무엇을 바꾸어 가야할 것인지를 알 수 있기에 의미가 있다. 그러나 한 가지 더 덧붙이자면 다른 교단이나 일반적인 목회자나 교인들과의 인식차이가 어떠한지를 알아가는 것은 현재 교단 소속의 총대들, 그리고 교단 소속 목회자들과 장로들의 위치를 확인해 볼 수 있는 근거가 될 것이다. 이에 이번에 조사된 것 중 몇 가지에서 다른 여론 조사와 비교분석해 보고자 한다.

먼저는 현실 인식에 대한 부분이다.
한국교회의 침체 상황은 일반적으로 인식하고 있는 상황이다. 그러면 이러한 침체의 원인을 어디에서 찾고 있을까?

먼저는 '교회 지도층에 대한 부정적인 인식이 강하다'(44.9%)로 가장 높게 꼽았다. 그리고 '교인들이 신앙생활의 모범을 보이지 않는다'(31.0%), '목회자들의 윤리의식에 문제가 많다'(25.3%), '교회가 지역사회에 별 영향력을 끼치지 못한다'(2.3%) 순으로 나타났다. 결론은 사람들이 문제라는 것이다. 무엇보다 지도층에 있는 사람들부터 바르게 살아야한다는 의견이라고 할 수 있다. 한국기독교목회자협의회(한목협)가 실시한 담임목회자 500인을 대상으로 하는 조사에서는 비슷하게 한국교회의 문제점으로 '신앙실천의 부족'(31.0%), '지나친 양적 성장 추구'(27.6%), '목회자의 자질 부족'(14.8%) 등으로 나타나 비슷한 양상을 보이고 있다. 하지만 다른 것이 있다면 한목협 조사에서는 양적 성장이라는 가치의 문제를 꼽고 있다는 것이다.

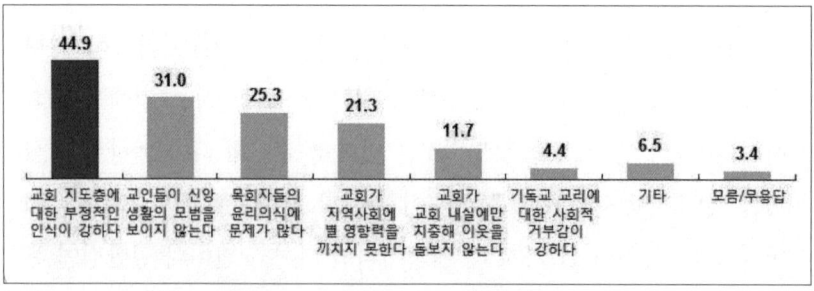

이에 개선해야할 점에 대해서는 '교인의 삶과 신앙의 일치'(55.8%)가 가장 높게 나왔고, '목회자의 언행일치'(38.3%), 그리고 '지역사회에 대한 책임'(15.5%)이 나왔다. 한목협 조사도 비슷하지만 '타종교에 대한 배타성'(15.8%)이 2번째로 높게 나왔다. 아쉽게 이번 조사에서는 이 부분이 선택지에 들어있지 않아 비교가 어렵다. 기윤실이 행한 조사에서는 한국교회 신뢰도 제고를 위한 개선점에서 '타종교에 대한 태도를 개선해야 한다'고 대답한 사람이 가장 많았다(24.0%). 그리고

'불투명한 재정사용'(22.8%)이나 '교회지도자들'(21.0%) 등이 나왔다. 결국 모든 조사에서 지적되는 것은 성도의 삶이라고 할 수 있다. 그것을 목회자와 평신도로 나눈다는 것이 의미 있는지 모르겠지만 조사를 보면 특별히 목회자들의 언행일치의 삶이 중요하게 지적되었다. 세상이 교회를 보는 것은 예수를 믿는 사람이라는 것이 이번 조사에서도 똑같이 나온 것이라고 할 수 있다.

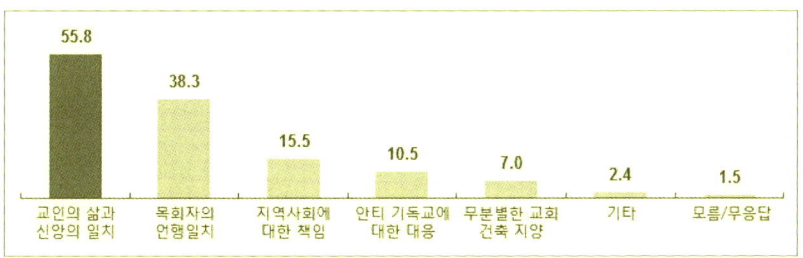

이번 조사에서 집중적으로 다루어진 것은 교회학교에 대한 부분이다.

총대들은 가장 시급하게 전도해야할 계층으로 '20세 이하의 아동청소년층'으로 꼽았는데, 그 비율이 58.3%나 되었다. 정말 압도적이라고 할 만하다. 그리고 교회 성장과 영향력 확대를 위해서 강화해야할 영역으로도 '다음 세대에 대한 관심'이라고 대답한 사람들이 55.3%로 압도적으로 많았다 결국 총대들은 다음 세대에 대한 관심과 함께 이들에 대한 대책이 절실함을 나타내고 있다.

주일학교가 감소하는 이유에 대해서는 '청소년들에게 기독교 이미지가 하락'(35.7%)한 것을 가장 많이 꼽았다. 그리고 '저출산'(32.5%)으로 현실적인 분석을 하고 있었다. 이어 교회학교에 대한 무관심이나 지나친 학업부담이 있을 것으로 꼽았다.

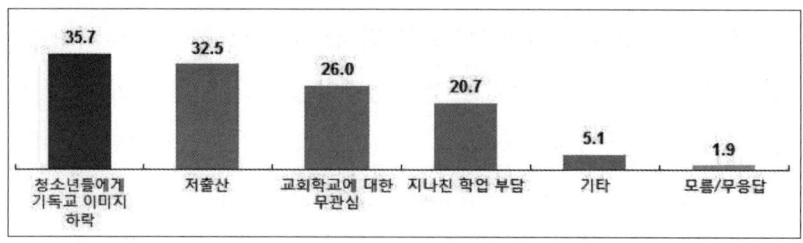

이러한 분석은 상당히 현실적이고 정확하다고 할 수 있다. 그리고 는 대책으로 '부모세대(30-40대)의 교육과 훈련'(41.8%)이 가장 높게 나왔고, 이후 '교회학교에 대한 인식전환'(31.3%), '교육정책의 구체화'(24.1%) 등으로 나왔다.

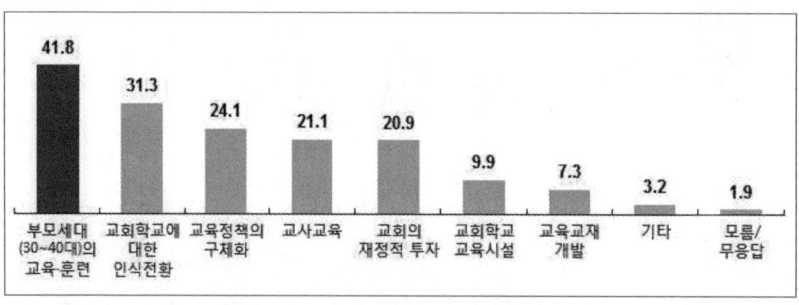

현재 교회에 교회학교가 없는 교회가 절반 가량 된다는 교단의 조사가 있었다. 그리고 2014년 기독교연합신문에서 행한 청소년의식조사(청소년조사)에서 출석하는 교회에 공과공부가 없는 교회의 비율 역시 46.7%가 나왔다.

이를 보면 주일학교, 특히 청소년들에 대한 대책이 시급하다는 것에 동의하게 된다. 그리고 부모세대의 교육에 치중해야한다는 대책도 일리가 있다. 무엇보다 이 시기에 아이들은 부모의 종교에 영향을 받기 때문이다. 그러나 이것은 이미 부모가 교회를 나온다는 전제를 가지고 있다. 물론 지금 있는 아이들을 유지하는 것도 쉽지 않은 일이기에 필요한 부분이라고 할 수 있다. 그러나 이것은 이미 주일학교에 대한 포기를 전제로 하는 것이다. 학생들이 스스로 교회를 찾을 수 있는 동기를 마련하는 것이 먼저 필요하다. 그래야 앞으로 오는 세대들에 기반을 하여 한국교회가 반전의 기회를 가지게 될 것이다.

이번 조사에서 다른 조사와 특이하게 나타난 부분을 살펴보면 목회자의 이중직과 납세에 대한 부분이다.

목회자 이중직에 대해서 총대들은 찬성 43.0%(매우 6.5%, 다소 36.6%), 반대 55.1%(매우 28.7%, 다소 26.4%)로 반대의견을 더 많이 나타냈다. 이 부분은 교단의 일반적인 정서에 비한다면 좀 의외의 결과라고 할 수 있다. 다른 교계나 사회 이슈에 대한 이번 조사를 보면 총대들은 좀 진보적인 입장을 가지고 있었는데 이 부분에 대해서는 보수적이었다고 할 수 있다. 실제적으로 목회사회학연구소에서 목회자들만을 대상으로 한 조사를 보면 찬성의견이 73.9%(적극 찬성 21.5%, 찬성 52.4%)에 이르렀다. 이에 비해 보면 총대들의 의견은 큰 차이가 난다.

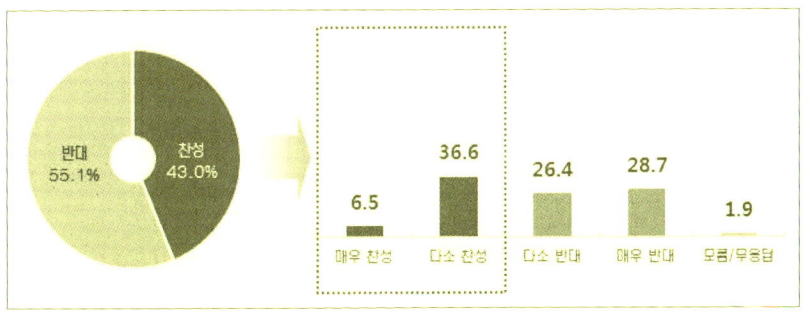

이와 같은 질문은 기독신문에서 예장(합동) 목회자를 대상으로 2015년 진행이 됐다. 이에 대해서도 찬성이 57.2%(적극 찬성 10.4%, 찬성 46.8%)였던 것과도 비교가 된다. 이를 보면 목회자의 이중직에 대한 총대들의 의견은 일반적 정서에 비하면 꽤 많이 동떨어져 있다고 할 수 있다. 이것은 연령에 의한 차이로 볼 수도 있다. 목회사회학연구소의 조사를 보면 연령이 높아질수록 찬성비율이 떨어지는 것으로 보여진다. 더군다나 총대로 참여하는 이들은 당회가 구성된 교회의 담임목회자 이상이고, 장로들이기에 더욱 그 반대의견이 높은 것으로 볼 수 있다. 특히 장로들이 목사들보다 반대의 의견이 월등히 높은 것으로 나타난 것도 (목사 43.4% vs. 장로 65.4%) 살펴볼 부분이다. 이렇게 보면 총대들이 이 부분에 있어서는 당사자인 일반 목회자들의 상황이나 정서를 대변해내지 못하고 있다고 할 수 있다.

종교인 과세에 대한 의견도 눈에 띄는 부분이다. 종교인 과세에 대해서는 반대의 의견을 명확히 한 응답자는 17.9% 였다. 이 질문의 선택에서 '자발적 납세'(41.7%), '정부 안대로'(29.8%), '근로소득세'(7.2%) 등으로 선택의 폭을 넓혀주기는 했지만 납세에 대해서 긍정적인 대답(78.7%)이 다른 조사에 비해서 월등히 높은 것으로 볼 수 있다. 예장(합동)의 목회자들 의견은 찬성이 57.0%이고 반대가 39.6%가 되었다. 그리고 한목협의 목회자 조사를 보면 찬성이 49.0%이고 반대가 51.0%였다. 시기적인 차이가 있기는 하지만 그래도 다른 목회자들과 비교해 본다면 찬성비율이 아주 높다고 할 수 있다.

기윤실의 2013년 신뢰도 조사에서도 같은 질문을 일반인들에게 했는데 종교인 과세에 대해서 85.9%가 찬성을 했다. 또 이번 총대조사에서도 장로들은 목사들에 비해서 과세 반대가 현격히 적었다. (목사 26.1% vs. 장로 11.4%) 이를 보면 일반 사회인의 입장에서는 소득이 있는 곳에 세금이 있다는 상식이 교회라고 해서 비켜갈 수 있다고 생각하지 않는 것 같다. 이에 대해서 목사들의 전향적인 인식의 전환이 필요해 보인다.

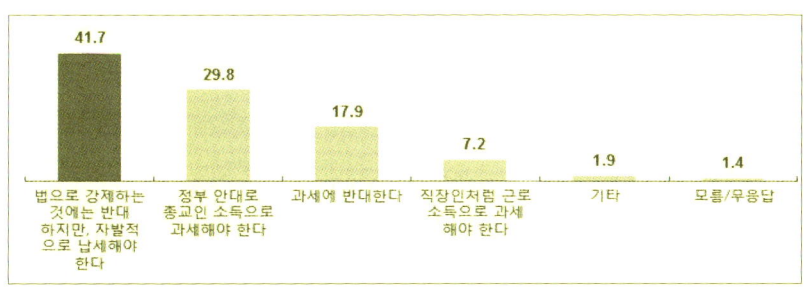

짧은 지면상 모든 주제를 다루지 못하고 대표적인 것만 살펴본 것은 아쉬움으로 남는다. 정리를 해 보자면 총회의 총대들은 일반적인 한국교회의 목회자들이나 성도들에 비해서 남다른 한국교회에 대한 정확한 상황인식을 가지고 있는 것으로 보인다. 그리고 현안에 있어서 조금은 진보적인 성향을 가지고 있다고 할 수 있다. 단지 목회자의 이중직에 있어서는 좀 보수적인 입장을 견지했는데 이는 총대들로 모인 이들의 연령이나 직위에 영향을 받은 것이라고 할 수 있다. 그럼에도 불구하고 총대들의 인식이 고루하지 않고 시대를 분별하고 있다는 것은 고무적이라고 할 것이다.

제10장

기독신문 창사 50주년 기념
목회자(예장 합동) 인식조사

목회사회분야 분석과 제안

1. 들어가며

2015년 2월 기독신문 창사 50주년을 맞아 예장합동 교단의 목회자들 의식조사를 했다. 500명의 목회자들에게 전화를 하여 응답을 받았다. 진행은 전문리서치 기관인 Nice R&C에서 했다. 이 글은 이 조사에서 교계에 이슈가 되고 있는 목회자 납세, 이중직, 한국교회 신뢰도 등에 대한 분석이다.

2. 목회자 납세

목회자 납세에 대한 질문에 응답자들은 찬성 57%에 반대 39.6%의 의견을 나타냈다. 목회자들이 세금을 내야한다는 의견이 의외로 높게 나왔다고 할 수 있다. 특히 응답자들이 모두 목회자라는 측면에서 보면 결코 적게 나온 숫자라고는 할 수 없다.

<표 2-2> 목회자 납세에 대한 의견 - 응답자 특성별 (계속)

(N=500, 단위:%)

		사례수	적극 찬성	찬성 하는 편	반대 하는 편	적극 반대	모름/ 무응답	종합결과		
								찬성	반대	모름/ 무응답
전체		(500)	14.4	42.6	28.6	11.0	3.4	57.0	39.6	3.4
연령별1	30대	(35)	20.0	51.4	22.9	0.0	5.7	71.4	22.9	5.7
	40대	(162)	17.3	48.8	24.7	6.2	3.1	66.0	30.9	3.1
	50대	(188)	14.9	39.9	26.6	15.4	3.2	54.8	42.0	3.2
	60대	(115)	7.8	35.7	39.1	13.9	3.5	43.5	53.0	3.5
지역별	서울	(107)	17.8	45.8	21.5	11.2	3.7	63.6	32.7	3.7
	인천/경기	(163)	15.3	41.7	29.4	9.8	3.7	57.1	39.3	3.7
	부산/울산/경남	(42)	9.5	42.9	31.0	14.3	2.4	52.4	45.2	2.4
	광주/전라	(92)	9.8	33.7	38.0	14.1	4.3	43.5	52.2	4.3
	대구/경북	(51)	15.7	47.1	23.5	11.8	2.0	62.7	35.3	2.0
	대전/충청	(33)	18.2	45.5	30.3	3.0	3.0	63.6	33.3	3.0
	강원/제주	(12)	8.3	66.7	16.7	8.3	0.0	75.0	25.0	0.0
목회자 이중직 찬반별	찬성	(286)	16.1	45.5	26.6	8.7	3.1	61.5	35.3	3.1
	반대	(194)	11.3	40.2	33.0	13.4	2.1	51.5	46.4	2.1
	모름/무응답	(20)	20.0	25.0	15.0	20.0	20.0	45.0	35.0	20.0
여성 안수 금지 찬반별	찬성	(236)	15.3	38.1	35.2	8.9	2.5	53.4	44.1	2.5
	반대	(253)	14.2	45.8	22.9	13.4	3.6	60.1	36.4	3.6
	모름/무응답	(11)	0.0	63.6	18.2	0.0	18.2	63.6	18.2	18.2
교회 신뢰도 수준별	높음	(16)	25.0	31.3	25.0	12.5	6.3	56.3	37.5	6.3
	보통	(120)	10.8	37.5	30.8	18.3	2.5	48.3	49.2	2.5
	낮음	(364)	15.1	44.8	28.0	8.5	3.6	59.9	36.5	3.6
예장합동 총회 신뢰별	신뢰함	(123)	4.9	45.5	32.5	14.6	2.4	50.4	47.2	2.4
	보통	(221)	14.9	41.2	31.7	8.6	3.6	56.1	40.3	3.6
	신뢰하지 않음	(149)	21.5	43.0	19.5	12.1	4.0	64.4	31.5	4.0
	모름/무응답	(7)	14.3	28.6	57.1	0.0	0.0	42.9	57.1	0.0

이와 같은 질문은 2013년 12월에 행한 기독교윤리실천운동의 '한국교회 사회적 신뢰도 조사'에서도 행한 적이 있다. 이 때 나온 응답은 찬성 85.9%에 반대 12.2%였다. 그런데 이 질문은 일반인들을 대상으로 하는 것이었다. 즉 기독교(개신교)인들을 포함하여 일반인들이 모두 그 비율에 맞추어 참여한 응답이었다는 것이다. 이 조사에

서 기독교인들만을 대상으로 하여서 살펴보면 찬성 71.8%에 반대는 25.2%였다. 이것을 보면 기독교인들과 비기독교인들 간의 간극을 볼 수 있다. 특히 타종교나 무종교인들과 비교해 보면 이것은 확연하게 차이가 난다.

예를 들어 천주교의 경우는 93.3%의 찬성을 보이고 있고, 무종교인들은 90.1%의 찬성을 보이고 있다. 이러한 차이는 결국 우리 기독교인들이 이 사회를 보는 시각이 너무 안일하다는 면을 보여준다. 특히 일반인들의 응답을 보면 적극 찬성이 전체의 약 절반인 49.6%에 이른다. 즉 국민의 절반가량은 종교인이라도 당연히 세금을 내야한다고 생각한다. 그것도 아주 적극적으로 그러한 의사를 내보이고 있다는 것이다. 이러한 상황에서 교회만 세금 내는 것을 반대한다는 것은 시대를 역행하는 것이라고 할 수 있다.

이러한 면에서 살핀다면 찬성 57%는 상당히 부족해 보인다. 일반교인들의 의식에서 크게 더 나아간 상황이라고 할 수 없다. 즉 교인들이 생각하는 수준에서, 세금을 내야하는 당사자의 입장이 포함된 것으로 볼 때 이것이 일반적이라고 볼 수는 있으나 국민들의 생각을 기준으로 한다면 한참 부족한 것이라고 할 수 있다.

찬성하는 이유로 보면 '한국교회의 공공성 및 대사회 신뢰 회복을 위해'라고 대답한 이들이 43.9%로 가장 많았고, 그 다음으로 '목회자도 국민의 한 사람으로서 납세 의무 동참을 위해'라는 대답이 40.0%가 나왔다. 즉 이 부분에서는 이 두 대답이 주를 이루었다고 볼 수 있다. 결국 응답자의 84% 가량은 한국교회와 목회자들의 공공성이라는 측면에서 이 문제를 보고 있다는 것이다.

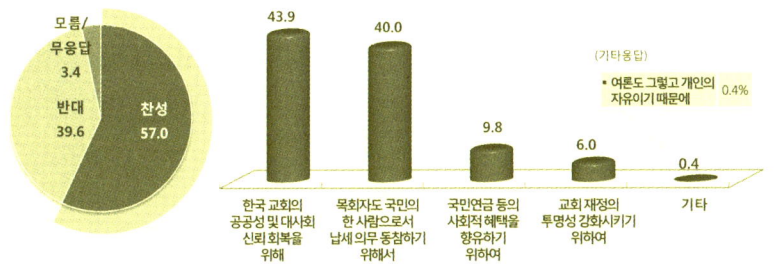

이것은 현재 한국교회가 처한 상황에서 볼 때 상당히 중요한 부분이라고 생각한다. 현재 한국교회가 가지고 있는 큰 문제 중에 하나는 사회와의 소통에서 어려움이 있다는 것이다. 그들만의 세계, 또는 한국교회의 게토화가 큰 문제로 지적되고 있는 상황에서 그래도 다수가 공공성이라는 관점에서 이 문제에 접근하고 있다는 것이다. 특히 목회자도 국민의 한 사람이라고 생각하는 사람들, 따라서 납세의무도 함께 지어야한다고 생각하는 사람들이 많이 있다는 것은 그래도 한국교회가 이 사회와 소통할 수 있는 가능성이라고 본다.

즉 교회를 이 죄 많은 세상에 떠 있는 구원의 방주로 보고, 목회자는 성직자 내지는 제사장으로 구분하여 보는 것이 아니라 이 대한민국에서 살고 있는 한 국민으로 먼저 이해한다는 것은 중요한 시각의 변화라고 할 수 있다. 특히 여론을 주도할 수 있는 50대 담임목사 층에서 이러한 의견이 높게 나왔다는 것은 앞으로 예장교단의 미래가 있다고 볼 수 있다.

그런데 반대하는 의견을 보면 좀 실망스럽기도 하다. '교인헌금의 이중과세가 우려되어서'라고 대답한 사람이 34.8%이고, '종교의 자유와 독립성 침해가 될 것 같아서'라고 대답한 사람이 31.3%이다. 이외에도 '정부의 교회재정 감시가 가능하게 되어서'라고 대답한 사람도 20.7%로 나타나고 있다.

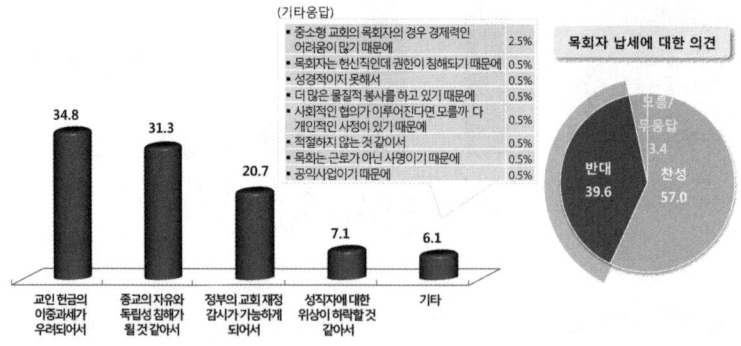

이런 대답은 어떻게 보면 오해이거나 비상식적인 것, 또는 호도된 것이라고 할 수 있다. 이중과세라고 하는 것은 결국 교인들이 세금을 이미 냈는데 그 돈으로 나오는 헌금에서 목회자들 월급이 나오고, 거기에 다시 세금을 매기는 것은 세금을 이중으로 과세하는 것이라는 의견이다. 그러나 교회의 헌금은 보통 세금정산에서 계산이 되기 때문에 이중이라고 하기는 좀 어려운 면이 있다. 물론 100% 다 돌려주는 것은 아니지만 인정은 해 주고 있다는 것이다.

그리고 또 하나는 기부금에 의지하는 다른 단체에 종사하는 사람들도 세금을 내고 있다는 것이다. 예를 들어서 구호단체에서 일하는 사람들은 아주 당연하게 자신의 수입에 대해서 세금을 내고 있다. 우리는 교인들이 내는 것을 헌금이라고 해서 거룩한 것으로 볼 수 있지만 일반적으로 볼 때 그것은 기부금이다. 연말정산에서 보면 그것은 종교기관에 내는 기부금인 것이다. 이렇게 볼 때 이 사회에서 선한 일을 하고 있는 구호단체의 직원들이 세금을 내고 있는데, 이것은 당연하게 여기면서 목회자의 과세에 대해서는 이중과세라고 하는 것은 그렇게 설득력이 있지는 않다.

그리고 우리에게 중요하다고 볼 수 있는 부분인데, 목회자의 월급에 대해서 세금을 내기 시작하면 당국이 결국 교회의 재정까지 간섭하지 않겠느냐는 의구심이다. 즉 정부당국에 의해서 재정이 공개될 것을 두려워하는 것이다. 그런데 이 부분은 좀 정치적으로 생각해 볼 필요가 있다. 현재 종교인에 대한 과세문제가 떠오르면 결국 개신교 목회자로 초점이 모아진다.

그렇게 되는 이유는 이미 천주교나 불교에서는 성직자들에 대해서 과세를 찬성한다고 입장을 밝혔기 때문이다. 그러나 현실적으로 살펴보면 이 종교의 성직자들은 세금을 낼 수 있는 월급을 받고 있지 않다. 즉 세금을 낼 게 없다는 것이다. 그런데 이쪽에서는 대사회적인 선포를 하며 이 문제에 적극적인 모습을 보여준다. 그러니 결국 개신교의 성직자들만 몰리게 되고, 마치 이들만, 세금을 내지 않으려 하는 집단으로 비춰지는 결과를 가져왔다. 그래서 이 문제는 어쩌면 정부측에서 볼 때 그렇게 어렵지 않은 싸움이다.

그러나 교회재정까지 문제를 넓히기 시작하면 복잡해진다. 교회는 그래도 당회가 있고, 제직회가 있고, 공동의회가 있어서 재정이 관리가 되고 있다. 매년 예산도 수립하고 결산도 이루어진다. 물론 그 과정이 그렇게 바르다고 할 수 있는지는 의구심이 들지만 그래도 다른 종교와 비교해 볼 때 교회는 합리적이고 서로 감시할 수 있는 과정들을 가지고 있다. 그러나 천주교나 불교, 특히 불교는 그러한 절차나 과정이 없다고 할 수 있다. 우스갯소리로 그래도 밥 먹고 영수증 챙기는 것은 목사밖에 없다고 한다. 즉 목사에게는 회계의 과정이 있고 절차가 있는 반면에 다른 종교의 성직자들은 그러한 부분이 없다는 것이다.

이렇게 볼 때 종교단체에 대한 감시가 들어오면 다른 종교들 역시 심한 반발을 하게 될 것이다. 지금은 기독교만의 투쟁이지만, 이렇게 된다면 모든 종교들이 일어나게 될 것이다. 이것은 지금의 상황과는 아주 다른 결과를 가져올 수 있다. 정부나 정치권에서도 쉽게 이 문제를 다룰 수는 없다. 그렇기 때문에 이 부분을 너무 걱정하는 것은 기우일 수 있다.

전체적인 상황을 볼 때 목회자들이 세금을 내야하는 것은 시간이 문제일 뿐 가부의 문제는 아니다. 그런데 우리가 반대를 하다가 끌려서 세금을 내는 모습을 보이는 것은 결국 이 사회에서 또 다시 못난 집단으로 비춰질 확률이 높다. 또 이렇게 강경한 입장에서 갑자기 꺾여버리면 제대로 대처하기가 어렵다. 당장 목회자는 근로자가 아니라며 세금 징수를 거부했는데 결국 근로소득세가 아닌 기타소득세를 내게 된 것이다. 근로소득세는 여러 혜택이 있고, 188만원의 월급을 받는 경우 내야할 세금이 없는데 반하여, 기타소득세의 경우는 4.4%인 8만원 이상의 세금을 내야한다. 더군다나 세금을 내는 사람들이 일반적으로 받을 수 있는 복지혜택에서도 제외가 된다. 그러면 결국 안 내도 될 세금은 내야하고, 받을 수 있는 혜택은 받을 수 없는 최악의 상황을 맞게 되는 것이다.

결국 세금에 대한 오해와 호도, 또는 고집스러움은 우리로 하여금 대사회적인 신뢰도를 잃어버리게 하고, 실제적인 이득도 볼 수 없는 결과를 가져오게 될 것이다. 따라서 지금이라도 목회자의 세금에 대한 올바른 상식들을 나누어야 한다. 특히 정부와의 대화와 세무당국의 올바른 홍보 등이 필요하다고 본다.

3. 목회자 이중직

목회자의 이중직에 대해서는 57.2%가 찬성을 하였고, 38.8%가 반대를 하였다. 원칙적으로 교단에서 이중직을 허용하지 않는 상황에서 이러한 것은 상당히 혁신적인 입장이라고 볼 수 있다.

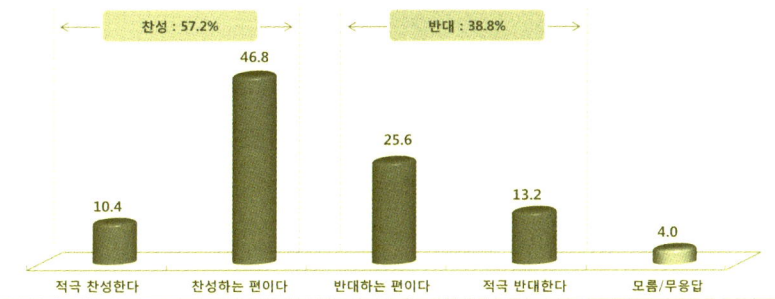

그러나 목회사회학연구소와 「목회와 신학」이 공동으로 진행한 2014년도의 목회자 이중직에 대한 조사를 비교해 보면 다소 소극적이라는 것을 알 수 있다. 이 조사에서는 찬성이 73.9%, 반대가 26.1%로 나왔다. 이렇게 비교해 보면 역시 이러한 면에서 보수적인 입장이라는 것을 알 수 있다.

목회자의 이중직 문제는 가장 먼저 현실적인 측면이 강하다.

앞의 목회자의 이중직 조사를 보면 눈에 띄는 부분이 목회의 사례였다. 여기서 보면 '120-180만원'이 21.7%로 가장 많았다. 그리고 '180-250만원'이 18.9%으로 두 번째, '80만원 미만'이 16%로 세 번째였다. 그 외에도 '받지 않는다'고 응답한 사람이 15%였고, '80-120만원'이 14%였다. 2014년 보건복지부에서 4인 가족 최저 생계비는 163만원이었다. 4명이 살 수 있으려면 최소한 이 정도의 돈이 필요하다는 것이다.

그런데 개인파산의 기준이 되는 대법원의 기준을 보면 244만원이다. 적어도 이 정도 돈은 있어야 4인 가족이 살 수 있으니 이 돈은 남겨두고 빚을 갚아도 된다는 것이다. 이 기준으로 볼 때 대법원이 보는 최저생계비 244만원보다 못하게 받는 목회자는 250만원 미만으로 보아 85.6%에 이른다. 또 보건복지부의 최저생계비인 163만원을 기준으로 했을 때 180만원 이하로 보면 66.7%에 이른다.

요즘 일반적으로 이야기하기를 미자립 교회가 한국교회에서 약 80% 정도 된다고들 한다. 이 조사를 보면 그러한 짐작이 그렇게 다르지 않다고 본다. 그러면 결국 목회자의 80% 정도는 사모가 돈을 벌거나, 그도 아니면 스스로가 목회 이외에 살 수 있는 방도를 찾아야 하는 것이 현실이다. 조사 당시 설문조사 이외에 이중직을 하고 있는 목회자들과 심층인터뷰를 진행했는데 솔직히 담담히 들을 수 없는 가슴 아픈 사연들이 너무 많았다.

무엇보다도 목회를 유지하지 못하는 이야기들이 있다.

교회 문을 닫게 되는데 자신의 소명이 다하여서 그런 것이 아니라 월세를 못 내어 보증금을 까먹다가 결국 보증금이 다하여 목회를 못하게 되는 것이다. 가슴 아픈 이야기인데 이러한 교회들이 현재 수 없이 나타나고 있다고 한다. 또 자신은 목회를 하며 아내를 생업전선으로 보내놓는 경우들이다. 아내가 병들고, 남의 집에서 도움이를 하는 순간에 목사도 가장으로서 가슴 아픈 순간을 맞이한다. 교인은 늘어나지 않고 본인은 점점 폐쇄적으로 변해 심리적으로도 위축이 되어 우울증에 걸리기도 한다.

결국 교회와 교단이 목회자의 기본적인 생활조차 책임져 주지 못하는데 목회자의 이중직을 묶고 있다면 정말 무책임한 일이 될 수 있다. 이를 통해서 많은 목회자들을 불법자로 만들고 있다. 그래서 낮에 하는 일이나 사람들을 대면하는 일을 피하게 되고, 결국 밤을 새우거나 사람들이 회피하는 일에 나서게 되는데 많은 경우 위험하고 몸을 상하게 되는 일들이 생겨난다. 명분도 중요하지만 현실 역시 그에 못지않게 중요하다고 생각한다. 이러한 현실에 기반된 정책이 나와야 할 것으로 보인다.

목회자 이중직에 대한 찬성 의견을 보면 역시 '어려운 경제문제 해결'이라는 답변이 29.7%로 가장 많이 나왔다.

그런데 눈 여겨 볼 부분이 있는데 두 번째로 많은 대답이 '자비량으로 소신 목회를 할 수 있어서'가 28.7%, 그리고 세 번째로 '전도 및 선교 목적의 전략적 접근을 위해서'가 19.6%, 네 번째로 '목회자의 역할을 교회 안에만 제한할 필요가 없어서'가 11.5%로 나왔다는 것이다. 즉 목회자가 스스로 경제문제를 해결하고자 하는 이유는 생계의 목적도 있지만 자비량으로 소신 있게 목회를 하고자 하는 의지도 포함되어 있다는 것이다. 실제적으로 작은 교회에서 적지 않은 목회자들이 헌금을 좀 많이 내는 성도들에게 휘둘리는 경우들이 많은데 그러한 상황을 반영하는 의견이라고 할 수 있다.

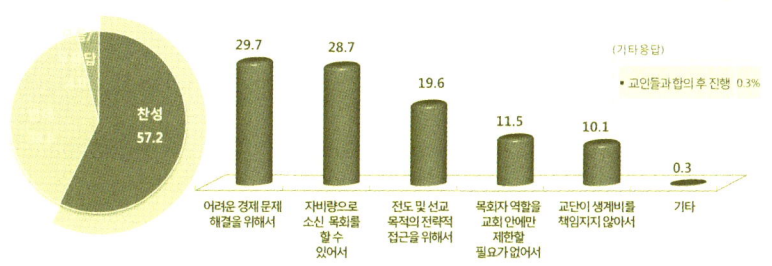

그리고 세 번째, 그리고 네 번째 나온 의견은 결국 교회와 목회자의 위치 및 역할에 대한 질문이라고 할 수 있다.

좀 더 전문적으로 표현하자면 요즘 많이 회자되고 있는 미셔널 처치에 대한 이해라고 할 수 있다. 즉 교회가 건물 지어놓고 좋은 프로그램 돌리면 교인들이 자연스럽게 찾아올 수 있었던 시기는 지났다. 마치 선교지에서 선교사들이 복음을 들고 지역민들의 삶으로 찾아가고, 지역에 도움을 주고 현지화해야 하는 것처럼 이제 교회도 선교적 목적을 이루기 위해서라도 사람들의 삶의 현장으로 찾아가야 한다는 것이다. 또한 목회자들도 교회 안에 머무는 것만으로 만족할 것이 아니라 우리 교인들이 사는 삶으로, 또 더 나아가서는 세상에서 살고 있는 사람들의 삶으로 찾아가야 한다는 것이다.

이중직으로 이러한 생각을 가진 목회자들이 많다는 것은 상당히 고무적이다. 실제적으로 인터뷰를 진행했던 목회자들이 하는 이야기가 자신이 그 동안 교인들을 너무 모르고 살았다는 것이다. 목회자로 살면서 세상과는 너무 동떨어진 삶을 살았다는 것이다. 대부분 하는 이야기가 그 동안 너무 쉽게 교인들에게 헌금하라고 했다고 고백한다. 그들의 삶을 살아보니 정말 힘들고 어려운데 내가 너무 쉽게 그들에게 신앙을 이야기했다고 고백한다. 생각이 바뀌고 교인들을 다시 보게 되었다고 하고, 또 세상을 다시 보게 되었다고 고백하는 목회자들을 접하게 된다.

이중직에 대해서 우려하는 부분들이 분명히 있다.

이번 조사에서도 목회에 소홀해지거나 목회자의 정체성이 흔들리지 않겠느냐는 걱정이 있었다. 그러나 현실적으로 우리는 이제 이중직을 피할 수 없다. 지금도 많은 목회자들이 알려진 비밀로 이중직을 행하고 있다. 그러나 대부분 교단의 법은 이러한 일을 불법이라고 정한다. 이것은 커다란 아이러니라고 생각한다. 오히려 교단이 적극 나서서 목회자들이 할 수 있는 일들을 개발해 주면 좋을 것이다. 목사로서 의미 있는 일들을 찾을 수 있도록 교육도 시키고 훈련도 시켜야 한다. 그래서 이중직이 단순한 생계를 위한 돈벌이가 아니라 목회자로서 새로운 사역의 장을 찾고, 선교의 의미를 살릴 수 있는 일을 할 수 있도록 도와야 할 것이다.

4. 현 한국사회의 교회 신뢰도

개인적으로 이 질문에 대한 결과는 상당히 충격적이다. '목사님께서 보시기에 현재 한국사회에서 교회에 대한 신뢰도는 어떻다고 생각하십니까?'라는 질문이었다. 이에 단지 3.2%가 '신뢰도가 높다'고 응답했다. 이 질문에 '보통'이 24.0%, 그리고 '신뢰도가 낮다'가 72.8%에 이르렀다.

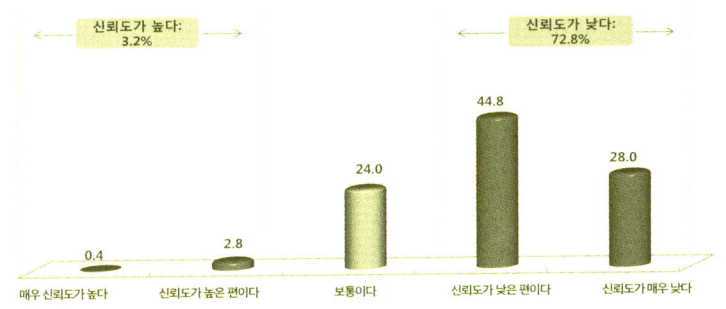

이 부분은 결국 목회자의 자괴감 내지는 절망감을 표현한 것이라고 생각한다. 이것은 연관질문과도 이어진다. 신뢰도 향상을 위해서 무엇을 개선해야하겠느냐는 질문에서 1위가 압도적으로 '교회지도자들'이 바뀌어야 한다였다(53.8%). 즉 한국교회는 사회적 신뢰도가 전무하고, 그 이유는 결국 교회지도자인 자신들 때문이라는 것이다.

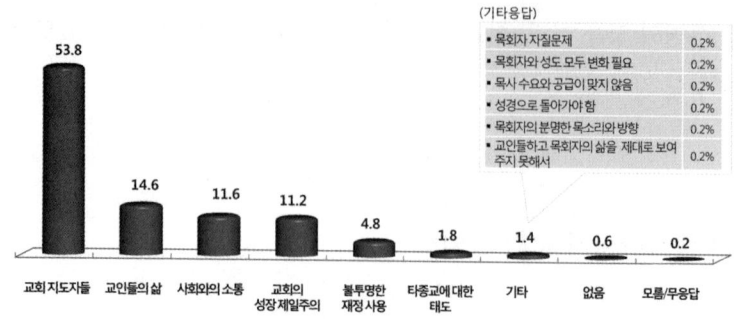

현실적으로 이야기해서 한국교회가 이렇게 어렵지는 않다. 기윤실의 '한국교회 사회적 신뢰도 조사'를 보면 2013년 한국교회를 신뢰한다고 대답한 사람들은 그래도 19.4%가 있었다. 물론 조사의 차이는 있다. 기윤실 질문은 응답하는 당신이 신뢰하느냐를 물은 것이고, 본 조사는 한국사회에서 교회에 대한 신뢰도를 묻는 상대적인 질문이었다. 그럼에도 불구하고 목회자들의 3.2%만이 이렇게 대답했다는 것은 결국 우리의 자괴감을 그대로 드러낸 것이라고 밖에 볼 수 없다.

이 부분은 지난 기윤실 조사에서도 지적되었던 바이기도 하다. 신뢰를 묻는 질문에 기독교인들조차도 신뢰한다는 대답이 47.5%밖에 안 되었던 것이다. 즉 교회를 다니는 교인들조차도 자신들의 공동체인 교회를 신뢰하지 못하고 있다는 것이다. 이는 우리 교인들이 교회에 대해 자괴감 내지는 절망감을 가지고 있는 것이라고 분석을 할 수 있다.

바로 이러한 맥락에서 목회자들의 관점도 일맥상통한다고 할 수 있다. 문제는 이러한 인식 가운데 과연 목회가 가능할 것인가이다. 세상이 우리를 이렇게 볼 것이라고 미리 단정하고 사람들을 대할 때 과연 그들은 전도를 할 수 있을까 하는 의문이 드는 것이다.

그런데 더 큰 문제는 한국교회가 내부에서부터 무너져가고 있다는 것이다. 스스로가 자부심을 가질 수 없고, 자괴감과 절망감을 가질 수밖에 없는 이 공동체에서 어찌 선한 것을 기대할 수 있겠는가?

바로 이 면에서 아주 심각한 한국교회의 현실을 보게 되는 것이다. 외부의 문제가 아니라 이제는 그 절망감으로 인해서 내부에서부터 급격하게 무너져 가는 현실이 바로 우리 앞에 놓여 있는 것이다.

5. 나가며

이 조사를 보면 한국교회의 현실은 누구보다 목회자들이 더 심각하게 바라보고 있는 것 같다. 사회적 신뢰를 잃어버린 한국교회는 과연 계속 존재할 수 있을까하는 우려를 하게 된다. 특히 내부에서부터 무너져 내리는 모습을 보면 가슴이 아프다. 이 기반에서부터 목회자의 납세와 이중직을 바라보아야할 것이다. 문제는 목회자들이 어떻게 하면, 그리고 한국교회가 어떻게 하면 이 사회의 신뢰를 다시 회복할 수 있을까이다.

지금으로부터 96년 전 3.1운동이 일어났을 당시 한국교회는 이 나라의 희망이고 대안이었다. 그 때 기독교인은 불과 1.3%에 불과했다. 성경이 한글로 완역된 지 불과 10년도 지나지 않은 때였다. 그러나 그들은 복음을 붙잡고 민족을 위해 거리로 나섰고 사회의 신뢰를 충분히 받았다. 그런데 불과 100년이 지나기 전 우리는 그 때에 비해 몸집은 커졌지만 이 사회에서 생존을 걱정하게 되었다. 지금 가진 것이 중요한 것이 아니라 철저히 내려놓고 변하지 않으면 우리는 공멸할 수밖에 없을 것이다. 더욱 더 심각하게 이 시기를 성찰하고 주의 몸 된 교회로서 부끄러움이 없기를 바란다.

한국교회를 그리다
Drawing a new picture for Korean church!

2016년 09월 30일 초판 발행

지 은 이 | 조성돈

편   집 | 정희연
디 자 인 | 이수정, 박슬기
펴 낸 곳 | 사)기독교문서선교회
등   록 | 제16-25호(1980. 1. 18)
주   소 | 서울시 서초구 방배로 68
전   화 | 02) 586-8761-3(본사) 031) 942-8761(영업부)
팩   스 | 02) 523-0131(본사) 031) 942-8763(영업부)
홈페이지 | www.clcbook.com
이 메 일 | clckor@gmail.com
온 라 인 | 기업은행 073-000308-04-020, 국민은행 043-01-0379-646
         예금주: 사)기독교문서선교회

ISBN 978-89-341-1579-3 (03230)

* 낙장 · 파본은 교환해 드립니다.

이 도서의 국립중앙도서관 출판시 도서목록(CIP)은 서지정보유통지원시스템 홈페이지(http://seoji.nl.go.kr)와
국가자료공동목록시스템(http://www.nl.go.kr/kolisnet)에서 이용하실 수 있습니다.
(CIP제어번호: CIP2016020839)